subkultur

Für

DIE

EINSIEDLERIN

www.edition.subkultur.de

Kristjan Knall kommt vom Kampfstern Ironika und landete im trostlosesten Jahrzehnt der Geschichte, den 80ern, in Berlin. Die erste Verlegerin fragte ihn: „Du bist'n Wessi, wa?" Ist bis heute nicht klar.
Er studierte was Langweiliges und arbeitete was Grässliches, darum muss er Dampf ablassen. Den bekommt Berlin (in *Berlin zum Abkacken* und *101 Gründe Berlin zu Hassen*), Europa (*Europa ist geil, nur hier nicht*) und die lesende Welt insgesamt (*Stoppt die Klugscheißer*) ab. Er hasst den Kapitalismus und mag Schokoladenkuchen. Er glaubt, dass Kunst furchtbar ist, Literatur aber das kleinste Übel, zumindest wenn man sie übers Knie bricht.

subkultur

KRISTJAN KNALL

NEUKÖLLN

Ein Elendsbezirk schießt zurück

www.edition.subkultur.de

Kristjan Knall: „Neukölln - Ein Elendsbezirk schießt zurück"
1. Auflage, Mai 2019, Edition Subkultur Berlin
© 2019 Periplaneta - Verlag und Mediengruppe / Edition Subkultur
Inh. Marion Alexa Müller, Bornholmer Str. 81a, 10439 Berlin
www.subkultur.de
Alle Rechte vorbehalten. Nachdruck, Übersetzung, Vortrag und Übertragung, Vertonung, Verfilmung, Vervielfältigung, Digitalisierung, kommerzielle Verwertung des Inhaltes, gleich welcher Art, auch auszugsweise, nur mit schriftlicher Genehmigung des Verlags.
Der Inhalt dieses Buches ist Satire. Es enthält Sarkasmus, Ironie und wird stellenweise zynisch. Alle Ereignisse und Behauptungen, die wahr sind, haben entsprechende Bezugsquellenangaben. Darüber hinaus berufen sich der Autor und sein Pseudonym auf die Satirefreiheit und das Recht, eine Meinung zu haben, auch wenn es nicht die eigene ist.
Lektorat und Projektleitung: Laura Alt
Cover: Thomas Manegold unter Verwendung des Wappens von Neukölln
Satz & Layout: Thomas Manegold
Gedruckt und gebunden in Deutschland
Gedruckt auf FSC- und PEFC-zertifiziertem Werkdruckpapier
print ISBN: 978-3-943412-45-1
epub ISBN: 978-3-943412-46-8

Nächste Station: Hermannstraße

Mal so richtig schön wem in den Arsch treten. Erst die ganze Nacht mit den Kumpels Meth ziehen, saufen und marodieren, und dann: **BÄM!** Da fliegt die Olle die ganze U-Bahn-Treppe runter. Und ich lache. Oder was Hübsches zum Abendessen? Darf es Zicklein sein? Sich schön einen ansaufen, mit dem Küchenmesser in den Streichelzoo, das Vieh massakrieren. Nachschlag? Dann ab in die S-Bahn, den Schwanz raus und auf eine Ausländermutti pinkeln.

Ein ganz normaler Tag in Neukölln.

Hier bricht die neue Steinzeit an. Die Eigentumswohnung im Hinterhof, Erdgeschoss, geht für Hollywoodpreise weg, ein rosa changierender Tesla wummert den Dauerstau lang, in Restaurants mit „modernem Industriedesign" kann man sein Essen in Gramm bezahlen. Zum Goldpreis. Aber selbstverständlich nehmen wir auch Bitcoin.

An der Kurfürstenstraße werden Luxusbunker hochgezogen, mit Nuttenblick. Die Berliner Mauer wird weggerissen, weil Menschen meinen, ihr Auto ins Schlafzimmer fahren können zu müssen, damit es nicht angezündet wird. Mitten in Neukölln, Hermannstraße Ecke Flughafenstraße, werden die Bretterbuden eingestampft und durch einen Glaskasten ersetzt. A-Klasse-Büros mit Blick auf den Drogenhandel und die Moschee.

Sagt mal, spürt ihr eigentlich noch was?

Die Einzigen, die nicht funktionieren, sind die Frauentreter, Ziegenschlachter und Muttipinkler. Sind sie deswegen keine Arschlöcher? Nein. Aber sie sind die neuen Wilden. Sie sind der Urschrei gegen die Gentrifizierung. Sie sind der laufende Hass, das laufende Unverständnis, die laufende Gewalt. Sie sind die große Unbekannte in der Rechnung. Und deswegen lieben wir sie.

Von Freital bis Rothenburg ob der Tauber: Die Menschen verbittern. Es passiert einfach nichts.

Jeden Tag *BILD, B.Z.* und *LÜ-GEN-PRES-SE!*

Aber sie wachen auf und sind immer noch dieselben öden Verlierer in derselben öden Verliererwelt. Klar, hätten sie gerne eine Eigentumswohnung in Mitte, einen Tesla, eine goldgepuderte Currywurst.

Denken sie.

Aber unbewusst wünschen sie sich, dass sich unter ihrem Fenster, vor ihrem Sitzkissen, das Leben abspielt.

Dass die neuen Wilden denen, die es sich verdient haben, die Fresse polieren. Ihnen selbst. *BÄM!*

Neukölln ist wie ein Unfall: Gaffen ist geil, aber dabei sein? Nein danke. Hier zeigt sich, ob das neoliberale Experiment funktioniert. Ob wir alle verkaufen und erniedrigen können. Oder, ob wir uns wehren. Und ob in Neukölln, Berlin, und *Du-bist*-Deutschland nur noch Platz für Sadisten ist.

Zurückgeblieben, bitte!

U-Bürgerkrieg

„Der Zugverkehr ist zurzeit unmenschlich. Wir bitten um Ihr Verständnis." – BVG.

Manchmal merkt man den Bürgerkrieg gar nicht. Man sitzt auf dem Balkon, Sonnenschirm, Sonne, Bademantel, wir sind ja alle *oh so urban young professional* und arbeiten von zu Hause. Nur manchmal hört man die Sirenen vorbeirauschen, dann noch eine und noch eine. Wenn es ganz viel Spektakel gibt, noch den Hubschrauber. Den gerne auch nachts, dann aber bitte richtig, eine Stunde lang. Was passiert? Raub, Mord, gestohlene Hasen vom Balkon? Passionierte kleinbürgerliche Voyeuristen begnügen sich mit der versetzten und bis zur Unkenntlichkeit verzerrten Weltsicht der Springer Boulevardblätter.[1] Alle anderen fahren U-Bahn.

Es ist zehnmal wahrscheinlicher, von einem New Yorker gebissen zu werden als von einem Hai, wahrscheinlich 100 Mal wahrscheinlicher von einem Berliner.[2] Für den fortgeschrittenen Masochisten bietet es sich an, so richtig fertig zu sein. Sagen wir, ein 16-Stunden-Arbeitstag, auch in anderen Städten, ganz zum Schluss noch ein Fahrrad im hintersten Wedding kaufen. An der Otawistraße, da, wo die letzte Reihe faulender Altbauten den trüben erdgeschosslosen Wohnbunkern der Bauhausepoche weicht. Aber immerhin haben die Gärten, Licht, und es sind nicht alle Psychopathen. Vielleicht sogar nur 90 %.

Natürlich ist das Rad noch nicht fahrbereit, also ab in die U-Bahn. Bis Friedrichstraße geht auch alles ganz gut. Wobei dieses „Geht ganz gut" hier eines ist, das fällt, bevor es aufprallt. Friedrichstraße steigt die obligatorische französische Touristengruppe ein. Klar, Dienstag, der Partytag. Richtige Berliner sind da noch zu verkatert, um vor die Tür zu gehen, oder zu drauf, um sie überhaupt zu finden.

Ab dem *Motz*-Hauptquartier Kochstraße wird es dann voller. Jede Station ein neuer Bettler, aber eben Kreuzberger Bettler. Ältere Leute,

---

1 Geile Unwahrheiten werden 70 % öfter geretweetet als öde Wahrheiten. https://t1p.de/p42m (4.6.18)
2 https://t1p.de/kmj7 (30.8.18)

die es irgendwie nicht geschafft haben. Unglücksfälle, Stumme, Behinderte, die nicht einfach nur so tun. Und auf der U7 dann sogar der längst verschollen geglaubte U-Bahn-Rapper, der seine Pringlespackung als Mikrofon und Münzbecher benutzt. Wieso hat den eigentlich noch niemand gesigned? Scheiße zu sein hält die doch auch sonst nicht ab, nicht wahr Sido, Bushido und ganz besonders Fler?

Die U6 und U7 sind getaktet. Mehringdamm muss man keine Minute warten. Die U7 und U8 natürlich nicht, damit man volle zehn Minuten lang die Pracht des ehemaligen Bombenbunkers Hermannplatz genießen kann. Wie ein Monument der Kartenhausillusion der Sicherheit im postfaktischen Zeitalter.

Irgendein Sadist hat den U-Bahnhof gelb gekachelt. Nicht direkt die Farbe der Entspannung, aber vielleicht die, auf der man Kotze und Pisse am wenigsten sieht. Natürlich ist ein Kamerateam da. Natürlich werden wild Leute gefilmt und nach irgendeinem Stuss befragt. Erstaunlicherweise kommt gleich die BVG-Repression: Sicherheitsmitarbeiter. Das erste Mal, dass sie nützlich sind. Und dann geht es ab.

Am Wochenende ist die U8 noch der Partytrain, unter der Woche der Zombiezug. Hier fahren keine 20-Jährigen Stuttgarter lang, die zum ersten Mal ein bisschen MDMA gedippt haben und jetzt in eine voll coole Bar gehen wollen, die eigentlich nur eine lustlos aufgehübschte Assikneipe ist. Die, die voll drauf soeben das Konzept des Sitzens erfunden haben. Die dir sagen, das ist wichtig, denn viele Leute haben sich schon hingesetzt, bevor sie es erfunden haben, aber sie haben sich nicht *hingesetzt*. Nein, jetzt geistern hier die durch, die ganz dringend nach Geschäftsschluss noch was kaufen müssen. Wenn man zum Beispiel Boddinstraße aussteigt, kann es schon passieren, dass neben einem auf der Bank ein Junkie ganz seelenruhig ein Alupicknick abhält. „Seelenruhig" ist wohl der falsche Ausdruck, er arbeitet konzentriert. Zeit hat er keine zu verlieren. Der Dreck muss rein, sonst verwandelt er sich binnen Minuten in ein zitterndes, schwitzendes Wrack. Schon mal einen Junkie auf Entzug gerochen? Der ein paar Tage lang keine Dusche und kein Klo gesehen oder zumindest zu nichts andrem als zum Fixen benutzt hat? Menschen stinken ja schon, wenn sie fasten. Der Körper drückt alle Giftstoffe raus. Bei Junkies ist der Körper im absoluten Notfallmodus. Es riecht, als würden sie einen verwesenden Wal hinter sich her schleppen. Ein Gestank, grässlicher als Scheiße, Pisse, Kotze.

Es riecht nach Tod.

Die steigen in die U-Bahn ein, jede Station ein neuer. Der maximal 18-jährige Flüchtling, der kaum Deutsch kann. Die Augen weit aufgerissen, der Kiefer macht komische Sachen. Entweder eine Behinderung oder viel zu viel Crack. Sehr, sehr eindringlich fragt er nach Geld für einen Hamburger. Überspezifische Forderung, der ebenfalls gelogene Stiefbruder vom überspezifischen Dementi.[3] Der will sich so sehr einen Hamburger kaufen wie eins der rubinroten türkischen Hochzeitskleider in den Läden an der Hermannstraße. Eine Frau, Typ desillusionierte Kreuzberger Hippielehrerin, gibt ihm einen Apfel. Automatisch steckt er ihn ein, es reicht nicht mal mehr für ein „Danke". An der nächsten Station verschwindet er eilig zum Ausgang, eine Frau kreischt manisch: „Lass mich in Ruhe! Du Wichser! Ich will alleine sein!" Der U-Bahn-Fahrer zögert kurz mit der Weiterfahrt, ein paar Leute sehen nach draußen. Sie sitzt alleine auf der Bank.

Noch ein, zwei Junkies drehen eine Runde, immer weniger fällt ab. Dann, fast am Ende der Linie, steigt eine Letzte ein. Jung, blond, noch nicht absolut von den Drogen und den giftigen Streckmitteln derangiert.[4] Vor allem aber nicht ganz doof. Sie legt los mit ihrem Standardspruch, versucht, so wenig wie möglich zu leiern. Ein Typ wirft Kommentare rein. Er sitzt mit dem Rücken zu ihr, Gelfriese, Lederjacke, Goldkette, wahrscheinlich mit türkischem Migrationshintergrund.

Sie: „Mann, lass mich doch jetzt mal."
Er: „Wieso bettelst du?"
Sie: „Ich brauche Geld."
Er: „Du kaufst doch Drogen."
Sie: „Hör mal, jeder, der hier bettelt, hat ein Suchtproblem."
Er, *scharfsinnig*: „Du bist doch drauf."
Sie: „Nein …"
Er: „Du nimmst doch Drogen."
Er greift in seine fettige Pommestüte und flutet sein Gehirn mit Endorphinen aus suchterzeugenden Transfettsäuren.
Sie: „Nein, heute nicht." … „Gestern das letzte Mal", lügt sie.
Er: „Wallah, wenn du Drogen nimmst, wieso gehst du dann betteln?" … Er wird laut: „Geh doch arbeiten! Oder geh in diese Heime! Da kriegst du Dusche, Essen, 70 Cent am Tag, alles!"

---

3 Wie von der Telekom: Natürlich nehmen wir diesen Hinweis sehr ernst und haben auch die deutschen Sicherheitsbehörden eingeschaltet. Der Zugriff ausländischer Geheimdienste auf unser Netz wäre völlig inakzeptabel. Einen Nachweis, dass unser Netz in Deutschland und Europa manipuliert wurde, gibt es aber nicht. https://blog.fefe.de/?ts=aae82850 (15.4.18)
4 Opiate sind an sich kaum schädlich, siehe Keith Richards. Das beigemischte Rattengift macht's.

Sie: „Jetzt lass mich doch in Ruhe."
Er: „Halt dein Maul, wieso nervst du misch mit ..."
Meine Station, ich will raus. Die Schaulustigen blockieren mir mit dem Fahrrad den Weg. Aus der Bahn höre ich noch: „Jetzt lass sie doch in Ruhe! Was willst du denn?" Dann kracht es, der Typ steigt aus und fährt einen zwei Meter großen, spindeldürren Studenten an.

Er, *klassisch ghetto*: „Was sagst du, was hast du gesagt?"
Student: „Mann, was soll denn das?"
Der Typ gibt dem Studenten einen Schlag auf den Brustkorb. Wahrscheinlich hätte der ihn niederstrecken sollen, reichte aber nur für einen hohlen Klang. Kurz entsteht das typische Berliner Gewimmel, der kleine Bürgerkrieg. Auf Seiten des Studenten mischen sich Leute ein, die neue Bourgeoisie. Frauen stellen sich dazwischen. Auf der Seite von dem Typ hält ihn sein Kumpel zurück. Die alten Prolls. Aber wie bei Hunden an der Leine, werden die umso wilder, je mehr man sie zurückhält.

Er: „Nein, was hältst du misch fest, was sagst du mir, was isch machn soll?!"
Sein Kumpel manövriert ihn in eine Ecke. Man hört sie noch krakeelen, als die U-Bahn längst ausgefahren ist und alle anderen die Treppen hochsteigen.

Ein Glück hat er als überhaupt nicht dopaminsüchtiger und seine Aggression völlig unter Kontrolle habender Vorzeigebürger die Autorität, dem Junkiemädchen ihre Drogensucht anzukreiden. Und ein Glück hat er es geschafft, so mit Geld und so, sieht man an seiner Lederjacke und Goldkette. Ein Glück ist er ein aufrechter Bürger und kann in einer Linie mit den Gebrüdern Albrecht, Georges Soros und Donald Trump rechtschaffend auf faule, arme Wehrkraftzersetzer runterblicken. Ein Glück hat das überhaupt nichts mit Kapitalfaschismus nach Max Weber zu tun und ein Glück hätten Faschisten ihn nicht auch gleich ins Lager gesteckt. Vor allem aber ist es schön, dass er erkennt, dass weder er, noch die Junkies schuld sind an der Misere. Ein Glück erkennt er, dass eine Ökonomie schuld ist, die nur noch Selbstzweck ist, und nicht den Menschen im Blick hat. Dass seine Ernährung schuld ist, die dauerhafte Entzündungen in seinem Körper und Gehirn verursacht, sein Testosteron sinken lässt und seine Komplexe anschwellen. Ein Glück erkennt er auch, dass Repression keine sinnvolle Drogenpolitik ist, wie die letzten 150 Jahre gezeigt haben. Ein Glück leben wir nicht im permanenten Bürgerkrieg und ein Glück ist das alles eine Entschuldigung und er kein krasser Spast.

Wäre das ein schönes Ende für den Abend gewesen? Aber nicht in Neukölln, hier gibt es kein Happy End. Von der U-Bahn-Treppe sehe ich ihn schon. Wieder so ein Ausgemergelter, der sich komisch verrenkt, als er seinen Pullover um die Hüfte binden will. Zu komisch, um als nüchtern durchzugehen. Der Rucksack auf seinem Rücken ist nicht für das MacBook da. Der ist sein Zuhause. Als er mich sieht, gibt er das Knoten auf und kommt viel zu nah ran. Heftig blutunterlaufene Augen, nichts als Panik und Wahnsinn. „Hast du mal Feuer?" Die ultimative Eröffnung für einen elaborierteren Schnorrversuch. Aber Sozialismus hin oder her, ich habe jetzt wirklich keinen Nerv mehr. „Rauch nicht", scheppere ich ihm entgegen, mit einem dezidiert misanthropischen Unterton. Keine weiteren Fragen. Die Hipsterfrutte hinter mir labert er hingegen richtig schön zu. Die hat jetzt nicht nur Abendprogramm, sondern einen Freund fürs Leben.

Jetzt, endlich, sieht es aus, wie nach der Zombieapokalypse: keine Menschen mehr. Mit jedem Block, den man weiter von der U-Bahn weg kommt, wird es weniger elend. Drei Straßen weiter fühlt man sich fast wie im Prenzlauer Berg. Diese widerliche Abendschwüle! Deswegen sollten Privatfahrzeuge in der Stadt komplett verboten werden, damit sich die neuen Aristokraten, die hier Wohnungen für den Preis von Mehrfamilienhäusern in anderen Städten kaufen, nicht mehr abschotten können. Bis jetzt existieren Abfuck und Luxus einfach autistisch nebeneinander. Wenn es sein muss, verteile ich auch persönlich Spritzen im Sandkasten.

Während ich meine Narkolepsie pflege, geht mir noch eins im Kopf rum. Ich habe einen Typen vom Max-Planck-Institut getroffen, extremer Nerd. Der erzählte vom effektiven Altruismus. Die berechnen ganz einfach, wo dein Geld am meisten nützt. Wo es die meisten Menschen rettet. Wie viel man investieren muss, um ein Menschenleben zu retten. (Ein Mensch ist übrigens 7.500 € wert, ein Kind kann für 30 Cent am Tag vor dem Hungertod gerettet werden.) Sicher, der Ansatz hat auch Probleme. Er stellt die Systemfrage nicht. Aber vielleicht ist das eine gute Ergänzung zum impulsiv-jedem-Knete-in-die-Hand-Drücken, nur um sich besser zu fühlen. Vollendete Zyniker würden allerdings einwenden: Die Schnorrerei finanziert immerhin unser nächtliches Drama.

PRAKTISCHES

Also, Handy gut festhalten, nicht mit zu viel Geld fuchteln. Wenn dir wer zu nahe kommt, oder dich gar „antanzt", sofort Hände in die Taschen auf beides. Wenn man schwarzfährt, nicht den ersten Waggon nehmen, aber den zweiten, für die beste Übersicht beim in-den-Bahnhof-Einfahren. Wenn man es entspannt haben will, möglichst an einer der unwichtigen Stationen, Boddinstraße, Heinrich-Heine-Straße oder Franz-Neumann-Platz einsteigen. Da sind die wenigsten Menschen. Wenn einem langweilig wird, aufs Gleisbett gucken und niedliche Mäuse und nicht so niedliche Spritzen zählen. Wenn man Menschen hasst, die Zeiten von 06:00 Uhr bis 10:00 Uhr morgens und 16:00 Uhr bis 20:00 Uhr abends, in den Hipstergegenden bis ans Ende der Nacht und am Wochenende generell die BVG vermeiden.

Romantik in Zeiten von Dosenpfand

„Wat Südkreuz? Dit is Papestraße!"
Recht hat er, wahrscheinlich das erste Mal seit einer langen, langen Zeit, in der er sehr viel saufen musste, um das zu vergessen.
Papestraße war ein Bahnhof mitten in Berlin aber am Ende der Welt. Kaiserreichsbahnsteige, einer schon hart vergammelt. Nicht so vandalisiert, wie man denken würde, weil selbst Vandalen Papestraße vergaßen. Trotzdem konnte es nachts ungemütlich werden. Nicht, weil man abgezogen werden würde, oder, Allah behüte, vergewaltigt. Nein, weil es einfach so verdammt leer war. So leer, dass sie wie zur Buße, nachdem sie den fetten Bahnhof hingeklotzt hatten, aus einem Teil des überwaldeten Gleises einen Naturpark machten. Auf der anderen Seite, zu Tempelhof hin, sind Kleingartenkolonien. Auf denen stehen, wie die letzten Zähne im Maul eines garstigen Greises, finstere Backsteinbauen. Wenn es so was wie schlechtes Karma gibt, dann hier. Denn hier vergnügte sich die SS im Casino. Ein Stockwerk tiefer, im feuchten Keller, wurden Kommunisten, Juden, Journalisten und anderes Geschmeiß totgeprügelt. Das erste KZ. Mitten in Berlin. Die Hinweistafel ist handtellergroß und weit hinter Autowerkstätten versteckt. Man sieht sie aus dem Fenster einer der Werkstätten, direkt neben einem verblichenen Tittenkalender von 1987.

Südkreuz ist ein moderner Alptraum aus Stahl und Glas. Eine Hommage an die Farbe Grau. Das, was man in eine Stadt klatscht, wenn einem wirklich alles egal ist, außer, dass das Schmiergeld für die Baubranche stimmt. Grotesk überdimensioniert, provozierend geschmacklos. Das einzig Passable ist die lange geschwungene Holzbank an der Fernbushalte. Hier soll man sich kennenlernen. Oder verachten. Denn wenn der chronisch genervte Berliner eins nicht braucht, sind es Leute, die ihm auf die Pelle rücken. Schon gar nicht, wenn es die Bahnhofsassis sind.

Sie sitzen auf der Bank, einige stehen, als würden sie auf den Bus warten. Der fährt für fast Nichts an so grässliche Orte wie Magdeburg, Cottbus, Dessau-Roßlau. Vielleicht ist es eine Assigruppe auf Tour? Aber Moment, Assis gehen nicht auf Touren. Sie gehen überhaupt nirgends hin, wenn es nicht *Getränke Hoffmann* ist. Es ist Nachmittag, die Sonne knallt gut für Frühling. Ich will sterben.

„Ick hab Angst vor Hertha BSC, weiste?", dröhnt ein fetter Möchtegerngangster: Turnschuhe, ein billiges Markenpulloverimitat, das seine Männertitten versteckt, ganz gefährliche Sonnenbrille.

Er geht mit einem anderen Typen kurz ein paar Schritte weg. Der bittet ihn offensichtlich um etwas. Fetti nickt und öffnet seine obligatorische Bauchtasche. Normalerweise tragen die Gangster. Es gibt kaum ein „Herrenaccessoire", das abstoßender ist. Man könnte sich gleich einen Tumor nach außen stülpen und in den Schritt hängen. Sich die Eier mit Salzlösung aufspritzen lassen, wie die abgefahrensten „Ballooning"-Fetischisten.[5] Oder sich den Dickdarm rausnehmen lassen und ihn als Fäkalientasche nutzen.

Nein, er holt kein Crack raus, sondern Münzen. Mit der Güte eines Louis XIV. schickt er den Typen weg. Nach ein paar Minuten kommt der wieder: drei Pakete Underberg. Ganz viel Vorwand zum Anstoßen, alle anderen nerven, zum Solidarisieren mit dem schlechtesten aller Gründe. Legale Drogen? Wie arm ist das denn? Nebenan, in Neukölln, würde Machmut sich bepissen vor Lachen.

Trotzdem, Fetti ist der Führer seiner illustren Sturmstaffel. In deren äußerer Umlaufbahn orbitiert ein Kleinwüchsiger. Man weiß nicht, ob er schüchtern oder distanziert ist. Wenn er steht, ist er gerade so groß wie die anderen sitzend. Als einziger sieht er nicht aus, als wäre er aus der Textildiscounter-Hölle geflohen. Er hat sogar so was wie eine Frisur. Selbst ein Gesicht ist erkennbar, noch nicht vollends von Suff und Mistfraß entstellt. Ein weiterer, wohl höher in der Rangordnung

---

[5] Ja, gibt's wirklich: https://t1p.de/uzp7 (19.4.18)

Stehender, trägt Arbeitsschuhe. Obwohl man nach dem ersten Blick weiß, dass er nie wieder arbeiten wird, und es auch seit mindestens einer Dekade nicht mehr hat. Das heißt, wenn Bier heben keine Arbeit ist. Sein *Pilsator* glänzt in der Sonne, er hält es wie ein Gewehr. Die fette Goldkette verrät, dass er über alle Komplexe erhaben und unvorstellbar reich ist. *Pilsator* trinkt er nur aus Stilgründen. Das Prächtigste aber ist sein Bauch. Er ist hochschwanger. Das ist besonders grotesk, da er sonst nicht massig ist. Es gab einmal einen Inder, der musste seine Eier mit der Schubkarre vor sich herfahren. Als das sonst so böse Internet ihn entdeckte, wurde ihm eine Operation spendiert.[6] Bei ähnlichen Fällen im Bauch wurde ein riesiger „gutartiger" Tumor hervorgeholt. Der war so gutartig wie eine Nahrungsmittelindustrie, die dich aufschwemmt, aber nicht gleich tötet. Oder eine Bundesregierung, die die multitoxische, vergewaltigungsanregende und extrem krebserregende Droge Alkohol legal hält, aber Gras kriminalisiert.

„Du hälst dich aus allem raus, is das Beste wat ma machen kann!" Ja, nein, das Beste wäre, aufzuhören, zu grölen wie ein Bekloppter. Eine Bekloppte? Eine Robbe sitzt inmitten der Gruppe auf der Bank. Geschlechtslos gesoffen und gefressen. Schirmmütze nach hinten wie in den tiefsten 90ern. Da würde sich selbst Marky Mark mit Grauen abwenden. Dazu ein schön spannendes, rotes Trikot, damit man auch maximal schwitzen kann. Schweißränder heben sich in den Tälern ihrer Röllchen hervor. Sie kräht. Gerne. Alle dürfen teilhaben.

Aber das ist voll gemein und gar nicht gender, dass du dich über Fette lustig machst! Die ist doch nur passiv von negativen chauvinistischen und klassistischen Vorurteilen betroffen!

Alter, fickt euch.

Es hat nichts mit Geschlechtergerechtigkeit zu tun, wenn man sich total aus der Form säuft. Kann ja jeder machen. Aber dann wunder dich nicht, dass du nicht aussiehst wie Beyoncé. Aber fett sein? Das ist mehr als deine eigene Entscheidung. Nahrung ist ein Verbrechen mit Opfern. Klar, wenn sie es geschafft hat, vegan fett zu werden, dann bitte, hier ist mein Respekt. In allen anderen Fällen ist sie ein egozentrisches, idiotisches, ignorantes Stück Scheiße. Nur weil wir nicht *sehen*, wie intelligente Lebewesen für nichts anderes als unsere Bequemlichkeit vergewaltigt (Milchprodukte) und getötet werden, heißt es nicht, dass es nicht *passiert*. Oder, dass man sich nicht

---

6 https://t1p.de/vuqa (19.4.18)

schuldig macht. „Wir haben von nichts gewusst" ist seit 1945 out.
Studien zeigen, dass wenn weniger blaue Punkte zwischen schwarzen zu sehen sind, unser Hirn blaue Punkte dazufantasiert. Heißt, wenn man für Blau Vergewaltigungen, Atomkraftwerke, oder eben Fette einschiebt: Es wird besser, aber unser Gehirn sieht die Besserung nicht.[7]
Aber es gibt sie noch, die weibliche Rolle. Sie ist mindestens genau so moppelig, vielleicht Ende vierzig (oder Ende zwanzig mit gutem Konsum). Wenn *beyond gender* eben eine Robbe war, dann ist sie der Wal. Ihrer Gruppenstellung angemessen, präsentiert sie ihr Winkfett in einem froschgrünen Oberteil. Sie sagt wenig, muss sie auch nicht. Schönheit spricht für sich selbst. Sie hat allerdings einen Fotoapparat. Irgendwer muss diese glorreiche Epoche ja festhalten.

„Jetzt komm, Foto jetzt!"
„Nisch ma fürn Axel-Springer-Verlag wurde ich so oft abgelichtet!"
„Oh nein, dassn Handy, ich hab keine Ahnung wie das geht!", nölt einer, der eine Kamera nicht von einem Handy unterscheiden kann.
Immer schön technikfeindlich bleiben, wollenwa nich, wie die Ausländers oder die Umweltkacke. Sich bloß sich nicht mit Neuem beschäftigen, sonst wird der wertvolle Stumpfsinn vertrieben. Hilft auch niemandem. Besonders, weil Studien nicht schätzen, dass jedes Smartphone 3.000$ jährlich zum BIP von Entwicklungsländern addiert.[8]
Alle wippen sich in Aufstehposition, Kniegelenke knacken, die Bank ächzt. Sie posen wie unschuldige 14-Jährige. Natürlich beginnt der Köter sofort, wie tollwütig zu kläffen. Natürlich tut niemand was. Das ist unser Spitzi, der darf alles. Nicht wie die viel intelligenteren Schweine, die wir millionenfach vergasen lassen. Den hier streicheln, den da essen. Speziezismus nennen Klugscheißer das. Damit lässt sich auch Sklavenhaltung begründen. Und man muss hoffen, dass wir darüber hinweg sind, bevor die Außerirdischen kommen und das auf uns anwenden.
Der Zwerg hält sich ein wenig abseits. Was geht in ihm vor? Ist er wie Hawking ein Genie? Oder ist er einfach das Omega in der Gruppe, das Allerletzte? Und wenn ja, wieso tut er sich das an? Er hat offensichtlich so viel Spaß wie bei einer mittelalterlichen Zahnbehandlung.
„Wir wollen heiraten, wa?", kräht es.

---

7 https://t1p.de/nvgy (10.7.18)
8 https://t1p.de/3fr5 (3.6.18)

„Meine Alte," sagt Alpha, „damals hab ich se erst drei Tage gekannt, da hatt ich schon n Heiratsantrag." Kurz sieht er verdutzt um sich wie ein Hund nach der Kopulation. „Ich kann gar nich heiraten, ich bin nämlich Heide."

Sie: „Ich ooch. Atheist. Meine Eltern waren so arm, die konnten meiner Schwester nur einen Namen geben."

Lachen. Grundlos. Der Berliner „Humor" ist das Letzte. Erst nach einem Kasten Bier nicht mehr Clusterkopfschmerzen erzeugend. Kein Wunder, dass der Moabiter Kurt Tucholsky sich mit einer Überdosis weggemacht hat.

„Die Männer, die isch kenne, die sind nich empfehlenswert. Dit geht nisch", sagt der Alpha. Manchmal der Ritter, immer ein G.

Romantik in Zeiten von Dosenpfand. Bei beiden herrscht definitiv, so grässlich es auch ist, eine sexuelle Spannung. Aber das älteste aller Probleme steht ihnen im Weg: Einer ist vergeben. Ein Glück haben wir die christlich-monogame Tradition. Womit würden wir uns sonst beschäftigen? Mit echten Problemen? Das Drama wirkt nicht wie Romeo und Julia, sondern wie ein absurdes Antistück von Beckett, in dem die Hoffnung schon lange tot ist, sie die Bedeutung mit in den Abgrund gerissen und nur leere Worthülsen zurückgelassen hat.

„Jetzt hörmirmalzu: Ick hab gehört man muss gar nicht zur Kirche, man kann zum Standesamt, 75 € und so", sagt Alpha.

Ist das eine Anmache? Ein Vorschlag? Hat er wirklich so viel Knete? Und ist die Kirche weiter weg als *Getränke Hoffmann*? Mittlerweile hat sich ein neuer dazugelurcht. Er trägt einen Ballonseide-Trainingsanzug, der 1986 in der Ukraine sicher mal modisch war. Er kam mit seinem chaotisch geflickten Fahrrad und sitzt auffällig unauffällig neben der Gruppe. In den guten alten Zeiten, als noch irgendwas wichtig war, wäre er ein Spitzel gewesen. Jetzt steht er auf, dreht mit dem Rad eine Runde und hält neben Alpha. Geflüster, er ist um Privatsphäre bemüht. Jetzt endlich: Drogen? Waffen, Nieren, kambodschanische Kindernutten?

„Wat? Nee, dis broochen wa nich!"

Der Neue preist noch kurz sein Produkt an, aber dreht dann ab, wie einer, der nicht gefasst werden will.

„Es gibt hier Leute, nur wegen Toilettenscheinen alter."

„Ja wat soll denn dit?"

„Ey, dit macht man nisch."

Alpha: „Ich bezahlt nichts auf der Toilette, weste?! Det is noch nisch mal von unserem Bahnhof hier? Wo hatter det her?"

Ernsthafte und aufrechte Entrüstung. Wenn der Berliner ohne eins nicht leben kann, dann das. Je weiter er unten ist, desto härter muss er treten. Auf einmal ist die Assigruppe eine kleine Hofgesellschaft, die den Narr verjagt hat. Allerdings: Der Narr hat wirklich ein zweifelhaftes Geschäftsmodell. In den Mülleimern nach Toilettenbons kramen und die weiter verkaufen? Wieso kauft er sich nicht davon … Bier?

Solange die KZ-Schlote nicht rauchen, geht die Abgrenzung weiter. Wie bei Imperien: Jetzt hat Stalin die Außengrenzen gefestigt, nun muss die innere Säuberung folgen. 20.000.000 sowjetische Bauern sind jetzt der Kleinwüchsige.

„Du Verräter! Ick hab dir jesagt, wenn dir eina so kommt, sollst du unten gleich reingreifen", er packt ihn an der Schulter und schüttelt den Kopf. Zu den anderen: „Der kleene Mann hier? Guck ihn dir an!" Der bringt nur ein schiefes Grinsen raus. Wenn man sich nicht wehren kann, muss man mitlachen.

Dann die große Überraschung: „Man nennt es Joint!", Alpha zieht ihn hervor. „Nisch meine Meisterleistung, aber isch habe misch dafür entschieden. Solange genug drin ist." Ganz der (korrupte) Demokrat, ideales Wahlvieh.

Alpha präsentiert stolz den Beweis seiner Straßentauglichkeit. Und man muss sagen: Es ist wirklich erstaunlich. Normalerweise kiffen Suffis nicht. Die drei alten Knacker ein paar Meter weiter rümpfen schon die Nase. Sie haben sich allen Ernstes ein Deutschlandfähnchen aufgestellt, darunter thront eine russische Wodkaflasche. Nicht nur, dass sich Alpha so seine Persönlichkeit zusammenschustern kann wie ein pubertierender 14-Jähriger, es ist auch ein echter Fortschritt. Noch niemand ist durch Gras gestorben, Alkohol tötet jährlich Millionen. Wer nicht hören will, muss führen. „Wissenschaft entwickelt sich Beerdigung für Beerdigung", sagte Max Planck.[9] Was in Nico Suaves 2001er Hit „Warum bin ich so vergesslich? Ich weiß es nicht! Der Scheiß bringt mich ausm Gleichgewicht!", schon klar war, ist jetzt endgültig in Stein gemeißelt: Kiffen ist nicht mehr cool. Wenn schon die Bahnhofsassis kiffen, dann muss sich die hippe Crowd was Neues suchen. Fentanyl irgendwer?

Alle heulen ja, wegen der Gentrifizierung gehe das „Urberlin" verloren. Aber was ist das? So ein Haufen Suffis? Die gleichen stumpfen Witze, seit die Fabriken begannen, die Proletarier zu verheizen?

---

9 https://t1p.de/5887 (20.4.18)

Selbst Zille wusste: Unterschicht ist nicht geil. Proletarier ist nichts, auf das man stolz sein sollte, es ist der Anfang der Nahrungskette. Und es gibt sie nicht mal mehr. Niemand arbeitet hier, und das ist auch gut so.

Das „Urberlin" kann nicht gerettet werden, es muss aussterben. Dass es so lange überlebt hat, ist ein Wunder. Die Frage ist, mit was es ersetzt werden soll? Mit dem erstickenden *Starbucks*-Hochglanz des Hackeschen Markts, der Hippiecalypse Kreuzbergs oder dem „Isch-mach-disch-Messa"-Ghetto des Weddings?

Ein Youngster parkt mit seinem Elektroroller neben der Gruppe.
„Ey, wattn dit, is dis elektro?"
„Ja."
„Ick meene, mia machen die Angst. Hört ma nich und schwupps, is ma tot."
„Naja, aber so viele Menschen wie Autos bringen die sicher nicht um."
„Ja nee, aber dit is doch jefährlich. Det jeht doch nicht."
Der Typ verschwindet, offensichtlich angewidert von der Redundanz. So läuft das, was nicht ins Weltbild passt, wird wegredundiert. Nicht nur bei Urberlinern, sondern bei allen Idioten.

Ein Glück saufen Roboter nicht.

PRAKTISCHES

Wenn du am Südkreuz bist, solltest du auf jeden Fall immer den Mittelfinger nach oben halten und die Kapuze aufziehen, weil hier Gesichtserkennung trainiert wird. Ja, liebe SPD-Wähler, das ist eure Schuld. Ansonsten wurde Südkreuz nur gebaut, damit man schnell wegkommt, und das ist auch richtig so. Das einzig Interessante in der Gegend ist der Gleispark zwischen Südkreuz und Priesterweg. Ein langgezogenes, ehemals verfallenes Gleisbett, wo weniger geschmackvolle Kunst von Natur überwuchert wird. Ganz unten gibt es einige Künstlerwerkstätten und ein Café, wo der Kaffee so gut ist, wie das Essen schlecht.

Sextrain

"Verpiss dich! VERPISS DICH! ICH SCHLAG DIR IN DIE FRESSE!"
– S-Hermannstraße, Junkiefrau schreit in die Leere.

Heute was anderes: blutige Pillen am Bahnhof. Jeden Tag ein neuer Eindruck, die Welt ist schön. Normalerweise ist es nur Rotze, literweise, und Alufolie, vom Picknick. Morgens liegen sie noch da, in den Schlafsäcken, Wunderkerzen in spe. Zum Frühstück die letzten Reste aus der Folie, dann ab, bevor sie vom den nichtöffentlichen Raum besitzenden Unternehmen weggefegt werden. Gestern saßen hier noch zehn Leute, jeder stiert auf die Folie, „Jetzt ich!", geiert einer. Eine Frau hängt im Rollstuhl, ihre Stumpen überzogen von Einstichlöchern. Doch der Tag beginnt und es ist heiß, höllisch heiß. Am S-Bahnhof Hermannstraße bei den ersten Bieren gegen 07:30 Uhr morgens. Testosteronitäten werden ausgetauscht. Alte Pisse wird mit neuer Pisse weggeschwemmt. Ein Obdachloser legt sich auf einer Decke unter einen Sonnenschirm. Er urlaubt am hässlichsten Ort der Stadt, alles Einstellungssache. Wir haben keine Probleme außer Pessimismus!

Man steigt ein, an jedem Bahnhof im Elendsbezirk sitzen sie: trostlose, aufgegebene Menschen mit Bier. Mit glasigem Blick stieren sie in das Hamsterrad. *Macht kaputt, was euch kaputtmacht?* Die müssten sich den eigenen Kopf einschlagen. Viele Alte, aber nicht nur. Alte interessieren keinen, wer nicht arbeitsfähig ist, kann ruhig zu Pillen verarbeitet werden. Aber auch Junge, gerade zwanzig. Menschen, deren Leben vorbei ist, bevor sie lernen konnten, das Verlieren zu genießen. Ein paar der alten Knacker haben Spaß, auch wenn sie es nie sagen würden, für sie ist draußen ein „Lifestyle". Aber die meisten, die hier landen, sind Ausschuss. Armut, die sich eine reiche Gesellschaft moralisch leistet. Man gönnt sich ja sonst nichts.

Es muss sein, noch ein Bahnhof. So, wie die nächste S-Bahnfahrt ausfallen muss, weil „Verzögerungen im Betriebsablauf" stattfinden. Das ist Managersprech für: „Wir koksen lieber unsere fetten Gehälter weg, als in neue Züge zu investieren". Und wie immer darf die Elite marodieren, der Pöbel nicht. White Collar Crime geht klar, Black Collar nicht. Verschwende Millionensubventionen an Bildschirme voller Antinachrichten, klatsch alles mit Werbung zu, dünne die Fahrpläne aus. Die S-Bahn besaß sogar die Chuzpe, das unter dem Titel „Operative Exzellenz Berlin" vorzuschlagen.[10] Was soll das bedeuten? Die Züge sollten Bahnhöfe auslassen! Was kommt als Nächstes? Waggons mit hölzerner Drittklasse, Dachfahrplätze, Expressdraisine?

Die Verspätung zieht sich, Dinosaurier entwickeln sich, sterben aus, Epochen vergehen. Die Alkis genießen das länger als fünf Minuten bleibende Publikum und legen richtig los: „Mann DIETA, wat hab ick jesacht, FUFFZICH Zent!" Direkt neben den Wartenden raucht eine Omi gemütlich Crack. Der Rauch zieht herüber, wie geschmolzene Alufolie. Wie lange kannst du die Luft anhalten, Seepferdchen?

Zwei „Zugdurchfahrten" in das Nirwana eines Fahrplans, der wahrscheinlich von den Alkis selbst entworfen wurde. Als die Bahn kommt, presst sich der Menschenhaufen rein, alle stehen dicht an dicht, man wird vom salzigen Schweiß des Nachbarn angespritzt. Du kannst gesprungene Plomben sehen, wie aus dem Oberarm flüchtende Feigwarzen, es ist tropisch unter den haarigen Achseln. Natürlich quetschen sich noch ein, zwei Bettelnde pro Station durch. Der vorsichtige Flüchtling geht noch, aber der Junkie spürt nichts mehr. Wie eine Mumie rammt er durch die Reihen. Und dann, genau dann, hat die Bahn die Frechheit, die Kontrolleure loszulassen.

Fette Assibratzen mit Markennamen auf der herausstehenden Unterhose und Kragen, bullige Türken, denen die Steroidpickel am Hals aufplatzen, knochige Hellersdorfer, die mit ihrer Provision selbst Meth kaufen wollen. Sie sind selbst nur einen fetten weißen Pseudo-*Puma*-Turnschuh von den Bettlern entfernt, wie der panisch AfD-wählende Kleinstbürger vom Prekariat, das die bald ins Lager stecken wird. Der Schwarze hat keinen Fahrschein und keine Lust. Er pampt grob zurück, wie sich das gehört. Die rumänische Mutti startet ein Drama von ceaușescuschen Ausmaßen. Sie hätte nicht gewusst! Der Automat war kaputt! Er soll sie nicht anfassen! Der Türke pumpt sich bis kurz vors Platzen auf. Ein Student redet sich lang und breit raus, lacht, „Wie dumm von mir." Was er sich nicht zu sagen traut, ist: „Ich bin nicht so ein Abschaum wie die! Wirklich! Hier, ich habe Geld, ich bin ein Mensch, ein Deutscher!" Eichmann hätte das gefallen.

Manchmal geht es gut, manchmal geht es Berlin. Wie einst am Kotti, als die Kontrolleure einfach anfingen, lustig auf die Schwarzfahrer einzuschlagen.[11] Bedauerlicher Einzelfall? Genau, wie der NSU.

---

10 https://t1p.de/v8ve (8.7.18)
11 https://t1p.de/gook (8.8.18)

Es gab alleine 2017 und 2018 30 Fälle, wo Kontrolleure wegen Fehlverhaltens aus dem Prüfdienst abgezogen wurden – angesichts täglich eingesetzter 70 bis 90 Personen! Am Arsch der Welt, in Südende, prügelte ein anderer Kontrolleur einen Flüchtling zu Brei, weil sein Ticket nicht unterschrieben war. Klar kann das auch ein Trick sein, um ein Ticket zu teilen. Aber wenn es jemand so nötig hat, dann ist es zynisch von einer Gesellschaft, ihm das Grundrecht auf Mobilität vorzuenthalten. Was würdest du mit 150 € Taschengeld tun, die Hälfte für eine Monatskarte ausgeben? Jeder Siebte der Knastinsassen in Tegel sitzt wegen Schwarzfahrens.[12] Selbst die Grünen sehen ein, dass das Unrecht ist, und plädieren dafür, Schwarzfahren von einer Straftat zu einer Ordnungswidrigkeit herabzustufen. Aber kostenloser öffentlicher Nahverkehr, der bei gleichen Kosten realisierbar wäre? Das ist was für Kommunisten, nicht für unsere neue FDP.

Wenn die von oben verordnete Unmenschlichkeit so bahnbrechend ist, muss man sich nicht wundern, wenn auf den tieferen Ebenen des Nahverkehrs der volle Horror abgeht. Es geht nicht mal mehr um den U-Bahn-Treter. Den Bulgaren auf Meth, der aus Spaß eine Frau die Treppe runtertrat, dann vor Gericht weinte, weil, wie ihm Verwandte attestierten, nach einem schweren Unfall „[s]ein Kopf […] abgegangen" war.[13] Es geht auch nicht um den Pinkler, der auf eine Migrationshintergrundmutti und ihr Kind pinkelte und dabei standesgemäß „Asylantenpack" schrie. Es geht um das Pärchen, das die S-Bahn zu seinem Schlafzimmer umfunktionieren wollte. Mit dem vollen Programm, sie fingen mit Oralsex an. Unverständlicherweise beschwerten sich die Fahrgäste. Was also tun? Na klar, denen die Fresse polieren. Aber richtig.[14]

Der für eine kurze Zeit hippe Romano besang die S-Bahn als „Sextrain". Dann drehte er bis zur Unkenntlichkeit überproduzierte Werbespots für sie. Für einen mit Steuergeldern hart durchsubventionierten Monopolisten. Eine moralische Bankrotterklärung.

Ein neuer Trend grassiert auf leeren U-Bahnhöfen: Penner anzünden. Meist nachts, wenn sie schlafen, aus einer Halbstarkengruppe heraus. Nicht, dass er wach wäre und man sich zu fünft mit einem wahrscheinlich körperlich Angeschlagenen auseinandersetzen

---

12 https://t1p.de/0h1k (9.8.18)
13 https://t1p.de/anfn (24.8.18)
14 https://t1p.de/8tv6 (24.8.18)

müsste. Nein, in was für einer Welt auch immer das ehrenhaft ist: Man zündet ihn im Schlaf an. Einmal waren es die arabischen Kids Schöleinstraße, bei denen ein „dummer Jungenstreich aus dem Ruder lief", wie deren Anwalt sagte.[15] Dann Unbekannte, die einen Penner im Winter anfackelten. Diesmal mit dem vollen Programm, auch an Hass: Sie übergossen ihn mit Benzin.[16] Das Reizvolle der kalten Jahreszeit ist, dass viele der potentiellen Opfer in Schlafsäcken rumliegen. Wer jemals beim Zelten zu nah ans Feuer gekommen ist, wird wissen, was für eine Todesfalle ein brennender Schlafsack ist. Sekundenschnell schmilzt das Plastik und glüht sich in die Haut. Es ist die Freizeitversion dessen, was die mexikanischen Kartelle professionell praktizieren: Menschen in Reifen zu stecken und anzuzünden.

Klar ist die Aufregung in der Boulevardpresse groß. Dass die Fahrpreise fast jährlich steigen, manchmal so exorbitant wie in Potsdam 2017 um 95 %, interessiert die nicht.[17] Dass Mobilität ein Grundrecht ist, ebensowenig. Besonders, in einer Stadt, in der man unter einer Dreiviertelstunde nirgends hinzukommen scheint. Und dass es menschenunwürdig ist, einen Kopfgeldjäger auf Schwarzfahrer anzusetzen, schon gar nicht.

Bahnfahren ist nur noch genießbar für Verzweifelte, Partyvolk, und Berlin ist das MMA des Ekels. Wie die Frau, die nachts auf der Bank am Kotti einen Döner desavouierte. Der Bahnsteig war voll, aber niemand setze sich neben sie, sie hatte einen regelrechten Bannkreis. Vielleicht lag das daran, dass jemand neben ihr auf die Bank geschissen hatte. Immerhin hatte er ein Taschentuch drauf gelegt. Am Kotti gilt das schon als gehobenes Ambiente. Sadisten kommen wiederum in der Bahn voll auf ihre Kosten. Man hat Glück, wenn man nur den Frottierern begegnet. Sie sind die Häschen unter den Perversen: Die wollen nur kuscheln. Ohne, dass du es merkst. Und sich dabei anfassen. Wer Pech hat, wird angesprochen:

„Hast du was zu trinken?", fragt der Obdachlose.

„Nein", sie kramt nach Geld.

„Danke, aber ich hätte gerne was getrunken, das du hast."

Sie schreit innerlich.

---

15 https://t1p.de/8rot (24.8.18)
16 https://t1p.de/ekg9 (24.8.18)
17 https://t1p.de/u3cq (24.3.19)

Kulinarik über Alles

„Hätten Sie ein paar Cent?"
„Ich kann dir was zu essen kaufen, wenn du willst."
„Ja, Hundefutter. Das habe ich am liebsten."
– Bettlerin vor dem Edeka.

Berlin Lobster

„Beim Sex hatte ich noch nie Tränen in den Augen. Beim Essen schon."
– Ein Gastrosexueller.

Der Tiergarten ist entspannt, weil er widerlich ist. Ein Wirrwarr von kleinen Flüssen, dichten Büschen und sechsspurigen Straßen – Natur pur. Hinter dem japanischen Blutahorn und dem schwarzen Riesenbambus warten aber nicht nur Entenküken und unerträglich niedliche Kaninchen, sondern auch gebrauchte Kondome, Menschenscheiße und schlafende Penner. Berlin pur.

Glotzt man seit letztem Jahr ins Wasser, vorbei an toten Hechten, treibenden Binden und dem ein oder anderen panisch den Ausweg suchenden Fisch, sieht man sie. Erst leuchtet es rot am Grund, dann sieht man auch einige näher am Ufer, sich am Hecht „degustierend", dann merkt man, dass unter dem Steg hunderte Krebsküken marodieren.

Schön, denkt man sich, Leben. Wenn einer auf dem Rücken auf dem Weg liegt, dann trägt man ihn ins Wasser. Er zuckt und krampft, die Bewegung, die er im Wasser machen würde, um nach hinten wegzuschießen. Aber es nützt nichts, du wirst jetzt gerettet. Und der Retter begeht eine Straftat. Willkommen in Deutschland, der ordentlichsten Natur der Welt.

Ausgerechnet aus diesem Sumpf mitten in der Stadt soll das neueste angesagte Fressen kommen. Der „Berlin Lobster", weil „Berliner Sumpfkrebs" minimal unappetitlich klingt. Wird die Berliner Ratte demnächst auch ein „Berlin Furry"? Für den Namen würde in einer gerechteren Welt jemand erschossen werden, eigentlich heißen die Viecher „Louisiana Flusskrebse". Sie sind in Berlin ganz richtig, denn sie sind ziemliche Wichser.

Hält man einen Stock ins Wasser, verschwinden sie nicht binnen eines Blinzelns wie die devoten, traditionell hier vorkommenden Arten. Sie greifen an. Wie ein schnittiger Weddinger Spielothekbesitzer in seinem BMW. Größenwahn, der eines Hauptstädters würdig ist. Sie vergehen sich sogar an Kindern. Genauer gesagt an Laich. Sie packen das Problem der Konkurrenz in der ökologischen Nische an den Wurzeln, alle anderen Arten haben überhaupt nicht mehr die Zeit, aufzuwachsen. Reicht noch nicht? Sie führen den Krieg auch mit biologischen Kampfmitteln: Sie übertragen die Krebspest. Eine Krankheit, die in vielen Gegenden Europas ganze Flüsse entvölkert hat. Mal drauf geachtet, dass man Flusskrebse häufiger mit dem Bauch nach oben als noch am Leben sieht? Es sei denn, sie sind rot.

Natürlich ist der Krebs nicht natürlich. Er wurde ausgesetzt, wahrscheinlich von sadistischen Aquaristen. Ob der Verfassungsschutz die auf dem Radar hat? Jetzt marodieren sie munter durch den Schleim am Grund. Aber die Frage ist, was ist schon Natur? Füchse waren hier im Mittelalter ausgestorben, Kartoffeln kommen aus Südamerika, Tomaten aus Mexiko. Steinobst, also Äpfel, Birnen, Kirschen, so ziemlich alles Essbare vom Baum, kommt aus dem Altaigebirge und wurde von den Römern gezüchtet. Das, was hier vorher wuchs, war der Holzapfel. Der schmeckte auch nach Holz und hatte ungefähr so viel Nährwert. Natur ist keine Natur, sie ist gemacht. Seit 20.000 Jahren. Das wird nirgends so deutlich wie im Tiergarten. Man muss eben aufpassen, wie man sie macht. Aber jedes neue Tier mit dem bösen „Rapefugee" gleichzusetzen, ist eine minimal bedenkliche Geisteshaltung.

Berlin wusste sich nicht zu helfen und schlug die Endlösung vor. Hat ja schon mal prima funktioniert. Sie wollten alle Teiche ablassen. Klar sterben dann auch alle anderen Lebewesen, aber Ordnung muss sein. Nur eins rettete die Natur vor dem Untergang. Das Einzige, was Deutsche noch lieber mögen, als Faschismus: Kapitalismus. Im intellektuell am rechten Rand kokettierenden schweizerischen Kleingeistmagazin *Weltwoche* wurde einmal vorgeschlagen, den sibirischen Tiger zu retten, indem man ihn bejagt. Sprich: verkauft. Das Fleisch, das Fell und natürlich den Pimmel. Die Nachfrage würde dafür sorgen, dass die Tiger nicht überjagt würden und sogar neue Tiger gezüchtet werden würden. Soweit die neoliberale Theorie. Hat ja schon bei den Tasmanischen Tigern und dem gerade auf männlicher Seite ausgestorbenen nördlichen Breitmaulnashorn wunderbar geklappt.[18] Liberal ist wahrscheinlich einfach ein anderes Wort für Amnesie.

---

18 https://t1p.de/re05 (8.7.18)

Berlin entschloss sich, die Krebse zu verkaufen. Nach dem Entschluss tauchte komfortablerweise ein Gutachten auf, das bescheinigte, dass der Verzehr unbedenklich sei. Auftauchen im Sinne von: „Das hat der Entscheidungsträger gelesen", niemand anders. Gesund wahrscheinlich in dem Sinn, dass es nicht so grässlicher Giftmüll ist, wie Schweinefleisch vom Discounter. Es wurden keine Grenzwerte überschritten, hieß es.[19] Ach ja? Sicher wurde auch auf Wechselwirkung zwischen Giften getestet? Nein? Das wird auch bei herkömmlichen Nahrungsmitteln nicht getan? Spritzmittel werden trotzdem in Schutzanzügen ausgebracht? Aristoteles würde Hasskopfschmerzen bekommen, es ist ganz einfach: Gift ist Gift. Wem das nicht reicht: „‚Es ist ein Mythos der Chemielobby, dass nur mit Pestiziden die Menschheit ernährt werden kann', sagt Hilal Elver, Berichterstatterin für das Recht auf Nahrung bei der UN. Im Gegenteil: Pestizide zerstörten fruchtbare Landschaften. Langfristig könne nur eine ökologische, kleinteiligere Landwirtschaft den Hunger besiegen."[20]

Der Tiergarten hat nicht nur Teiche, die mit medikamentenbelasteten menschlichen Extrementen gedüngt werden, sondern auch Flusssysteme. Das sind Abzweige von der Spree. Falls das jemand vergessen hat, wenn es regnet, fließt da der Überlauf der Kanalisation rein. Gerade wollen sie einen Teil bei der Museumsinsel schwimmtauglich machen. Das Wasser dort ist nicht nur nicht trinkbar, es ist nicht badbar. Als in den USA die Menschen öfter Krebs als Husten bekamen, das Wasser aus den Küchenwasserhähnen brannte, obwohl die Frackinglobbyisten sagten, das hätte rein gar nichts mit den Pumpen zu tun, stellten Bauern ihnen ein Glas zum Trinken hin.[21] [22] [23] Überraschenderweise tranken sie es nicht. Ein Modell für Berlin?

Ein Fischereibetrieb aus Spandau wurde mit dem Fangen der Krebse beauftragt, weil die sich mit Deprimierendem auskennen. Sie stellten Reusen auf, im Tiergarten und im Britzer Garten. Der Täter sitzt also der Luftlinie nach wahrscheinlich irgendwo in Tiergarten, Schöneberg, Kreuzberg oder Neukölln. Endlösung für die vier Bezirke, liebe Stadt?

---

19 https://t1p.de/cetz (8.7.18)
20 https://t1p.de/tjs8 (5.9.18)
21 https://t1p.de/4o7t (8.7.18)
22 Man denkt ja immer die USA gehen unter (und gut so), aber Sie haben einen entscheidenden Vorteil: Die (ihre Selbstversklavungswirtschaft) aufrechterhaltende Demografie: „By 2019, the average American will be younger than the average Chinese. By 2040 younger than the average Brazilian, with the average Mexican well on course to age past the Americans just past the mid-century mark."
23 Schlimmer Typ, erschreckend guter Vortrag: https://t1p.de/g65m (13.7.18)

Als Schlichtungsversuch wird Berlin demnächst von 15.000.000 € SED-Vermögen, das in einem langjährigen Gerichtsverfahren lustigerweise der österreichischen KPD abgerungen wurde, Elektrogrills bauen. Was für eine bescheuerte Idee. Die werden im Handumdrehen vandalisiert und geklaut. Wie alles in Berlin. Natürlich auch die Reusen. Es dauerte keine Woche, da fehlte aus dem Tiergarten die erste Handvoll. Die nächste Woche die Zweite. Die arme Firma muss jetzt ernsthaft überlegen, ob sie im Tiergarten weiter fängt.

Die Gegenoffensive ist allerdings ein voller Erfolg: „Vor zwei Wochen, als wir mit dem Fangen angefangen haben, hatten wir noch circa 600 Krebse in den Reusen. Heute sind es noch so um die 100. Die Maßnahme wirkt also."[24] Alle sind glücklich, wenn wieder etwas der Produktivnutzung zugeführt werden kann. Unfassbar glücklich. Mörderisch glücklich. Darmaufwickelnd glücklich. Die Krebse werden jetzt in der *Markthalle 9* verkauft, wo denn sonst? Das Kilo kostet den sechsfachen Hartz-IV-Tagessatz von 4,72 €: 29 €[25]. Bei 40g Gewicht muss man dafür 25 Krebse töten. „Das ist absolut ein Produkt für die Spitzengastronomie", sagt der Typ vom Stand. Sprich: Nichts für den menschlichen Ausschuss. Postwendend schickt die *Morgenpost* eine maximal unreflektierte und leicht zu begeisternde Aushilfsredakteurin hin, damit die völlern kann.

Ihr Urteil ist so klischeehaft, dass sich selbst der bemüht nicht snobistische Snob aus der Weinschule an der Wilmersdorfer an den Kopf fassen würde:

„Aber dafür schmeckt es wunderbar frisch. Fest und zugleich zart."

Fest und zart, ja? Vielleicht auch heiß und kalt? Gut und böse? Ja böse. Denn sie muss das Vieh ja auch noch entleiben:

„Ich gebe mein Bestes: Ich breche den Kopf der Tiere ab. Genauso wie bei Garnelen, denke ich mir. Dann breche ich mit den Fingern den Panzer auf. Der ist überraschend hart zu knacken, orangener Krebssaft spritzt mir über die weiße Bluse. […] Nun noch der letzte Schritt: den Darm aus dem Körper ziehen. Engers beobachtet mich interessiert und amüsiert zugleich."[26]

Die erotische Spannung ist knüppeldick. „Gastrosexuell", nennt man das, und es kann übersetzt werden in: Menschen, die im Leben wirklich nichts anderes mehr zu tun haben.

---

24 https://t1p.de/cetz (8.7.18)
25 https://t1p.de/tl5e (8.7.18)
26 https://t1p.de/hbci (8.7.18)

Gleich gibt es einen Liebesakt auf den Resten von Lebewesen. Aber die Ekstase passiert im Mund: „Beim Sex hatte ich noch nie Tränen in den Augen. Beim Essen schon", gibt ein Gastrosexueller zu Protokoll.[27] „Amüsiert" schauen wir da, ja? Ist das nicht lächerlich, wenn jemand nicht richtig die Knochen eines Lebewesens brechen kann, oder die Innereien aufwickeln? Da schmunzeln die kannibalischen Batak aus Indonesien. Die brechen dir deine Wangenknochen und lutschen versiert deine Nasennebenhöhle aus.

Es ist unfassbar, wie wenig Leute spüren. Auf der einen Seite über Geschmack fabulieren, auf der anderen Seite (wie Engers zugibt) die Krebse aber tagelang im Wasser hungern lassen, damit sie sich ausscheißen, nur um sie schlussendlich (wie er elegant verschweigt) lebendig kochen zu können. Wenn das nicht sadistisch ist, dann gibt es keinen Sadismus.

Lachs wurde neulich zum giftigsten Essen überhaupt gewählt, wegen der Schwermetalle.[28] Die Details sind appetitanregend: „[Der Unterwasserroboter] zeigt eine 15 Meter dicke Schicht aus Ablagerungen auf dem Grund unter den Netzen mit den Fischen. Eine Mischung aus Futterresten, Exkrementen und Chemikalien, die die darüber eingepferchten Lachse belasten. ,Der Grund des Fjords ist völlig zerstört. Die Mittel, die hier eingesetzt werden, hat man im Zweiten Weltkrieg dazu verwendet, um Menschen zu vergasen.'" Ich verwette meinen Arsch darauf, dass die Flusskrebse nicht viel gesünder sind. Quecksilber, Blei und Aluminium lösen so schöne Krankheiten wie Krebs, Parkinson und Alzheimer aus. Geschieht den Leichenconnaisseuren ganz recht, denen kann der Krebs dann den Darm aufwickeln.

Und sie fabuliert weiter: „Vergleichbar mit Garnelen – oder Hummer. Die Großstadt, den Tiergarten oder den Berliner Gewässerschlamm schmecke ich nicht raus. Nur die Frische und Regionalität."[29]

Man schmeckt die Regionalität? Wie genau? Wie der Alki vom Späti unter den Achseln? Wie das Aroma von Müllautos an einem stickigen Sommertag? Oder wie ein abstraktes Konzept, das keinen Sinn ergibt und von dem du keine Ahnung hast? Um mit was anderem als Ferraris und Goldketten anzugeben? Da ist sie wieder, diese elende Hipsteraristokratie. Sie denken, sie wären besser, weil sie regional essen. Ach ja? Wäre es besser, wenn ich deinen Hund schlachte, als wenn ich Kängurufleisch aus Australien esse?

---

[27] https://t1p.de/emoe (8.8.18)
[28] https://t1p.de/bm09 (8.7.17)
[29] https://t1p.de/hbci (8.7.18)

Der Lügenforscher Prof. Stiegnitz aus Wien hat nach jahrelanger Arbeit mit der Lüge festgestellt, die Lüge an sich stört ihn gar nicht. Wenn Leute, wie Studien belegen, 200 Mal am Tag lügen, dann ist vieles davon auch so was wie „Guten Tag" oder „Du siehst ja gut aus für dein Alter." White Lies, die niemandem groß schaden. Was ihn aber ärgert, ist Scheinheiligkeit.[30] In den Eisläden an der Kastanienallee, in denen Eis immer nach Emotionen benannt wird, wäre „Scheinheiligkeit" der Name für den „Berlin Lobster". Für normale Menüs: „Berlin Loser"?

PRAKTISCHES

Iss keinen Hummer. Überhaupt keinen Fisch. Der ist so voll mit Schwermetall, das ist Sondermüll. Leider gibt es noch kein überzeugendes vegetarisches Fischrestaurant, nur ziemlich gute Fischersatzprodukte. Also, worauf wartest du? Sei mal ehrlich, dein Job ist scheiße. Eröffne ein veganes Fischrestaurant!

---

30 Lügen – aber richtig!, ISBN 9783851672169, S. 131-144.

Das Frühstück kommt hoch

„*Young hipsters who feel so important, drinking their over-priced coffee and eating eggs from Lidl for 10 €. (I literally saw one of the owner at the cashpoint of Lidl with a large amount of eggs, bearing proudly his disgusting moustache).*"
– Google-Bewertung: The Future Cafe.

In einer so versoffenen, verdrogten Stadt sollte man nicht annehmen, dass es ein Problem ist, aber Berlin verkackt selbst das. Nein, es ist nicht das Fernwärmenetz, auch nicht der Pannenflughafen, es ist der simple Akt des Frühstückens.

Es gehört in Berlin zum guten Ton, wenigstens nach dem zweiten oder dritten Tag (Durch-)Feiern mit einem monströsen Kater aufzuwachen. Dann findet eine komische Zeitverschiebung statt. Weil es natürlich nach 12:00 Uhr und manchmal auch nach 15:00 Uhr ist, sollten die Leute eigentlich Mittag bis Abend essen. Aber sie wollen frühstücken. Und das wird ihm zum Verhängnis.

In Berlin gut zu frühstücken ist so einfach wie in Saudi-Arabien zu saufen. Man kann auf verschiedene Arten verlieren. Eines der tragikkomischen Büromemes, mit denen die Gefangenen versuchen zu verdrängen, wie grässlich entfremdet ihr Leben ist, sagt: „Wir haben drei Dinge, du kannst zwei von ihnen aussuchen. Entweder es ist günstig, gut oder schnell. Wenn es günstig und schnell ist, ist es schlecht. Wenn es schnell und gut ist, ist es nicht günstig. Wenn es gut und günstig ist, ist es nicht schnell."

Billig ist am sichersten, denkt man. Mit wenig Einsatz kann man nur wenig verlieren? Der Preis ist wirklich das Einzige, was beim Berliner Frühstück stimmt. Man bekommt schon für knappe 3 € einen Teller voll Schmiere. Halbrohes Rührei, schon vor einem halben Jahr abgelaufene, den vollen Fäulnisgestank mit Knoblauch übertünchende Wurst, Brötchen aus recyceltem Karton. Ein, zwei traurige Scheiben Tomate, die „Töte mich!" zu flüstern scheinen. Wenn man noch nicht gebrochen hat, kommt es einem spätestens jetzt hoch.

Die meisten Berliner denken ja immer noch, dass Fett und Zucker eine passable Ernährung sind. Die sind da genau richtig: Unser tägliches Cholesterin gib uns heute.

Allerdings haben günstige Frühstückscafés noch andere Nachteile, außer dass man durch Gefäßverstopfung früh in die Demenz entschwinden kann.

Man kann nämlich schon von den Bedienungen einen Hirntumor bekommen. Nein, nicht das neofeudale Unterwerfungsverhältnis. „Stimmt das alles so?", wenn der Diener zu dir an den Tisch kommt. Das bekommt man meist zum Glück geschenkt. Aber sich sein Frühstück an der Theke abzuholen, ist so angenehm wie ein Genickschuss. Meistens gibt es zwei, drei Variationen des gleichen öden Fraßes. Das überfordert die gelernte Bäckereifachverkäuferin schon vollkommen. Man weiß nicht genau, wo bei ihren schnippische Antworten Dummheit in Bösartigkeit übergeht, es ist aber auch egal. Es ist genau das, was man zum Frühstück nicht braucht. Dass man dann, nachdem man eine halbe Stunde gewartet hat, auch noch garantiert das Falsche bekommt, kann man dann interpretieren, während man zu Hause über der Schüssel alles Revue passieren lässt.

Wieso auch nicht? Natürlich sind Bäcker völlig hirngefickt. Das ist wie beim Bund. Jeder, der um 04:00 Uhr morgens aufstehen muss, kann nicht denken. Dazu müssen Bäcker bei einer Schweinehitze die freudlosen Aufbackteigklumpen, die ihnen vom Laster geworfen werden, erhitzen. Selber backen? Das tut höchstens noch eine Bäckerei pro Bezirk.[31] Und natürlich bedienen sich die Bäcker an dem Scheiß, den sie verkaufen. Weißmehl ist pure Kalorie, so gut wie keine Nährstoffe. Nach zehn Jahren Bäckerei bist du selber ein Brötchen.

Ein Vorteil ist vielleicht die abgefuckte Klientel. Einzelgänger, die missgünstig ihren Arm um das Frühstück legen, als wolle man es ihnen wegschnappen. Geister aus der Nachtschicht. Alternde Männer in Lederjacken, die *to the max* manspreaden. Telefonieren nur mit schräg an den Mund gehaltenem Telefon. Natürlich muss Hakan mit seinem weißen Beamer auf dem Bürgersteig parken, das steht im Leasingvertrag. Der Downie von nebenan verkündet laut: „SO LEUTE SIND NICHT MEHR MEINE FREUNDE!" Ein Junkie schwebt auf Wolke Sieben vorbei, nachdem er sich auf dem Friedhof einen Schuss gesetzt hat. Durchgefeierte und unecht frohe Hipster kommen ihm entgegen, nicht ahnend, dass einige von ihnen so enden werden. Milli Vanilli weiß das. Er steht an der Tür und ist sich seiner perfekten Lockigkeit bewusst. *Das* ist transzendente Meditation.

In der günstigen Bäckerei verliert man also doppelt, es ist weder gut, noch schnell, nur billig. Dann eben in einen der neuen Hipsterläden? Die, wo die gußeisernen Tische draußen stehen und wo schon um 10:00 Uhr morgens Techno läuft? Natürlich heißt es da „Minimal", man ist ja so individuell.

31 https://t1p.de/e9a7 (25.5.18)

Die Wahrheit ist: Du bist auch ohne *Tinder* austauschbar. Das *Future Breakfast* am Richardplatz, dem Gendarmenmarkt Neuköllns, ist so ein Laden. Auf der Karte stehen so fremdschämige Einträge wie „Cheesy Toast. Cheesy toast made with brodowiner organic Gouda and albatross sourdough. Grilled with miso butter and served with homemade kimchi, side salad and a poached 62° demeter egg."[32] In anderen hat die Bedienung mindestens drei Outfits gleichzeitig an, jedes davon alleine sähe schon lumpig aus. Der Chef sitzt voll jovial am Nebentisch und rührt keinen Finger, während du eine geschlagene Dreiviertelstunde mit dem Hungertod kämpfst.

Wenn das Frühstück dann endlich kommt, ist es meistens gar nicht so schlecht. Sollte es auch, für 12 €. Natürlich auf einem viel zu großen Teller, natürlich ist der Essig, sorry, Balsamico, in Schwüngen darüber gespritzt, natürlich wohnt das Obst auf einer Etagere. Die Karotten sind Rüschen, die Marmelade hat einen Farbverlauf wie ein Rothko, mit dem Besteck hätte sich Van Gogh voller Freude die Augen ausgestochen. Dazu gerne ein ironisches und bourgeoise Essnormen durchbrechendes Stück Köperkontaktersatztorte. Nicht überall kommt alles zusammen, aber es ist fast immer albern. Es geht um ganz viel, aber nicht um Essen. Das Infernalischste ist, man muss all die „Berlin-is-so-great"-, „Kann-ich-noch-schnell-einen-Kaffee-haben-ich-muss-zum-Flughafen"- und „Ich-bin-noch-so-drauf"-Wichser ertragen. Vielleicht kommt man nährstofftechnisch besser weg, aber der Hass vergiftet einem den ganzen Tag. Im Hipstercafé ist es nie schnell, manchmal günstig und meistens ganz gut. Man verliert also anderthalb Mal. Gibt es noch Hoffnung?

Vielleicht. Am Horizont erscheinen Inseln aus gefüllten Paprika, Krabben und Guacamole. Nur die Buffets können einen retten. Aber Vorsicht: Es gibt Buffets, wo es um das Essen geht, und es gibt Buffets, wo es um Kreuzberg geht. Zum Beispiel das *Morgenland*. Ja, da konnte man vor zehn Jahren hingehen, jetzt fühlt man sich, wie im Flixbus nach Barcelona. Schon mal einen (eingebildeten) Eiweißschock gehabt? Das *Morgenland* ist ein guter Ort dafür, weil du dir den Teller mit Krabben so vollhaust, wie nur möglich, bevor sie alle sind. Fühlt sich in etwa so gut an, wie für die Krabbe, von dir gegessen zu werden. Das *Morgenland* ist wie North Sentinel Island im Indischen Ozean. Die noch nicht von der Zivilisation gekapert wurde. Ganz einfach, weil die Sentinelesen jeden Fremden fressen. Nicht nur das, als nach dem katastrophalen Erdbeben im Indischen Ozean 2004 ein

---

32 https://thefuturebreakfast.com/Menu (25.5.18)

Hubschrauber der indischen Küstenwache die Insel überflog, wurde er mit Pfeilen beschossen. Natur ist prima, alle Hippies ab nach North Sentinel Island.

Dagegen ist das Gasthaus *Hasenheide* wirklich ein Paradies. Für einen Fünfer „All you can eat". Wenn man samstags vor 14:00 Uhr kommt, bekommt man sogar noch einen Platz auf der Terrasse an der Hasenheide. Sie wurde noch in der Zeit gebaut, als Berlin den Anspruch hatte, ein zweites Paris zu werden. Klar ist im Gasthaus *Hasenheide* nicht alles bio, und es liegt auch keine *Zeit* und kein *Freitag* aus. Aber es gibt eine große Auswahl und man muss auch ab und an *B.Z.* lesen, um den Feind zu kennen.

Das Zweitbeste ist, dass sich Hipster und andere Psychos zu schade für den Laden sind. Ganz nach der dummen deutschen Devise, dass was nicht teuer ist, auch nicht gut sein kann. Deswegen lacht sich der Rest der Welt über die deutsche Angst kaputt. Ins Gasthaus *Hasenheide* gehen knallharte Bauarbeiter nach ihrer Schicht oder zehnköpfige verfettete Familien direkt aus dem Assibunker. So eklig das der fortgeschrittene Klassist auch finden mag, es ist rührend, zu sehen, wie sehr sie sich freuen, dass sie sich ein Frühstück in Zeiten von Hartz IV und neoliberalem Gegenklassenkampf noch leisten können. (Wie Ronald Reagan sagte: „Some years ago, the federal government declared war on poverty, and poverty won.")[33] Sie sind wirklich nur für eines hier: zum Essen. Im Gasthaus *Hasenheide* ist es schnell, genau genommen so schnell, wie du bist, wenn du deinen fetten Arsch zum Buffet bewegst, günstig, und hinreichend gut. Fast so, als würde man in einer normalen Stadt leben und nicht in einer durchgentrifizierten Postkartenidylle. Merkwürdigerweise hält sich das Gasthaus auch, obwohl es die Preise seit den 00ern von 2,60 € (!) fast verdoppelt hat. Manche Bollwerke widerstehen der Gentrifizierung, zumindest solange der Vermieter nicht eine zweite Villa auf den Bahamas will. Das zweite Gasthaus *Hasenheide* an der Stresemannstraße hat schon dichtgemacht. Das war der letzte Sargnagel für den Kiez, der jetzt zum sterilen Hinterhof des Potsdamer Platzes verkommt. Hoffentlich kacken auch weiter die Junkies auf den Hermannplatz, damit wenigstens das eine erhalten bleibt.

---

33 https://t1p.de/8sm5 (25.5.18)

PRAKTISCHES

> Gasthaus Hasenheide. Wenn das nicht geht, dann such dir den Billigbäcker deiner Wahl und bring ihn dazu, was anderes als totalen Müll zu servieren. Die ersten ein, zwei und zwanzig Mal, wird er dich ansehen wie ein Nilpferd auf Ketamin. Irgendwann aber versteht selbst der blödeste Bäcker. Du darfst nur nicht den Fehler machen, dir Abwechslung zu wünschen. Geschmack lässt sich trainieren. Stell dir vor, du bist Hemingway oder so.

Der Syrienkrieg-Kudamm: Die Sonnenallee

„Wallah, isch seh ihn, isch schneid ihm den Schwanz ab, ja!"
– Inoffizieller Genderbeauftragter der Sonnenallee.

Das Hähnchenrad dreht sich in den letzten Strahlen der Abendsonne. Ja, ganz richtig, ein traktorreifengroßes Gestell, in Zweierreihen mit Hühnerleichen bestückt. Man sieht es von der anderen Straßenseite, man riecht es vom nächsten Block. Der Antibiotikapanzer. Willkommen auf der Sonnenallee.

Die hat sich ganz schön verändert, seit den finsteren 90ern. Hier findet eine andere Gentrifizierung statt als im Rest Berlins. Hier ziehen zwar auch die reichen Schwaben hin, die verdrängten Hamburger und die strohdoofen bayerischen Wirtschaftsstudenten. Doch seit dem Syrienkrieg ziehen hier vor allem die hin, die die Straße erst aus ihrem Zombiedasein befreit haben: Araber.

Geht man die Sonnenallee vom Hermannplatz aus runter, muss man es erst mal vom Hermannplatz runterschaffen, ohne von einem Verrückten mit Lepra belagert zu werden, von einem Zivi festgehalten, der wissen will, wie viel Kilo Heroin man im Arsch hat, oder von einem Fernsehteam belästigt, das wissen will, wie man überhaupt in so einem Ghetto überleben kann. Vor allem aber muss man zuerst durch die schiere Masse der Menschen.

Alhamdulillah, die BVG hat sich dazu herabgelassen, ein paar Krumen Statistik hinzuschmeißen: den Anstieg der Fahrgastzahlen auf wahnwitzige 1.060.000.000 Passagiere. Der ist in der U5 mit 17 % am höchsten, danach kommt weit abgeschlagen und am besten völlig zu ignorieren die U8. Mit 16 %. Rechnet man die Schwarzfahrer, Kontrolleure und Junkies dazu, sind es wohl eher 116 %. Der Hermannplatz ist locker eine der vollsten U8-Stationen. Natürlich hat die BVG nicht die gesamten Fahrgastzahlen für jede Strecke offengelegt. Wieso denn auch, du Kommunistenschwein? Sie wird ja schließlich nicht zum Großteil aus Steuern finanziert. Intransparenz ist der einzige Weg zum Erfolg, das weiß doch jeder. Dass der M41er bei den Bussen mit dem meisten Zuwachs mit 11 % nur auf Rang fünf dabei war, ist eine Lachnummer. Wahrscheinlich hat irgendein Popelbus in Zehlendorf einen höheren Anstieg, weil am Ostersonntag eine Rentnergruppe eingestiegen ist. Statistik für Legastheniker. Der M41er ist so scheiße, dass ein eigenes Lied über ihn geschrieben wurde. Meistens kommt eine halbe Stunde gar keiner und dann Vier hintereinander. Da steigt nicht mehr viel ein, weil einfach keiner reinpasst. Wie reagiert die BVG? Die stellt einen neuen Bus vor[34] Mit nur einer Treppe ins Oberdeck. Aber keine Angst, da wird es kein Gedränge geben, einfach, weil es generell weniger Plätze gibt. Problem gelöst. Sie könnten auch gleich die überzähligen Fahrgäste erschießen.

Wer den M41er und den nicht viel besseren M29er (klingen die Busse nicht, wie Waffen?) überlebt hat, wird am Hermannplatz ausgekotzt. Und über den muss man sich dann kämpfen, bis man endlich an der Ecke Reuterstraße das Hähnchenrad sieht. Ab hier ist die Sonnenallee nicht mehr nur verlängerter Umsteigebahnhof, sondern Kleinarabien. Irgend so ein linksversiffter Gutmensch in der Stadtverwaltung hat hier sogar Bäume auf dem Mittelstreifen anpflanzen lassen. Da gehen doch wertvolle Parkplätze verloren! Obwohl, die findet der geübte Neuköllner an der Sonnenallee auch auf der zweiten Spur. Der M41er, der da normalerweise langfährt, kommt ja sowieso nicht.

Wenn man in Deutschland was vom Syrienkrieg merkt, dann hier. Und erstaunlicherweise ist es erstmal positiv – zumindest wirtschaftlich. So, wie im Kapitalismus Tankerunglücke, Drogenhandel und die Mafia das BIP nach oben drücken.[35] Das Beste aller möglichen Systeme. Für eine so zerfaserte Stadt wie Berlin war die Sonnenallee immer schon ziemlich voll. Jetzt platzt sie aus allen Nähten, wie ein dicker Brautarsch aus dem Hochzeitskleid. Freitagabends kann man, selbst nüchtern, kaum mehr laufen. Die Shishabars stellen ihre Stühle nach draußen, das Schlangenknäuel läuft von den Falafelläden auf

---

34 https://t1p.de/22ql (27.4.18)
35 https://t1p.de/o7ww (30.4.18)

die Straße, man fällt über den glitzernden Plastikmüll der unzähligen Import-Export-Läden. Es brummt, wortwörtlich. Und einige verdienen sich hier eine goldene Nase.

Die Araber haben die Sonnenallee schon einmal reanimiert. Im Laufe der 90er eröffneten sie Geschäfte und Restaurants, wo vorher nur blinde Fenster waren. Jetzt schaffen sie es, dass die Sonnenallee voller ist als der Kudamm. An guten Tagen, wo der Müll gärt und die Autofahrer den Hitzekoller bekommen, fühlt es sich fast exotisch an. Ab und zu sieht man hier wirklich Mitbürger, die ehrlich glücklich zu sein scheinen. Flüchtlinge, die in Berlin angekommen sind. Arme Anfänger. Neukölln ist zwar nicht so mies, wie im Mittelmeer ersaufen, aber knapp dahinter.

Vor allem wäre Neukölln nicht Neukölln, wenn es nicht gleich richtig knallen würde. Zum Beispiel als die Kröte Trump Jerusalem zur Hauptstadt Israels auserkor. Nach dem Freitagsgebet zogen die Jünger des einzig wahren Gottes Allah auf die Straße, blockierten sie, und fingen an zu tanzen. Ja, ganz richtig. Singen und klatschen, und natürlich ganz viel Spaß beim Palästinafahnen schwenken. Sicher, das sollte alles aggressiv und gefährlich wirken, wallah. Aber im Grunde sah es aus, als würde ein Tanzstudio einen Publicity Stunt schmeißen. Ein kleiner Junge mit arabischem Migrationshintergrund erklärte professionell den Touristen, was abging: „Wegen Israel und so."

Bevor sich die islamische Revolution Bahn brechen konnte, tauchten die Bullen auf. Verdammt Viele. Die ganze Seitenstraße runter standen die Wannen. Es tanzten vielleicht 50, 100 Ekstasierte. Nach ein paar Minuten waren mindestens 200 Bullen da. Und nicht die netten, dicken Kontaktbereichsbeamten, denen „Feierabend" ins Gesicht geschrieben steht. Nein, es waren Prügelcops in voller Montur. Das Kalifat wurde dann bis auf weiteres verschoben.

Aber nicht nur auf der Straße geht es ab, auch in den Höfen. In den wenigen noch richtig schön miefigen, unsanierten. Da, wo es auch im Hochsommer nach Schimmel stinkt. Da werden Hochbetten in Einzimmerwohnungen für den Preis der ganzen Wohnung vermietet. Und in so eine Wohnung passen zehn Betten rein, wenn man nur unmenschlich genug ist. Da kommt dann die Boulevardpresse und schreit sich den Mund schaumig, arabische Mafia und so weiter. Wie zynisch das ist, angesichts der hunderttausenden im Mittelmeer Ertrinkenden, fällt denen schon gar nicht mehr auf. Es ist schon erstaunlich, wie sich Vorgartenphilosophen auf ihren eigenen Planeten schießen können. Die Nazis haben sich ja auch über Taschendiebe echauffiert.

Fakt ist: Irgendwo müssen die Flüchtlinge hin. Was würdest du tun? Lieber in einer Massenunterkunft im Flughafen Tempelhof mit 2.000 Gefangenen vegetieren? Wo alles voller Krätze, Psychopathen und Gängelei ist? Oder schön in Leuna-Zeulenroda in der sächsischen Taiga in einer Bruchbude warten, bis die örtlichen Nazis sie anzünden? Natürlich würden die Flüchtlinge sich lieber eine eigene Wohnung suchen. Könnten sie auch mit Ach und Krach mit dem Hartz-IV-Satz. Aber das dürfen sie nicht. Und wir wissen ja, Prohibition funktioniert immer.

Ein paar Blocks, bis zur Erkstraße, hat die Sonnenallee wirklich so etwas wie Flair. Wild, chaotisch, ein bisschen abgefuckt, wie Arabien eben. Die kleinen Seitenstraßen sind noch hinreichend düster, wie die Rütlistraße. Im Hundescheißeatlas wird die als am stärksten betroffen markiert. Dunkelrot. Ja, so was gibt es, vielen Dank an das Quartiersmanagement.[36] Dafür ist Geld da, aber keins, um Flüchtlinge menschenwürdig unterzubringen. Gratulation.

Die Restaurants scharen sich fast alle in einem Block, auf der rechten Seite zwischen Pannier- und Weichselstraße. Rationale Läden mit Selbstbedienung, in den besten kostet Lächeln extra. Alle Energie geht ins Essen, optimal. Man bekommt einen Riesenteller umwerfend gesunden Gemüse-Hülsenfrüchtematsch. Das *Al Andalos* ist eines der besten. Der Name spielt auf die arabische Epoche in Spanien an. Granada ist einer der wenigen Orte, wo sie bei arabischer Kultur nicht sofort das Hasskotzen kriegen. Sogar „Gitanos" (von, Vorsicht: „Zigeuner"-Gesang) feiern die ab. In manchen Falafelerias findet man sogar noch ein Fossil: *Pepsi*. Vielleicht liegt das daran, dass, wenn man das *CocaCola*-Logo umdreht, auf Arabisch dort steht: „Kein Mohammed. Kein Mekka." Perfide, diese amerikanische Echsenweltregierung.

Die Aussicht ist fast noch besser als das Essen: In den letzten Jahren gab es ein Comeback einer zilleksen Bevölkerungsgruppe: der Straßenhändler. Sie stehen, ihre beleidigend echten Guccitaschen vor sich, an der Ecke. Dort können sie schnell verschwinden, wenn das Ordnungsamt, die Gestapo des Unwichtigen, vorbeikommt. Schwarze stehen noch versteckter in Gerüstunterführungen vor offenen Türen zum Hof. Von da ist es nur ein Sprung über die Mauer aus dem potenziellen Knast. Die Kartoffelsäcke vom Ordnungsamt klettern ihnen nicht nach, die kommen kaum über die Türschwelle.

36 https://t1p.de/etr2 (30.4.18)

Parfümverkäufer mit massig Gel in den Haaren und bordeauxroten Hemden bieten den nicht zu kinetisch Guckenden Parfums an. Mittendrin ein riesiger Schwarzer in bunten Fetzen, der sein Bier kippt. Er läuft quer zu allen und sieht gleichzeitig in zwei Richtungen. Natürlich darf der lange Neohippiespast nicht fehlen. Mit seinen Einkackhosen ödet er vor *Al Andalos* rum, bis seine Freundin kommt. Sie geht ihm bis zu den Knien und schätzt bestimmt seine Gedichte und nicht brachial biologisch seine Größe. Beide umarmen sich lang, ohne Worte. Sehr lang. Fremdschämig lang. Eine Überdosis Emotionen, kann ein Junkie denen bitte sein Naloxon abgeben?[37]

Nicht nur Biodeutsche haben gelernt, sich nicht zu rasieren. Auch Araber sind Neohippies. Aber dezenter. Die etwas längeren Haare, die runde Sonnenbrille, das bunte Hemd. Ab und zu auch mal der bis zum Anschlag metrosexuelle Wasserpfeifenjunge, der wohl traditionell als Lustknabe durchgeht. Aber keine Sackhosen, kein Werkzeuggürtel, keine Gendernormen brechenden Posen. Auch schwule Araber gibt es. Bei einer Sprache, in der die Ghettogangster sich mit Sprüchen wie „Isch küsse deine Augen!" anzischen, liegt Distanz fern. Doch als Schwuler muss man dezent sein. Das ist hier nicht die „Fickstutenparty", wo man keine Stute ablehnen darf.[38] Das hat seinen Grund.

Die Schwulen- und Lesbendemo zieht vorbei. Vielleicht zweihundert Leute. Ganz vorne eine Riesentranse. 2m High-Heel-Springerstiefel ohne Absatz. Sie (?) geht nur auf den Ballen. Normale Cis-Männer würden nach fünf Schritten zusammenbrechen. Wer *gender* sein will, muss leiden. Dazu viel Pink, Glitzer und viele sich lieb habende Männer und Frauen und sich sexuell so was von nicht Festlegende, du Faschist. Und mindestens 50 Bullen. Die braucht es auch. Einige mental in Saudi-Arabien Verbliebene schauen echt finster drein. So, wie es auch in Passau oder Freital der Fall sein würde. Doch die meisten, besonders die Frauen lächeln, tuscheln, schießen Fotos. Unterdrückung lässt sich schwer aufrechterhalten, wenn man sieht, dass das Einzige, was man tun muss, darauf scheißen ist.

Obwohl das vielen nicht gefällt: Demokratie geht auch in die andere Richtung. Auf dem Hermannplatz stehen ein paar Tage später alte Herren mit grauen Bärten und das, was in religiösen Kreisen wohl als junge, heiße Kopftuchschnalle durchgeht. Mit mehr als politischem

---

37 Optiatblocker, der eine Überdosis verhindert. Ist natürlich in Deutschland verboten, damit sich das Problem selbst ausrottet. https://t1p.de/goaz (1.6.18)
38 https://t1p.de/nimf (10.7.18)

Eifer kommen sie Passanten entgegen. Bei Muslimen: „Schwester, unterstütze uns gegen das Kopftuchverbot!" Bei Biodeutschen: „Für die Religionsfreiheit!" Ist das jetzt ihr gutes Recht oder menschenfeindliche reaktionäre Propaganda? Es gibt kein Recht auf Nazipropaganda, aber auf religiöse? Schwer, aber ich unterstütze niemanden, der an Geister glaubt, die zum Beispiel Kindern das Leben verschlechtern. An der nahen *Peter-Petersen-Schule* in der Thomasstraße (da, wo die Goldmünzenräuber wohnten), wollen Kinder fasten, obwohl sie es nicht müssten. Religion ist das neue Gangster. Wer nicht mitfastet, ist ein Opfer. Wer fastet, verwächst und verkackt in der Schule. Fasten, das ist im Islam sogar: kein Wasser trinken. Einige Kinder verstecken sich auf den Schulklos und bespitzeln die Heimlichtrinker. Auf diese Religionsfreiheit scheiße ich. Aber seid ehrlich: Wir sehen uns Romeo und Julia an, verachten aber das Drama um Kopftücher? Wer nichts unternimmt, für den ist alles Infotainment.

An der Erkstraße mussten sie ein Polizeirevier hinklotzen, ohne ging es anscheinend nicht mehr. Ab da wird die Sonnenallee wieder richtig schön trostlos. Es gibt sie zwar noch, die Brautmodenläden, asiatische Imbisse, wo man sich mit Glutamat vergiften kann, und Friseurläden wie den Salon *Igel*, in denen sich seit 1952 nichts verändert hat. Aber es ist grau, trostlos, so gentrifiziert, dass überhaupt nichts mehr passiert. Das ändert sich erst ganz unten wieder, vom Hertzbergplatz bis zum S-Bahnhof. Hier gibt es sie noch, die blinden Ladenfenster, die Genickschussabsturzkneipen oder versteckte Puffs, bei denen man sich schon an der Türklinke Syphilis holt.

Ganz unten, beim *Lidl*, sitzen dann die neuesten Ankömmlinge aus Südosteuropa und absolvieren das, was gute Christenmenschen am besten können: Saufen. Es gibt da ein 50 Zentimeter hohes Mäuerchen, das schon unzählige Leben gerettet haben muss. Fast jeden Abend sitzen sie da mit ihren Freunden *Rachmaninoff, Uranov* und *Putinoff*, bis sie runterfallen. Aber eben nur 50 Zentimeter. Immerhin zeltet seit neuestem keiner mehr auf dem Hertzbergplatz. Zumindest nicht andauernd. Vorher kampierten dort laufend Romafamilien in einer metaironischen Satirereaktion zum Wohnungsmarkt, die leider keiner verstanden hat. Jetzt haben viele um die Ecke in der Treptower Straße ein Haus, das auf Kosten der Kirche saniert wurde.[39] Die leistet sogar richtig gute Integrationsarbeit. Endlich selbstlos? Aber nüschte. Wären das Moslems, würden die noch im Winter zelten.

---

39 https://t1p.de/1obe (30.4.18)

Genau hinter dem S-Bahnhof ist das *Estrel Hotel*, ein grässlicher, überdimensionierter Klotz aus den 90ern. Aber anscheinend noch nicht hässlich genug, sie planen dort noch ein Hochhaus zu bauen, das höchste der Stadt. Wieso auch nicht? Es zwängt sich ja nur zwischen die Autobahn und den Neuköllner Schifffahrtskanal, seines Zeichens so ziemlich das giftigste Gewässer jenseits des Leichenförderbands Ganges. Wer will da nicht seinen Urlaub verbringen? Sie haben auch eine extra trostlose Flussterrasse angelegt, die genau auf die *Griessmühle* guckt. Wenn nicht so viele total draufe 20-Jährige da sind, ist das, wegen des Wasser-/Kloakenblicks einer der letzten erträglichen Clubs. Also nie. Hinter dem Schrottplatz neben dem *Estrel* verstecken sich sogar wieder ein paar andere Clubs. Früher rannten die Bullen alle paar Monate rein, warfen alle auf den Boden, und machten die Läden dicht. Jetzt kann man da zu bestenfalls merkwürdiger, meist aber herausfordernd schlechter Musik günstig feiern.

Aber das echte Ghetto? Für das steht das Fernsehteam am falschen Ende der Sonnenallee. Das echte Ghetto ist ganz unten in der High-Deck-Siedlung. Wallah, die habe ich ja in *4 Blocks* gesehen! Ja, hast du. Auch, wenn sie da natürlich maßlos übertrieben dargestellt wurde. Nirgends gibt es noch 20-köpfige Gangs, dafür ist selbst in Familien mit Migrationshintergrund der demografische Wandel zu vernichtend. Manche Forscher sagen, der Geburtenrückgang ist das Einzige, was die westliche Welt nach der Kriminalitätsepidemie von den späten 60ern bis Mitte der 90er wieder beruhigt hat.[40] New York ist nicht wegen der „Broken Windows"-Nulltoleranzstategie der Polizei steril sicher geworden, sondern weil die Verbrecher von morgen nicht mehr geboren wurden.

Das Tragische ist, dass die Hipster jetzt auch schon in die High-Deck-Siedlung ziehen müssen. Einfach, weil sonst nichts mehr frei ist. Hier kann man noch authentisch miterleben, wie entsetzt Alkis auf die jungen geschlechtslosen Dinger mit vier Frisuren gleichzeitig starren. Wie amtliche Knastologen auf sein Fixie geifern, als würden sie es ihm bei voller Fahrt unterm Arsch wegziehen wollen. Und trotzdem führt sich der schleimige Makler der Immobiliengesellschaft auf, als wäre es West Hollywood. Dabei ist es so tot wie die Sahara. Erst, wenn eine neue Welle Flüchtlinge ankommt, zieht da Leben ein. Wenn das der einzige Weg für soziale Stadtpolitik ist: neuer Krieg irgendwer?

---

40 https://t1p.de/yrmq (30.4.18)

DER PERFEKTE SPAZIERGANG 1

Am besten man läuft vom Hermannplatz auf der linken Seite, bis nach der Hobrechtstraße der übertrieben merkwürdige indische Lebensmittelladen auftaucht. Die Sesambällchen da sind, wenn sie einem die Zähne nicht sprengen, der Hammer. Danach geht man entweder Ecke Pannierstraße rechts in die ägyptische Pizzeria und bestellt die Italiana, einfach nur, um zu lachen. Die 3 € ist es auf jeden Fall wert. Oder man geht auf der rechten Seite die Sonnenallee weiter bis zum Al Andalos. An der nächsten Kreuzung kommt links Al Safa, für alle, die auf Tierleiche stehen, ist das die beste Wahl. Danach gibt es auf beiden Seiten ganz viele Brautkleider, mit denen man verdecken kann, dass man schon vom Essen schwanger ist. Kaffee trinken und grässlich süße Nussspeisen schaufeln, kann man hier auch so ziemlich überall. Zum Appetitanregen: Auf 20 % der Kaffeetassen befinden sich Spuren von Fäkalien.[41]

Die Kippa aber am besten nicht anbehalten. Weiter unten, an der Roseggerstraße auf der rechten Seite gibt es noch einen kleinen Thaiimbiss. Der ist super, aber zu den normalen Essenszeiten so hipsterverpestet, dass man nicht mehr sitzen kann. Ganz unten an der Sonnenallee kann man nach dem S-Bahnhof links in die Ziegrastraße und sehen, ob einer der Clubs in den Seitenstraßen rechts nach dem Estrel noch, oder wieder, existiert, oder gerade von den Bullen dichtgemacht wird. Kurz vor der Ziegrastraße führt ein unscheinbarer Weg zur Griessmühle. Die geht klar, wenn man 20 ist und wirklich viele Drogen nehmen will.

Hähnchenrad

„Franchising verbindet die Vorteile der unternehmerischen Freiheit mit einer bereits bestehenden Me-too-Strategie. Aus meiner Sicht ist Franchising eine perfekte Einstiegschance für Selbständigerwerbende, die effizient und erfolgreich am Markt Fuß fassen wollen, ohne das Rad neu erfinden zu müssen." – Barbara Brezovar, „Selfmanagerin".

... von der Sonnenallee rollt weiter, an den Zoo. Selbst da gibt es jetzt ein *Hähnchen-Franchise-Restaurant*. Gut, hier stellt man es nicht mehr ins Schaufenster, sondern hinter die Kasse. Der höllischen Atmosphäre tut das keinen Abbruch. Tierleiche auf einer rotierenden

---

41 https://t1p.de/2i2k (10.7.18)

Streckbank ist anscheinend ein so gutes Konzept, dass es franchiseisierbar ist. Prompt folgt eine Massenschlägerei. Denn Essen ist nicht mehr nur die Erotik des Alters, es ist die Erotik einer neurotischen Nation. Schlagzeilen wie: „Wir verraten dir deine geheime Liebes-Superkraft, wenn du eine Portion Nudeln kochst" laden Essen sexuell auf.[42] Studien zeigen, dass Männer sich in Gegenwart von Frauen voller stopfen. Nicht ein wenig voller, um 93 %![43] Kein Wunder, dass es da Ärger geben kann. Zum Auftakt der Hetzjagd wurde ein Pärchen sexuell „auf arabischer Sprache" (für die Trashmedien ganz wichtig) beleidigt.[44] Beide werden gejagt, das Mädchen mit einer Flasche zu Boden gestreckt, der Mann mit Stühlen halbtot geschlagen. Einer dieser täglichen Ausraster, die im Berliner Polizeiticker vorbeiscrollen, über die man aber ums Verrecken nicht mehr als „Hilfe, Ausländer!" erfährt. War es eine Clanfehde? Islamisten? Jesiden? Scheißegal, solange der Leser richtig schön sauer ist:

„Ihre Reaktion zu diesem Thema?"

Wütend	Traurig	Unterhalten	Informiert	Erstaunt
1614	60	45	36	29 [45]

Besonders die 36 Informierten lassen einen sich schämen, zur gleichen Spezies zu gehören. Der Artikel ist buchstäblich nicht mehr als ein ausgedehntes *AAAAAHHHH!* Er ist ziemlich gehässig geschrieben, weil die B.Z. eine konservative Zeitung ist, die mit solchen Artikeln ein Rückzugsgefecht gegen gesellschaftlichen Fortschritt führt. Aber: Begeisterte Bosheit erzeugt Auflage und die verkauft Autos. Die machen die Welt beschissener und es gibt noch mehr Hass. Dann muss man öfter ins Hähnchenrestaurant und sich noch mehr Giftmüll reinstopfen. Die Berliner, die Deutschen und die Araber denken, Hühnchen sei gesund. Bullshit. Das für die meisten Lebensmittelvergiftungen verantwortliche Lebensmittel ist bis zum Rand voll mit Antibiotika und Arsen (lässt sie schneller wachsen!)[46], aufgepumpt mit blutdruckerhöhendem Salz, cholesteringeschwängert als Steilvorlage für den Herzinfarkt, krebserregend, wenn frittiert.[47] Wem das noch nicht **reicht: In 65 % des** Fleisches wurden E. coli Bakterien nachgewiesen.[48]

42 https://t1p.de/wf32 (26.7.18)
43 https://t1p.de/wpc1 (26.7.18)
44 https://t1p.de/v8pi (26.7.18)
45 Ebd.
46 https://t1p.de/3lwe (26.7.18)
47 https://t1p.de/i2j5 (26.7.18)
48 Ebd.

Ja, ihr fresst Scheiße. Hühnchen ist was für Leute, denen Schwein zu profan oder haram ist. Die sich besser fühlen wollen, während sie sterben. Und ihre Umwelt. Weite Teile Niedersachsens sind wegen der Hühnerfarmen mittlerweile eine Nitratwüste, das Grundwasser Gülle.[49]

Trotzdem lügen sich die Leute gerne an, das Einzige, was besonders die Berliner wirklich gut können. Die klaustrophobische Neuköllner Pizzeria, die auf Tripadvisor zu „den Besten Pizzerias unter 20 €" gewählt wurde, ist Wochen später voll mit Tempelhofdaddys in karierten Hemden. Bevor sie öffnete, war der Standardpreis 2-5 €. Die sagen Sachen wie: „Ist ja gar nicht mehr so schlimm hier!", „Schmeckt wie damals in Rimini", „Cedric, kannst du mal fragen, ob es hier Ketchup gibt?" Die denken dann auch, Käseschrippe sei gesund, und nicht der Express zu Herzversagen und Männertitten. Du kommst immer wieder, wegen dem, echt: Casomorphin.[50] Der Stoff, der dich als Kind zur Brust trieb. Schön, dass du der oralen Phase entstiegen bist. Jetzt trinkst du sogar verfaulte Fremdmilch, du Mutant. Du liebst Käse? Er dich nicht.

Keine drei Monate später eröffnet die zweite Filiale, weit weg, in Charlottenburg. Ohne großes Tamtam, denn die Berliner wollen sich besonders vorkommen. Die kleine individuelle Pizzeria bringt meinen Schneeflockencharakter zum Ausdruck, Restaurantketten sind profan. Selbst die brutale *Pizza-P...* hat eine Dependance in Friedrichshain. *Pizza-P...* ist das Gegenkonzept: grelle Trikoloretapete, kitschige Italomotive auf Glas, postironischer Italopop. Billige, riesige Pizzastücken, die dich für Stunden aus den Retro-Adidas-Sneakern hauen. Sogar für Tage, kotzend, wenn du den Fehler begehst, Thunfisch zu bestellen. Die Rache der Delphine.

Pizza-P... wurde trotzdem hip, gerade deswegen, weil es so offensiv auf Atmosphäre schiss. Auf eine Art ist es authentischer. Italien ist nicht das *ZEITmagazin*taugliche Kulturland. Zum größten Teil ist es eine grelle Terrone- (süditalienischer Proll) Wüste. Pizza war ursprünglich ein Armenrestefressen. Doch selbst die *Pizza-P...* schweigt sich über die Partnerfilialen aus. Der Hipster will selbst im Ranz individuell sein.

Der Profi im Metastasieren ist die *S... Bar/Bäckerei/der S... Burger*. Schöneberg, Moabit, Kreuzberg, überall die gleichen Läden. Und

---

49 https://t1p.de/8ctt (26.7.18)
50 https://t1p.de/x276 (26.7.18)

allesamt komplett unfähig. Sie könnten auch Bier beim Burgerladen oder Burger in der Bäckerei verkaufen. Da steht man eine Viertelstunde, bevor unverschämte 4 € für eine traurig belegte Schrippe verlangt werden. Nicht, dass das ein Unterschied zur „originalen" *S… Bäckerei* wäre. Oder zu der *S… Bar*, die nur Touristen goutieren. Selbst der *S… Burger* ist teuer und unbefriedigend, wenn er nicht überlaufen wie eine Nahrungsausgabe im Bürgerkriegsgebiet ist. Dann ist er einfach tödlich.

Das dachten sich auch die Linken, die die zwei Firmensmarts anzündeten. Wurde da rumgeheult, oh je. Dass die Umwelt mit Benzinern zu verpesten, nur um in der Herstellung und im Konsum noch viel schädlichere Tierleichen zu liefern, viel unmoralischer war, erkannten die Besitzer nicht. Ironischerweise wurden die Smarts zum Selfieaussichtspunkt, alle drei *S…* Franchises erhöhten den Umsatz. Es ist wie Krupp: Im Krieg werden die Granaten einfach an Deutsche und Franzosen verkauft. Wenn der *S… Burger* ein Scharmützel ist, ist Gastronomie der Krieg.

Barkeeper und Kellner sind die am viertschlechtesten bezahlte Berufsgruppe.[51] Im Gegensatz zu Krankenschwestern und Putzfrauen ergibt das Sinn: Niemand braucht die. Fast keine angenehme Bar hat Kellner, schon mal was von Tresen gehört? Wofür zahlst du gerne, für Sklavenarbeit oder deinen Drink? Auch bei Restaurants: Willst du, dass ein Garçon im „aparten Antik-Ambiente mit modernen Elementen"[52] an den Tisch kommt, dir analphabetischem Wasserkopf die Speisekarte vorliest, und dann den Wein mit salbungsvoller Haptik öffnet? Dann geh verdammt nochmal ins Theater. Es hat einen Grund, wieso die süditalienischen Pizzerias die alten lahmen Läden verdrängen. Es wird auf die Glocke gehauen, du holst dein Happa, und zwar nach einer Viertelstunde, nicht nach einer Dreiviertelstunde. Es ist frischer, besser und kostet die Hälfte. Komisch, dass wir Sklavenarbeit verachten, aber die Kellnerei der völlernden Neoaristokratie mundet.

Gastronomie ist Gift, das lässt sich sogar wissenschaftlich belegen. Sozialwissenschaftler kommen zu dem Schluss, dass dort die „Ware Freundlichkeit" verkauft wird.[53] Das ist sehr verquollen für: Lügen. Immer eine gute Langzeitstrategie. Es gibt zwei Arten, die Kunden zu bescheißen: oberflächlich und tief. In Callcentern gibt es Spiegel, in

---

[51] https://t1p.de/112n (26.7.18)
[52] Na Klar, Wilmersdorf: https://t1p.de/5v6i (26.7.18)
[53] https://t1p.de/fo66 (26.7.18)

denen man sein Lächeln testen muss.[54] Denn das hört der Kunde. Der Gast sieht es. In komplett sadistischen Unternehmen scannen Kameras dein Lächeln und lassen dich nicht antreten, wenn nicht die Fältchen an den Augen zu sehen sind. Die, für das echte Lächeln. Die, auf die wir alle unterbewusst achten.

Stewardessen sind die ständig angefochtenen Meister der Verarschung. Sie nutzen die tiefe Selbst- und Außenmanipulation. Sie stellen sich vor, der Gast fliegt das erste Mal. Seine Aggression, seine Unverschämtheit, sein Pissen an den Vordersitz (passiert viel zu oft[55]) sind nur Ausdruck seiner Angst. Die Nachsicht, die sie entwickeln, erzeugt Depression und Krebs. Wen wunderts?

Deswegen, sagt Tempelhofdaddy, muss man es sich was kosten lassen. Von nichts kommt nichts. Genau die Einstellung, die Deutsche überall auf der Welt zurecht mit dem Stereotyp „dumme Milchkuh" gebrandmarkt hat. Leichte Opfer. Auf Reisen ist es besser vorzugeben, man komme aus der Slowakei. Dann kommt nur ein verwirrtes Lächeln, das schlecht den leeren Blick verdeckt, der direkt in ein Schwarzes Loch starrt. Nein, auch in Nobelrestaurants regiert der Terror. Besonders dort.

In einem, dessen Namen wie der des allmächtigen Gottes nicht genannt werden darf, ist der Chef Alki. So richtig hart. Damit das keinem auffällt, pflegt er eine cholerische Persönlichkeit. Über jeden, dem eine Gabel herunter fällt, der das Salz verkippt, oder der eine Nanosekunde zögert, donnert sein Sperrfeuer an Schelte herein. Wenn das Tablett dann noch nicht fällt, haut er es dir aus der Hand. Er erläutert dir in klaren Worten, wie wenig Rechtfertigung du hast, geboren zu sein. Dass die Maden im Mülleimer klüger, besser und schöner sind als du. Dass du das undankbarste Stück Seeteufel bist, das er in dieser genussfeindlichen Epoche ertragen musste. Kurz, dass du genau in der richtigen Industrie arbeitest.

Burgerking ist tot, *McDonald's* hat den Krieg gewonnen. Ob am Hermannplatz, am Mehringdamm oder am Zoo. Selbstverständlich lässt sich kein Gourmet dort blicken, sondern frustfrisst nur heimlich aus der *doggy bag*. Ein *false friend* aus dem Englischen, der aber die passende Assoziation weckt: die schwarzen Hundekottüten. Obwohl die Außenterrasse über dem Massaker der Hardenbergstraße noch ein

---

54 https://t1p.de/m71f (26.7.18)
55 https://t1p.de/9fdi - https://t1p.de/f3al - https://t1p.de/xgu3 (26.7.18)

wenig Flair der modernistischen 60er versprüht, wäre da nur nicht die ätzende Popmusik. Zum Glück hört man die vor lauter Sirenen kaum. Doch von *McDonald's können die Hipsterläden noch was lernen*. *Ronald McDonald's* Drückerkolonne hat erkannt, dass Menschen der Problemfaktor sind. Du gibst deine Bestellung an einem Bildschirm ein, und wenn du an der Theke bist, ist sie schon fertig. Du kannst sie auch an deinen Sitzplatz liefern lassen, will aber niemand. Denn das kostet extra. Du kannst den Fraß sogar vor Bildschirmen wegexen. Das wollen wiederum viele, dann spürt man den Ekel nicht so.

Das Leben ist hart, man muss sich entscheiden: liebgehabt werden oder essen. Wer essen will, muss in die Läden, wo man seinen fetten Arsch zur Theke bewegen muss. Wer pathologisch liebgehabt werden will, geht in die *S...* Ketten, zu den bräsigen Familienitalienern, ins *Lava*. Besonders die Hipsterketten bieten die Nachteile von beidem: *Die Unpersönlichkeit von McDonald's sowie das Gehabe und den Preis der Statusrestaurants. Aber man gönnt sich ja sonst, wenn man nichts ist, nichts.*

PRAKTISCHES

Iss nichts, was nur aus drei Komponenten besteht. Guru am Südstern hat super indisches Essen, den Gutschein auf der Website ausdrucken, dann gibt es zwei für eins. Bei La Stella Nera in der Leykestraße gibt es Pizza. Ziemlich lecker, aber Vorsicht, vegan. Am besten das Blei zum Würzen mitnehmen und ein paar Katzenbabys zum Zertreten, wenn einem das zu gutmenschlich ist. Arabisch: Al Andalos.

Barista Anarchista

Es ist etwas faul im Staate Berlin. In allen Elendsbezirken. Da, wo man noch sinnvoll Essengehen kann, weil es um das Essen geht, nicht um Repräsentanz. Meistens bei ausländischen Küchen, weil Deutsch immer noch Fettkanone bedeutet. Fressen, um zu überleben, als würde der Russe mit der Kalaschnikow an der Oder stehen und man müsste gleich eine Woche bis hinter die Elbe durchmarschieren. Es ist etwas faul, der Widerstand formiert sich – beim Essen?

Der schwarze Stern lacht einen an. Eine anarchistische Pizzeria? Wieso nicht? Das *Casolare* an der Admiralbrücke und die Schwesterrestaurants haben vorgemacht, dass es läuft. Anarchismus wurde schließlich von Bakunin in Neapel ersonnen, der Stadt mit der besten Pizza der Welt (und wo unglaubliche 90 % des Falschgeldes in der EU herkommen![56]). Es ist eine hinreichend anarchistische Erfahrung, wenn man in der Pizzeria sitzt, zehn italienische Kellner mit Augenringen bis zu den Kniekehlen rennen und schreien durcheinander, Pizzas werden hingeklatscht, Wein wuchtig in tiefe Gläser gekippt. Wem die Afterhour zu langweilig ist, der kann ins *Casolare*. Wer Ruhe beim Essen will, der wird sich dort erschießen.

Radikaler wird es am Körnerpark. Man geht durch den leicht fauligen Körnerkiez, vorbei an den letzten roten Lichtern der Puffs. Auf einmal eröffnet sich dem Blick der eindrucksvolle Körnerpark. Direkt rechts neben dem Eingang ist das *Nini e Pettirosso*. Kein Kellner, mit Kreide an die Tafel geschriebene Weine, Pizzastücken in der Auslage. „Du möchtest Knoblauch oder Chiliöl? Gerne, da hinten steht die Flasche." Da fühlen sich auch Berliner wohl: „Willste Kaffee? Na dann hol dir!" Alles billig, schnell und verdammt lecker. Vegan ist möglich, wird aber nicht an die große Glocke gehängt. Der dicke Deutsche würde wahrscheinlich einen Herzinfarkt bekommen, wenn er sehen würde, dass Pizza ohne Käse geht. Und selbst der Tafelwein ist besser als in den meisten teuren Bars in Mitte. Es steht zwar nirgends direkt, aber alles versprüht etwas Egalitäres, etwas Unkompliziertes, die Utopie von: wie die großen Sozialtheoretiker „Icke und Er" es nannten: „Mach et einfach.". Das einzige Problem ist, dass direkt daneben ein Spielplatz liegt, und so alles zu den normalen Essenszeiten wegen der 160 dB ungenießbar ist.

56 https://t1p.de/trpg (31.8.18)

Noch mehr ins Gesicht Anarchistenpizzeria ist in der Leykestraße, tief in Neukölln. Es brummt auch, aber man trägt schwarze Hemden. Man steht nicht vorne am Schalter und schreit, sondern man wird bedient. Die Preise sind bei 8 € für eine Pizza im Hipstermittelfeld. Aber, bäm, alles ist vegan. Und da sind sie nicht die Einzigen. Selbst *Starbucks* bietet mittlerweile vegane „Lunches" an. Hier aber, im *la Stella Nera* ist das Essen politisch. Da, wo sonst die hirnfräsend idiotischen Flyer für Musicals, esoterische Kurpfuscher oder die lustigen Grußkarten liegen, ist alles voll von Demoaufrufen und Tierrechtspamphleten. Ganz nebenbei schmeckt die Pizza auch noch ziemlich gut, zumindest wenn man keinen veganen Käse nimmt. Der ist noch nicht so weit.

Nicht alle gehen so weit, aber viele ein Stückchen. Bei den Cafés ist es noch drastischer. Die „Baristas" werden Anarchisten. Das ist gut, denn „Baristas" braucht die Welt nicht.

Das *Urban Dictionary* schreibt: „Pretentious sounding word used by dejected art history and drama majors that describes their employment in order to make themselves feel better about serving coffee."

Nagel auf den Kopf: Genau das seid ihr. Saftschubsen.

Es gehört keine Kunst zum Kaffee machen, nur eine gute Maschine und ein guter Rohstoff. Ihr seid keine Lebenshilfeberater und keine Ernährungsberater. Die Studien zu Kaffee sind zwiespältig, aber er ist bis zum Rand voll mit Acrylamid. Das ist die Schwärze, die beim Rösten entsteht und die Krebs entstehen lässt. Mittlerweile haben sie erkannt, dass sie den Leuten nur ein Hindernis zwischen Geld und Koffein sind, egal wie sie sich labeln. Dass die meisten die mitschwingende Snoberei sogar anekelt wie der Kalkentferner im Kaffee. Dass sie ausgebeutet werden und „Barista" nur ein Titel wie „Gerichtsrat", „Master", oder der trashige „Bachelor" ist, der sie trotz schlechter Bezahlung bei der Stange halten soll.

Die Fassade aus Gefälligkeiten, Schweigen, Zitier- und Lobkartellen, genannt Reputation, aus vorgeblich hoher Qualität, aus Gehabe und aus ritualisiertem Kasten- und Corps-Denken, diesem ganzen Würden-, Titel- und Hierarchiegebrabbel, dieser grenzenlose Filz aus Inkompetenz, Korruption, Betrug, Gefälligkeiten, Vetternwirtschaft, Patronage und Schmiergeldgeschäften, die man „Dienstleistung" nennt. Die haben gelernt, das System zu hassen, das sie hasst. Und weil Kommunismus out ist, greift man zu dem, was in (und individualistischer) ist: Anarchismus.

In jedem zweiten Café prangt mittlerweile der schwarze Stern. Vegane Kekse, Kuchen und Croissants, man kann sich zwischen Mandel-, Haselnuss-, Soja- und Feenstaub-Milch aussuchen, wie anstrengend der Kaffee wird. Die vegane Fleischerei an der Bergmannstraße schafft es, wegen der vortrefflichen Burger sogar das Tötungsumfeld in einen Ökovibe umzuwandeln. Kurz: Je weniger Steine auf der Straße geworfen werden, desto mehr vegane Weißwurst gibt es.

Schmeckt uns das? Ist das die pragmatische Antwort auf einen verlorenen Klassenkampf? Ist es der Biedermeierrückzug ins Private? Oder unterstützen all diese Lokale heimlich den Kampf gegen das mörderische System? Der Weather Underground lässt grüßen? Wahrscheinlich leider nicht. So unromantisch das auch ist, wahrscheinlich ist es eine kluge Strategie. Denn fressen und saufen wollen Leute immer, und sich besser fühlen als sie wirklich sind auch. Je mehr Gastronomen auf den Trend aufspringen, desto einfacher, desto günstiger wird es. Wer will nicht billig die Welt retten?

Man könnte natürlich rumheulen, dass der schwarze Stern entwertet wird. Ein Symbol zum Kampf gegen die Autorität wird zur Marke für lecker. Aber scheiß auf Symbole, besser entweihen als vergessen. Es ist nicht mehr die zweite spanische Republik, Rio Reiser hatte recht: *Der Traum ist aus.* Die großen Utopien sind alle gegen die Wand gefahren. Niemand wird den oxymoronen „anarchistischen Staat" herbeirevolutionieren. Aber sich vollfressen und nebenbei das Leben einer hundertstel Kuh retten? Das schmeckt dem *Yelp*-Kritiker. Alle anderen werden durch die Hirnverkalkung so verrückt wie der Bewerter der „Gesichterpizza", einem Käse- und Wursthaufen mit menschlichem Antlitz:

„Friss mich auf wie Rattengift und gebär mich aus dem Arsch hinaus, wie perfekt kann ein Gericht nach einem Gesicht aussehen?! Ich habe wirklich schon mehrmals diese Pizza gebacken und sie aus Versehen mit meiner Mutter verwechselt. Ich habe dann auch einen Streit mit ihr über meine Zukunftsaussichten angefangen und ICH HABE IHN VERLOREN! GEGEN EINE PIZZA! Aber meine Mutter hat einfach diese wachen Würstchenaugen und eine gesunde Salamifarbenhaut und duftendes Emmentalerhaar."[57]

---

57 https://t1p.de/ywg7 (5.9.18)

Ziegenschlachter

„Am liebsten mag er Ziegen ficken und Minderheiten unterdrücken"
– Jan Böhmermann.

„Es gibt sie noch, die guten Dinge", ist der Werbespruch des Hipsterolymps *M…* Freihändig geschöpfter Kakao für 25,99 €/100 g, Seepockensorbet, handgedrechselte Schemel. So was eben. Da kauft nur, wer so ignorant ist, dass er seine Lebensberechtigung verloren hat. Fast direkt vor dem Laden an der Straße des 17. Juni verkauften abgelehnte Asylsuchende aus dem „sicheren Herkunftsland" Afghanistan (verpimpt von „Sicherheitsfirmen") ihren Arsch.[58] Der Gründer Thomas Hoof verlegt passenderweise Akif Pirinçcis Rechtsaußenbestseller „Deutschland von Sinnen".[59] Es gibt sie noch die guten Dinge?

Nicht in Berlin. Schon gar nicht in Neukölln. Da findet man an einem arschkalten Wintermorgen die zerfledderte Leiche einer Ziege auf dem Berg. Ganz weit oben, wie zu einem Ritualmord. Weit oben, das heißt im Scheißefladen Berlin 67,9 m. Und ging es da los. Haben alle geheult. Die niedliche kleine Kaschmirziege, die wir immer gestreichelt haben. Die so schön roch, wie der Ziegenkäse von *Bio Company*. Die das Wohlstandskind Wikipedia und das neunte Methmutterkind A.J.-Peter gleichermaßen gerne streichelten. Geschieht euch recht.

Erste Gangsterregel: Komm immer an den Tatort zurück und mach das Gleiche nochmal. Jetzt hörten Anwohner im Renditeobjekt nebenan die Schreie, erhoben sich von ihrem Schemel, und riefen geistesgegenwärtig die Polizei. Die sackte zwei mit einem Ziegenbein scharwenzelnde Rumänen ein. Kaum Blutspuren, „fachmännisch abgetrennt" wie sie später zu Protokoll geben wird.[60]

Im Gerichtssaal war es rappelvoll. Mit Anwälten, Journalisten und Geiferern. Da spart man sich gleich die 80 Cent für eine *B.Z.*! Die Täter waren Rumänen. Leider zu weiß und zu christlich, als dass die AfD/CDU-Berufspaniker das ausnutzen konnten. Brutale Klotzköpfe, die nach eigener Aussage einfach Hunger hatten. Sie schliefen in einer der überbelegten Bauarbeiterwohnungen an der Hasenheide. Und weil sie selbst vom Hof kommen und schlachten können, dachten sie sich, das tun sie mal. Natürlich haben sie keine Ahnung, dass man das

---
58 Der Zuhälter war sogar blöd genug, ein Interview zu geben. https://t1p.de/e77l (9.4.18)
59 Akif Pirinçcis Pöbelbestseller „Deutschland von Sinnen"(9.4.18)
60 https://t1p.de/4sw6 (9.4.18)

im Streichelzoo nicht darf. Nein, sie waren für den Nobelpreis 2018 nicht nominiert.

Schöne Geschichte, natürlich alles scheiße. Erstmal waren beide besoffen. Sie hatten Alkohol, woher hatten sie die Knete? Nach langem Rumdrucksen kam raus, sie hatten 30 €. Das reicht am Hermannplatz für sechsmal asiatisch essen gehen, 12 Rattendöner, oder ein viertel Seepockensorbet. Höchstwahrscheinlich haben sich die beiden einfach zugesoffen und wollten Blut sehen. Wer sagt da, die Integration funktioniere nicht?

Der Durchschnittsfascho mit seiner *B.Z.* unterm Arm kann sich jetzt natürlich richtig schön rechtschaffend und überlegen fühlen, während er sich seine Currywurst mit Darm reinballert. Die *B.Z.* behandelt ihre Leser wie Deppen, die unbedingt die *B.Z.* brauchen, um aus ihrer selbstverschuldeten Deppenhaftigkeit auszubrechen. Mal überlegt, was du da eigentlich isst? Dass wir 750.000.000 Tiere jährlich hinrichten?[61] Davon alleine 58.000.000 Schweine, die um einiges intelligenter sind als Ziegen? Schweine, die wir dann in ihren eigenen Arsch stopfen, damit sie wieder in deinem landen? Aber ist egal, weil niedlich = Lebensberechtigung? Das hier streicheln – das hier essen?

Interessiert den Wurstberliner nicht, wieso auch. Ist auch nicht verwerflich, der tötet sich sowieso selber. Laut der Weltgesundheitsorganisation (WHO) ist Schweinefleisch krebserregend, guten Appetit.[62] Den interessiert ja auch nicht, dass die meisten jungen Ziegen und Lämmer gleich ins Schlachthaus kommen. Wo sollen die sonst hin, ins Ballparadies? Der König des Zoos trägt Hosenträger, eine Elvisschmalztolle und fährt Mustang – ein Feingeist vor dem Herrn (Allah). Dem geht das genau so wurstig am Arsch vorbei. Die wirkliche Frage ist: Wo sind an der Hasenheide noch Bauarbeiterwohnungen? Die Straße Hasenheide liegt genau zwischen Neukölln und Kreuzberg, cooler wird es außerhalb von Williamsburg, New York, nicht. Wenn man kauft, zahlt man hier für ein Klokabuff mehr als für eine Villa in Brandenburg. Die *Bio Company* hat den *Lidl* gefressen, gehobene Italiener putzen die Shishabars weg, sogar die Spielotheken gehen pleite. Eine der Letzten war an der Ecke Graefestraße, genau gegenüber vom Streichelzoo. In einem hässlichen 70er-Jahre-Assibunker, der sich in Wohnungsanzeigen *Werner Düttmann Quartier* schimpft. Gebaut mit Steuergeldern, früher für leistungsschwache Sozialmieter, dann für einen Schrottpreis verscherbelt, und jetzt fallen zu junge, zu

---

61 https://t1p.de/fclq (9.4.18)
62 Wenn das sogar Springer zugibt, muss es heftig sein. https://t1p.de/r8hv (9.4.18)

reiche Hipster auf den *fancy* Namen rein. Selbst die fieseste 70er-Alptraumwohnung kostet da mehr als ein Altbau in Wilmersdorf. Für die neuen Mieter. Aber zum Glück haben wir noch alte. Zum Glück haben wir noch arabische Clans.

Im hinteren Teil des Quartiers ist eine Fußgängerzone. Gute Idee, hat aber leider das Flair einer Pariser Vorstadt. So richtig schön Ghetto, früher wurde man da spätestens nach 15 m zusammengeklappt. Da haben sie die noch, ihre alten 5-Zimmer-Wohnungen mit wahnsinnig unpraktischen Schnitten. Wo genau, sollte keiner sagen, wenn er seine Eier behalten will. Ganz sicher aber stapeln sich in drei von den fünf Zimmern rumänische Bauarbeiter. Und ganz sicher finanzieren die nicht nur die Wohnung, sondern noch mindestens einen schwarzen BMW und einen schlecht laufenden Brautmodenladen an der finstersten Ecke der Sonnenallee.

Berlin ist wie eine Ziege im Streichelzoo: Die Gentrifizierung, die soziale Schlachtung, ist nicht aufzuhalten, das ist klar. Viele weinen, aber keiner will es wirklich ändern. Zumindest keiner, der die Macht hätte, das zu ändern. Die Frage ist, ob die Berliner Assis jetzt geordnet ins Schlachthaus B-Tarif marschieren und dann wenigstens nicht mehr nerven. Oder, ob sie sich mit allen Mitteln wehren und eine neue Steinzeit über uns hereinbricht. Eine, in der man einen Streichelzoo mit Selbstschussanlagen schützen muss.

Kameras sind schon angebracht.

PRAKTISCHES

Wer mit den Geistern der toten Ziege leben kann, ist im Streichelzoo Hasenheide richtig. Fürs Geld (umsonst), bekommt man da am meisten geboten. Streicheln kann man zwar meistens nichts, weil die Tiere hinter Elektrozäunen gefangen (oder gesichert?) sind, aber tierischem Stumpfsinn zuzusehen, beruhigt. Es gibt noch einen Streichelzoo im Viktoriapark Kreuzberg, der wurde aber bis zur Unkenntlichkeit kaputtgespart. Und einen im Hippieuniversum Görlitzer Park, aber seit das-Schwein gestorben ist, ist das auch nur noch die Kinderapokalypse. Großes Plus: Die Hühner lassen sich streichen. Wahrscheinlich wollen die das nicht, aber alles muss gestreichelt werden, ALLES. Es soll noch einen Streichelzoo in Marzahn geben, aber da fressen sie Menschen. Für alle, die finden, Zoo sei faschistoide Dreckssscheiße und nichts anderes als ein Gefängnis für Tiere, ist die Pfaueninsel der Geheimtipp. Die meisten Pfauen laufen frei herum. Sogar weiße. Sie schreien wie am Spieß und schlagen Räder. Genau das Richtige, wenn man zu viel Ruhe in der Freizeit hat.

Massaker in der Markthalle

„Markt pur ist Wirtschaft pervers. Markt pur ist purer Wahnsinn."
– Horst Lorenz Seehofer, ehemaliger bayerischer Ministerpräsident & CSU-Chef.

Der Markt um die Ecke ist für den Berliner der neue Mercedes: ein Statussymbol. Wahrscheinlich, weil er sich Freizeitgestaltung und Sozialisierung nicht anders als über Kapitalismus vorstellen kann. Na klar, fühlt man sich besser, wenn man auf dem Wochenmarkt am Herrfurthplatz Edelkäse kauft, oder in der *Markthalle 9* in Kreuzberg selbstgehobelte Schokolade. Im Grunde genommen ist das aber das Gleiche, als würde man am Samstag bei *H&M* shoppen gehen.

Da wird zwei Mal pro Woche in die Umkleiden geschissen, leaken Insiderzirkel. Bestimmt sind das keine Obdachlosen, sondern elaborierte Gentrifizierungskritiker.

Normale Wochenmärkte sind schon unappetitlich genug. In Los Angeles verlieh man durch den neuen Namen „Pop Up Kitchen" dem, was früher „Fresswagen" hieß den Ritterschlag des Hipstertums. Auf dem Herrfurthplatz stehen neben drei Gemüseläden natürlich auch alte VW-Bullis mit unschuldigen runden Lichtern. Die sind an sich schon so widerlich, dass man jeden, der einen fährt, gleich mit dem Wagenheber erschlagen sollte. Du willst den Hippietraum leben und bläst dazu 18 l pro 100 km durch den Doppelvergaser? Du bist nicht individuell, du bist ein Abziehbild aus der Allianzwerbung. In Wägen kann man ein bisschen schlechteren aber wesentlich teureren Kaffee kaufen, als im Café nebenan. Der nächste Stand ist das, was der Welt wirklich gefehlt hat: Lakritze. Ein ganzer Stand. Wie kann man so leben? Wer freut sich nicht bis zur Bewusstlosigkeit, wenn er hintendran Empanadas voller vergorenem Eutersekret für den Preis einer ganzen Pizza 200 m weiter kaufen kann?

Auf den Markt geht man nicht, weil man sparen will. Auch nicht, weil man bio essen will. Das meiste ist einfach nur lokal. Es ist so viel besser, wenn der Giftdünger in den eigenen Hof gekippt wird, nicht wahr? Natürlich gibt es ein, zwei Käsevariationen mehr. Aber wisst ihr, wo es noch mehr gibt? Im Internet. Für den Preis, den man an diesen Ständen zahlt, kann man den Versand aus französischen Überseekolonien bezahlen. Auch wenn es den Weinverkäufer im Herzen treffen wird wie die Kugel, die schon lange überfällig ist: Man geht nicht wegen des Geschmacks zum Wochenmarkt. Man geht da hin, weil man es mit sich selbst nicht aushält, weil man zu langweilig ist und zu beschränkt mit seiner Freizeit was anderes anzufangen als Krieg.

Besonders Eltern präsentieren auf den Märkten ihre protzende Erbmasse. Wieso auch nicht? Wenn alles sowieso schwachsinnig ist, sind Kinder die beste Ergänzung. Aber die haben eine Rechtfertigung, ihre natürliche kindliche Idiotie. Ihre Eltern nicht. Obwohl Eltern natürlich gerne Kinder als Rechtfertigung nehmen, wieso sie in ihrem Leben nichts geschissen bekommen.

Ihre verwachsenen Sprösslinge schleifen sie dann zu Ständen, wo noch das Bild von Peggy der lieben Wildsau prangt. Peggy wurde brutal geschlachtet, für nichts anderes als das Geschmackserlebnis von verwöhnten kleinen Pissern und verwöhnten großen Psychopathen.

Exit Komfortzone: Es gibt absolut keine Rechtfertigung ein Tier zu schlachten. Es ist weder gesünder, noch ökonomischer und schon gar nicht besser für die Umwelt. Die Nahrungsmittelindustrie ist einer der größten Klimakiller, „eine pflanzenbasierte Ernährung verringert die Umweltbelastung deutlich, den CO_2-Fußabdruck etwa um über 50 %"[63]. Dem kleinen Balg, das da gerade Peggys Bein anknabbert, hinterlässt du eine brennende, ausgetrocknete Erde.

Hoffentlich bist du wenigstens ein versteckter Sadist und willst eine Abtreibung im sechsten Jahr. Anders kann man nicht erklären, dass du dem Kind schon mit drei Jahren nachweisliche Arterienverschlackung zugutekommen lässt.[64] In einer gerechten Welt würde nicht Peggys Bild über dem Fleischstand hängen, sondern deins.

Wenn der Wochenmarkt schizoide Tendenz ist, ist die Markthalle die voll ausgewachsene Psychose. Wo früher kiloweise rohes Fleisch lagen und die Fliegen über den Boden krabbelten, wo man Schnitzel für fünf Mark essen konnte und dazu maximal angeödete Bratkartoffeln hinter einem Salatfeigenblatt, ist heute ein Zirkus der Eitelkeiten. Die Antipasti sind mikroskopisch eingepackt und kosten so viel wie Gold, die Artischockenherzen sind frisch, weil sie mit Liebe gefleddert wurden, der Darm an der Chorizo ist noch feucht. Es gibt vegane Marmelade. Das wer da drauf kommt? Kaum vorstellbar, die Erdbeerkonfitüre ohne Schwarte. Die fetten Standbesitzer schicken immer ein knackiges „Mädchen" vor. Ein Käsemädchen, Marmeladenmädchen, Fleischbällchenmädchen. Verarschung schmeckt viel besser, wenn sie geil ist. Hier wird man wie im Kaufhaus nicht gesichtslos beschissen, sondern mit einem netten Lächeln und kiloweise Titten. Das muss der „verantwortliche Konsum" sein. Dekolletés sieht man viele, aber leider Bauarbeiterdekolletés. Die können sich hier natürlich nicht mal die Krumen leisten, die helfen nur beim Umbauen. Die essen beim Araber am Lausitzer Platz, weil man da essen und rauchen gleichzeitig darf. Die Ambossfresse von *Titel Thesen Temperamente* läuft durch die Halle. Vor ihm eine Kamera, vor der Kamera Helferlein, die die ganzen unwichtigen Menschen wegscheuchen.

Sogar *Arte* war für die Dokumentation „Neue Fleischeslust: Europas Metzger-Revival" da, in der gläsernen Metzgerei. Die versteckt sich nicht ganz hinten, sondern hat große, offene Fenster. Der Gast will sehen, was er isst. Kein verstecktes Morden und Leichenverstümmeln mehr, offenes Morden und Leichenverstümmeln.

---

63 https://t1p.de/o7it (14.6.18)
64 https://www.youtube.com/watch?v=MzHLAqyO7PQ (15.6.18)

Das macht es natürlich sehr viel besser. Hätten die Konzentrationslager Fenster gehabt, wäre das auch als transparent und lifestylig durchgegangen? So, wie der *Undercut* aus dem Dritten Reich das Hipsterkopfaccessoire der Wahl ist?

Selbstverständlich tragen die Fleischer den. Nur heißt das jetzt nicht mehr Fleischer, sondern „Traditions Meat Craftsmen", laut ihrem widerlichen „Butchers Manifesto".[65]

Die langen Haare auf dem *Undercut* brauchen sie sich nicht zusammenbinden, denn oben ist ein *Man Bun* drauf. Das auf ihren Armen ist kein geronnenes Blut, sondern ein metaironisches Tattoo. Sie erzählen lang und breit, wie grässlich industrielle Schlachthöfe sind, dass sie ihren eigenen Weg gehen wollten. Ist das nicht niedlich? Wie jemand, der nicht in die Armee gehen wollte, um sinnlos mit Tausenden zu morden, sondern der selbst mit der Uzi ins Kaufhaus rennt. Immer schön individualistisch bleiben, Christian Lindner gefällt das.

Sollen wir mal einen Blick in das „Butchers Manifesto" werfen? Triggerwarnung! Wem Fakten im Kopf wehtun, der kann bei *McDonald's* warten. Erst mal blamiert sich der eigentlich stilsichere Sender *Arte*:

„Arte begleitet Jörg Förstera und Hendrik Haase aus Berlin, die in Kreuzberg eine gläserne Metzgerei gegründet haben. Beim alljährlichen Branchentreffen in Kopenhagen, dem ‚Butcher's Manifesto', treffen sie auf Gleichgesinnte, darunter viele Frauen."

Ja was, auch Frauen? Wie toll ist das denn? Die Welt ist gerettet, wenn Frauen, so wie Männer, psychopathische Mörder werden können! Inklusion für alle! Und für alle Zeit! Das Videospiel *Battlefield V* zeigt NS-Soldaten als fette schwarze Frauen.[66] Wer braucht schon geschichtliche Fakten, wenn er Gleichberechtigung hat? Wieso nicht noch gleich jüdische NS-Soldaten? Ach wie, da hört die Gleichberechtigung auf? Weil da wer (diesmal berechtigt) ein größeres Opfer ist? Fällt euch eigentlich jemals auf, dass die Opferolympiade nur in den Abgrund führt? Das können Rechte nämlich genauso.[67][68]

Arte: „In Workshops und Diskussionsrunden wird hier der ethische Umgang mit Fleisch und dem Schlachterhandwerk vertieft und weitergegeben."

---

65 http://butchersmanifesto.com/manifesto/ (15.6.18)
66 https://www.youtube.com/c/vegangains/videos (15.6.18)
67 Wer ein Beispiel von früher Gleichberechtigung will: Die Maori in Neuseeland lassen sich über Wochen unter extremen Schmerzen ihre Tattoos stechen, um mit den Frauen in Sachen Gebärschmerz gleich zu ziehen, Ist die Welt jetzt besser?
68 Mar TV, NDR, 04. Oktober 2018, 20:15 bis 21:45 Uhr

Lol wut? Wie wäre es mit einem „ethischen Umgang" mit von euch Ermordeten? Völlig egal, wen ihr abschlachtet, Hauptsache das Fleisch fühlt sich komfortabel, oder was?

Arte legt nur vor, der PR-Arm der Fleischerinnung tritt voll rein:

„THE 5 SENTENCES OF THE MANIFESTO - #1: WE HONOUR THE VALUABLE TRADITIONS OF BUTCHERY. We will ensure that traditional methods of the butchery craft will not be lost due to growing industrialization, automation in processing, and consumer apathy."

ALL CAPS HAT IMMER RECHT UND MAN FÜHLT SICH ZUM GLÜCK AUCH NICHT ANGESCHRIEN! SCHWILL TEIGER KANN DAS AUCH GANZ TOLL, UND SELBST DER IST NOCH ÜBER EUREM NIVEAU!

Traditionen, ja? So wie Genitalverstümmlung, Krieg und Hexenverbrennung? Sind die auch wertvoll? Nicht? Weil da Lebewesen zu schaden kommen. Verdammt. Ein Glück versinkt die Welt gerade nicht in dem, was der große Soziologe Zygmunt Bauman kurz vor seinem Tod 2017 „Retrotopia" nannte.[69] Von AfD bis Trump: Gegenwartsmüde sehnen sich nach einer Vergangenheit, einer Tradition, die es nie gab. Sagt doch einfach: Wir haben Angst vor der Zukunft. Das wäre ehrlicher. Was ihr stattdessen sagt, ist: Ihr habt doch auch Angst vor der Zukunft? Also kauft Fleisch, dann fühlt sich alles an wie früher!

„#2 WE INSIST ON HONEST AND TRANSPARENT APPROACH TO MEAT.

#QUALITY, #ANIMALWELFARE It is a Butcher's Manifesto mission to educate key parties throughout the supply chain to the value of heritage genetics — for the welfare of the animals, for the success of butchery, and for the health of the planet."

#fickteuchihrpenner. #ANIMALWELFARE? Im Ernst? Erst mal sind Hashtags so 2016, aber eure Industrie ist sowas von 2016 vor Christus. Ihr steht für genetische Vielfalt? Dann versucht, zur Abwechslung mal keine Tiere zu töten. Wisst ihr, was vorher auf den Weiden war? Wald. Da lebten Tiere. Sehr viel mehr, sehr viel Unterschiedlichere. Wisst ihr, für wen das gut war? Für den Planeten. Kühe alleine furzen und rülpsen 500 l Methan am Tag aus. Das ist 25 Mal so klimaschädlich wie CO_2, so viel wie „die CO_2-Emissionen eines Mittelklassewagens bei einer Jahresleistung von 18.000 Kilometern verursachen."[70] Und wahrscheinlich wurde bei der Statistik eine der deutschen Beschisskarren benutzt, wegen derer unverständlicherweise niemand im Gefängnis sitzt!

---

[69] https://t1p.de/3dzb (15.6.18))
[70] https://t1p.de/v8qj (15.6.18

Ihr lügt auf Vorschulniveau. Nur einmal schimmert Ehrlichkeit durch: Ihr wollt die Zwischenhändler abgraben. Sagt es doch: Es geht euch nur um die Kohle. Selbst wenn nicht: Klar wird die Welt besser, wenn wir alle wieder bei der Omi nebenan einkaufen. Das ist aber schlicht nicht möglich. Wir leben in materiellem und medizinischem Überfluss, weil wir Abläufe rationalisiert haben. Wisst ihr, wo man von der Oma kauft? Wo zwanzig Menschen den Job tun, den einer machen kann. Im Slum. Mike Davis nennt das: „Involution", und es ist der Schlüssel zur Verelendung.[71] Wie, ihr wollt keine Feinde der Effizienz sein? Wie erreicht ihr die denn?

„Efficiencies are attained through an attentiveness that originates in the foundations of butchery education."

Durch Aufmerksamkeit? Ich bekomme echt fast einen Schlag. Seht ihr die Lieferkette ganz aufmerksam an, damit sie effizienter läuft? Schärft euer Blick allein das Beil? Ist da eigentlich eine einzige Arterie noch nicht von dem (nur in Tierprodukten vorkommenden!) Cholesterin verkalkt?

Merkt ihr ja selber. Wieso dann nicht noch ein paar Bullshitsätze: „Preservation is the gift of skilled charcutiers."

„... on the journey towards exceptionalism a clear path to achievement."

Was soll denn das heißen? Das ist geschwurbelter als in der grässlichsten 90er-Jahre-Werbung.

„#5WE REPRECENT A CRAFT THAT IS THE JOYFUL EXPRESSION OF TRADITION AND INNOVATION. Public impressions of the meat industry are marred by ethical controversies, disastrous climate change claims, nutrition misinformation, and an overwhelming consumer ignorance strategically sustained through confusing labeling.

Joyful expression? Beim Morden? Wenn das nicht die Definition von einem sadistischen Psychopathen ist, was dann? Ihr erkennt ja selbst, dass die Fleischindustrie die Erde fickt, also was heult ihr? Tiere benötigen ein Vierfaches mehr an Platz, um die gleiche Nahrungsmenge zu produzieren wie Pflanzen. Wir könnten heute pflanzenbasiert nicht nur Lappalien wie den Welthunger stoppen (ca. 815.000.000 Menschen hungern[72]), sondern zwei Drittel der Menschheit, 4.000.000.000, mehr ernähren[73], und das sind KZ-gefarmte Tiere. Was meint ihr, wenn jetzt alles bussi-bio ist, wie viel Platz bleibt dann?

---

71 https://t1p.de/frtd (15.6.18)
72 http://de1.wfp.org/zero-hunger (15.6.18)
73 https://t1p.de/sgug (15.6.18)

In der Doku sagtet ihr, man müsse ja nicht jeden Tag Fleisch essen. Stimmt, eigentlich nie! Es ist zwar etwas teurer? Toll, der Markt regelt das schon, Linder kommt fast. Die ganzen fetten Hartzis, die können eh mal fasten, nicht war?

Fehlinformation über Nahrungsmittel? Ja, zum Beispiel, dass Fleisch das Giftigste ist, was du dir bis auf Quecksilberpudding reinhauen kannst? Das sagt sogar die echsenmenschkontrollierte WHO![74] Auf den Etiketten sollte stehen: „Fleischfresser können keine Arteriosklerose durch Cholesterinaufnahme kriegen. Menschen schon."

„It's no wonder why pride and joy in the craft has waited accordingly. We can see a pathway towards reinvigorating butchery with a pride that inspires all those we service."

„Waited?" Meintet ihr vielleicht „wained", sich verringert? Alhamdulillah, ihr seid sogar zu blöd, euer Manifest zu schreiben. Ihr habt keinen Spaß an der Arbeit, schnüff. Vielleicht hat das was damit zu tun, dass ihr Mörder seid. Fragt die Soldaten, die unsere Freiheit am Hindukusch verteidigen, ob die vor Freude umfallen. Wahrscheinlich eher, weil sie eine Kugel trifft.

Am verlogensten wird es, wenn sie sagen, dass sie die Tiere respektieren. Was? Wo das denn? Alter, du stopfst hier gerade ein Schwein in seinen eigenen Arsch und nennst das dann Wurst. Das Schwein, das vorher lebendig in Öl gebraten wurde, weil bei 500.000 Schweinen im Jahr ab und zu die Betäubung nicht funktioniert:

„Unzureichend betäubte Schlachttiere, so erläutert Karl Fikuart, müssen Höllenqualen erleiden, wenn der Schlachter zum Beispiel bei einem kopfüber hängenden Rind den Kehlschnitt ansetzt, um es auszubluten, oder gar bereits mit der Zerlegung beginnt, obwohl das Tier noch gar nicht tot ist." (Das Makaberste ist: Das stört die Industrie nur, weil: „Wenn die Tiere dort Stress erleiden, wenn die Tiere dort unruhig sind, sich noch beißen, ist das Fleisch nachher eindeutig von schlechterer Qualität, als wenn ich die Tiere ruhig zutreibe, ruhig in den Hallen liegen lasse und dann ruhig bis zur Betäubung weiter führe.")[75]

Du respektierst das Schwein, das danach zu Hack verarbeitet wird, bis man aber auch gar nichts ehemals Lebendiges mehr wiedererkennt. Esse nichts, was ein Gesicht hat, was ist daran so schwer? Aber zerhäcksel auch nichts, das mal ein Gesicht hatte! Das Schwein, das

---

74 https://t1p.de/nrvh (15.6.18)
75 https://t1p.de/5fis (15.6.18)

wie wir Sonnenbrand kriegt, eine Pubertät (sogar vier davon), das bei sexueller Frustration, wie wir, schreit? Der weitsichtige Horrorromanautor, suizidäre und erste Goth Edgar Allen Poe stellte fest: „sie [sind] ‚horizontale Menschen' – und Menschen ‚senkrechte Schweine'."[76]

Wenn das dein Respekt ist, soll ich dich dann mal respektieren?

Eine der widerlichsten Fratzen der Gentrifizierung ist, dass die neuen Gebildeten, Reichen und Schönen glauben, sie wären besser. Seid ihr nicht. Ihr seid genau die gleichen Grobiane wie im Berlin des 19. Jahrhunderts: die bleichen Verwerter gestorbener Pferde der Fuhrwerke oder Abortanbieter. Die hatten einen riesigen Rock an, darunter konnte man Schnupfen und in eine Schüssel scheißen. Mit einem Unterschied: Damals hatten die Leute keine Wahl, weil sie in infernalischen Umständen lebten. Jetzt trieft alles vor Luxus, zumindest im Gehege der neuen urbanen Hipsteraristokratie. Ihr könntet alles Fleisch auch locker durch genau so schmeckende und viel gesündere, sogar vegane Ersatzprodukte ersetzen. In Malaysia gibt es die schon seit Jahrzehnten und hier tun Hipstersupermärkte so, als hätten sie den goldscheißenden Esel entdeckt. Ihr seid einfach dekadent und, noch verachtenswerter, konservativ. Weil man es immer schon so gemacht hat. Aus dem gleichen Grund, weswegen Sklavenhaltertum, Nationalismus und Krieg so lange überlebt haben. Hoffentlich übernehmen die Schweine irgendwann die Macht und schicken euch in die Schlachthäuser. Besser noch: Sie stecken euch voll transparent in der *Markthalle 9* in den eigenen Arsch. Die Wurst würde ich sogar kaufen.

PRAKTISCHES

Meide die Markthalle wie die Pest, wenn du was anderes als Schaulaufen planst. Wenn du dich daran aufgeilst, wie Lebensmittel verkauft werden, geh auf den Obstgroßmarkt an der Beusselstraße. Ansonsten kauf deinen Ramsch besser in Spezialitätenläden, wenn es das besondere Etwas sein muss, oder, im grässlich banalen Supermarkt. Der Mist, der auf den Auslagen der Markthalle gammelt, ist laut Informanten nur Aldi im Remix. Voll hippie kann man sich auch saisonales Gemüse nach Hause bringen lassen, in „Abokisten". Die heißen dann Blattwerk, oder Apfeltraum, aber irgendwas ist ja immer. Wer dringend Fleischgeschmack braucht, der kann zur veganen Fleischerei am Anfang der Bergmannstraße links. Der vegane Pulled-Beef-Burger ist der Hammer und die Dichte an Urban Samurais erträglich.

---

[76] https://t1p.de/u8vm (15.9.18)

Inkognitocoffeshop:
Auf einen Joint mit einem Mörder

„Mann ey, da hattest du eine gute Chance und jetzt hast du es verkackt."
– Zivibulle mit Hipsterbart zu einem einkassierten Junkie.

Über Graslegalisierung zu diskutieren ist mindestens so öde, wie ein ganzes Wochenende Dauerkiffen. Ronald Reagan hat den Drogen den Krieg erklärt, aber die gewannen, so, wie der „Terror" gegen Bush. Die Argumente liegen auf dem Tisch, an Holland sieht man, dass die Qualität besser aka kein Blei drin ist, die Wirtschaft abgeht, der Tourismus, blahblahblah. In Holland ist der Graskonsum bei Legalisierung sogar geringer als zum Beispiel in Frankreich.[77] Selbst das *evil empire*

---

77 https://t1p.de/rlbu (11.4.18)

USA hat teilweise legalisiert. Arizona rief neulich den Notstand aus, weil zu wenig verfügbar war.[78] Sprich: keine Milliardenumsätze eingefahren werden konnten. Und Deutschland? Deutschland behält lieber sein Cannabis-Kriminalisierunggesetz, das auf die Genfer Opiumkonferenz zurückgeht. Weiß ja jeder, Opium, Gras, Heroin, alles das Gleiche! Wer will denn schon Wehrkraftzersetzung des Volkes? Heil Nüchternheit!

Das wunderbar „linksgrünversiffte" Kreuzberg hat schon versucht, Coffeeshops zu eröffnen, wurde aber von der völlig weltfremden Überregionalpolitik niedergeknüppelt. Vor zwei Jahren wollte ein Psychedeliker mit seinem Wohnmobil in den Görlitzer Park fahren, und da Gras verkaufen.[79] Völlig überraschend stellte sich raus, dass der nur eine typische Berliner Großschnauze war, nüscht dahinter.

Und wieso auch? Der Görlitzer Park ist ja schon ein einziges großes Freiluftverkaufslabor. Und wenn sich da ein paar Schwarze abstechen, wen kümmert das schon? Dann befingern sie wenigstens nicht unsere Frauen, wa, liebe AfD? Wenn es ihnen nicht passt, können sie ja durchs Mittelmeer zurückschwimmen! Meistens geht es da allerdings mehr wie eine große Party ab. Mit Grillen und der dicken Mutti, die im Kinderwagen Totfrittiertes und Kekse spazieren fährt. Die Einzigen, die vom Görlitzer Park Angst haben, sind Bayern, die *Bild* und Tempelhofer.[80]

Wem das zu stressig ist und wer eine gepflegt surreale Atmosphäre schätzt, dem bieten mittlerweile eine Handvoll inkognito Coffeeshop-„Grascafs" einen diskreten Service an. Das erste davon eröffnete gegenüber einer der Pionierhipsterbars im Reuterkiez. Auf den ersten Blick ist es ein typisch dröges, arabisches Altmännercafe. Einer der „Kulturvereine", in denen Kultur auf das mindeste reduziert ist. Neonleuchten an den Decken, Wandteppiche mit fies herauskommender, goldener, arabischer Typografie, Backgammongeklapper. Rauch, den man schneiden kann. Aber das ist nur die linke Tür. Rechts wartet die Sünde.

Jemand, ganz bestimmt nicht ich, sitzt mit einer Freundin bei einem kreuzbeschissenen Italiener um die Ecke. Genau über den Fluss von

---

78 https://t1p.de/wv4n (11.4.18)
79 https://t1p.de/0yrf (11.4.18)
80 Bild musste übrigens 50000 € Strafe zahlen, weil eine „Plünderin" beim G.- Protest in Hamburg zu unrecht beschuldigt wurde. So viel muss Qualitätsvolksverhetzung eben kosten. https://t1p.de/ok7v (25.2.18)

Kreuzberg, sodass sich die ekelerregenden Newbieeltern gerade noch rüber trauen. Die Männer tragen Röhrenjeans und Halstücher. Die Frauen ihre Sackjeans bis über den Bauchnabel, oder gleich kurze Jeanslatzhosen, die einen wünschen lassen, man wäre abgetrieben worden. Sie sind „mit Kind und Kegel" hier. Das ist eine mittelalterliche Redewendung und bedeutet: Bastard.[81] Man ist so verboten pädagogisch, dass die Kinder gerne den ganzen Laden zusammenschreien können. Angelo-Rudolf schmiert mit Calzone den Spiegel voll? Der entdeckt nur seine Kreativität! Aghata-Specielle pinkelt auf den Boden? Die folgt nur ihren natürlichen Bedürfnissen. Wer bist du, es zu wagen, deren Emotionen zu hinterfragen, du gefühlskalter Nazikommunist? Es schreit wie im Schlachthaus. Aber immer positiv bleiben: Der Kellner hätte einen sowieso nicht verstanden, spricht nur englisch. Auch kein Problem, weil keine Sprache der Welt ihm vermitteln könnte, dass man zum Wein ein Glas Wasser will. So was Wahnsinniges, da kommen nur Barbaren drauf.

Während ich überlege, wie ich die Person, die mir diesen Laden empfohlen hat, am schmerzhaftesten zu Tode foltere, entdecke ich, dass das Pärchen gegenüber Schluss macht. Sie sitzen in einer genau so widerlich flieder-lachs-mintigen Ecke wie das Pärchen in der Yuppieparodie *American Psycho*. Ihr Drama endet damit, dass er sagt: „Ich habe es mir überlegt, du kannst sie [unsere Freunde] haben." Wer Bock hat, sich als Ware zu fühlen, ist in solchen Hipsterläden richtig.

(Nicht-)Ich exe die Pizza, damit ich niemanden umbringen muss. Die Freundin steuert vortrefflich abgefuckte Geschichten über Pädopfarrer im ländlichen Bayern bei. Kein Wunder, dass dort das in den anderen Bundesländern absolut nicht mehrheitsfähige Wort „Kehlenfick" bei den Suchbegriffen nach Sex in der Liste landet.[82] Schon der hanswurstige Kaiser Wilhelm II. sagte: „Lassen Sie sich durch das Geschrei der dämlichen bayerischen Treue nicht irre machen, die auf jeden Blödsinn hereinfällt … Ich habe weidlich über die unglaubliche Torheit der guten Bayern gelacht!"[83] Sie kommt aus Bayern, ist aber ernsthaft bemüht, dass man es nicht hört. Wallah, sie ist gutes Mädschn. Außerdem kann man nichts dafür, wo man in die Welt geschissen wird, liebe AfD. Wo man sein Leben verschwendet hingegen schon, liebe Bayern. Allerdings sind nicht alle Bayern für den Arsch. „Die Menschen in Bayern sehen die CSU als das größte Problem, noch

---

81 https://t1p.de/ncyc (10.7.18)
82 https://t1p.de/7535 (5.9.18)
83 https://t1p.de/2ro1 (14.8.18)

vor den Flüchtlingen und der Lage am Wohnungsmarkt. Und das war eine offene Frage, nicht Multiple Choice. Die Leute sind also von sich aus darauf gekommen, da CSU hinzuschreiben."[84]

Wir sitzen in einem Edward-Hopper-meets-Sozialkaufhaus-Zimmer. In der Ecke lauert ein Fliesentisch. Keine Bar, schwachsinnige Sitzanordnung, auffällig viele Türen in dunkle Flure, die wohl ganz schnell raus führen. Niemand da, normalerweise ist der Service besser. Nach ein paar Minuten kommt ein riesiger schwarzer Typ rein. Gut, denke ich, keine Araber wie sonst, aber scheiß drauf. „Zehner?", frage ich ihn. „20", sagt er. „Gut", sage ich, hole meinen 20er aus der Tasche und strecke ihn ihm hin. Im gleichen Moment holt er seinen 20er aus der Tasche und streckt ihn mir hin. Es vergehen fünf Sekunden, in denen wir drei uns maximal blöde anglotzen. Und dann krass lachen.

Das zieht die Ticker an. Ein erstaunlich deutsch aussehender Typ mit 90er-Jahre angeghettoten Klamotten und Bürstenschnitt gibt uns die Zehner. So schnell wie möglich. Jede Sekunde hier ist eine zu viel, wenn die Razzia kommt. Man wird zwar nicht aus der Tür getreten, aber es ist schon klar, dass man nicht abhängen soll. Ein Kumpel von mir wurde, wegen seines Backpfeifengesichts, sogar genötigt, sich das Zeug in die Unterhose zu stecken. Wahrscheinlich haben die den aber nur verarscht.

Jetzt stehen wir an der nächsten Ecke und merken, dass wir weder Papers, noch Tabak, noch Spritzbesteck haben.[85] So sind sie, die neuen Kiffer, THC aber Tabak nein. Gesundheitsbewusst bis zur Pietätlosigkeit. Einen halben Block weiter ist ein Späti, der sich selbst gut abfeiert: laute Mucke, drinnen Sonnenschirme und Lichterketten aber fast nichts zu kaufen. Aber zum Glück ein Kunde, der alles dabei hat, und mit dem wir uns auf das Bierbänkchen davor setzen. Zu diesem Zeitpunkt wissen wir noch nicht, dass er ein Mörder ist.

Habe ich „Mörder" gesagt? Natürlich nicht. Totschläger nur. Was ganz anderes. Aber er streitet das wenigstens nicht ab. „Isch bin ein Killer", haut er raus. Das Gras aus dem Laden ist zwar nicht besonders viel, aber ziemlich gut. Und er haut so viel in eine Tüte, wie ich in einem Monat rauche. Gibt es eine bessere Situation für Paranoia? Meine Freundin ist kreidebleich. Ich stelle sie als Frau Staatsanwältin vor. Der Totschläger, nennen wir ihn Serkan, redet sie konsequent so an.

Natürlich denkt man in so einer Situation: Scheiße, wo bin ich hier reingeraten? Doch Serkan war kein Monster. Er spendierte erstmal ein

---

84 https://t1p.de/gjks (13.7.18) - https://t1p.de/tt7v 13.10.18
85 Na, liebe Bayern, gemerkt? So funktioniert das nämlich!

paar Bier, war lustig, offen und hatte im Gegensatz zu dem üblichen Hipstergebrabbel wirklich was zu sagen. Klar hatte er einen Ghettokomplex. Klar war das „seine Straße". Klar gibt er „jedem Bombe", der ihn falsch anguckt. Aber was bleibt ihm sonst? Immerhin hat er jetzt einen Job und zwei Kinder, das dürfte ihn von den gröbsten Amokläufen abhalten. Der Verrückte, der letzte Woche die Straße lang lief, bekam von ihm aber so eins in die Tapete, dass er danach in die stabile Seitenlage gebracht werden musste. Machte Serkan selber, und wurde sogar von den Bullen dafür gelobt. Sagte er.

Was fragt man so jemanden? Smalltalk kann sich endlich mal so richtig ficken. Wieso nicht was über den Knast fragen? Der ist sauber. Aber zu öde. Wuppertal ist der übelste Knast in Nordrhein-Westfalen. Überraschung: Wenn ihm wer krumm kam, gab es aufs Maul. Sechs Monate von seinen neun Jahren war er im „Loch", in Einzelhaft. Nur Sport rettete ihn vor dem Verrücktwerden. Bücher kann man bekommen, eine Ausbildung auch. Natürlich gibt es Gangs. Die größte Gang sind aber die Wärter. Gras, Handys, Pornos – alles kostet drinnen zehn bis 100 Mal so viel. Vergewaltigungen? Pass bloß auf, dass du nicht in die Zweierzelle kommst. Und bloß nicht die Seife aufheben. Manchmal ist die Wirklichkeit ein Klischee.

Und als hätte er nicht genug gesessen, hat er eine prima neue Geschäftsidee: Er eröffnet sein eigenes Grascafé. In der Nebenstraße. Na ihr *Venture Capitalists*, sucht ihr noch was, um eure Knete zu verbrennen? „Wieso werden die Grascafés nicht von den Bullen geschlossen?", fragen wir ihn. „Ach," winkt er ab, „die stecken doch alle unter einer Decke. Mit dem Chef." Also wollen die nur an die Großen? „Darfischnischsagn", er grinst ein breites Kifferlächeln. „Der Heimatminister wird die alle kriegen, und wenn es das Letzte ist, was er in seinem Leben tut!", sagt die entspanntgekiffte Frau Staatsanwältin. Aber es wird in der grässlich unkreativen Realität wohl wie bei den Schwarzen im Görli sein: Wenn einer weg ist, kommt der Nächste. Nur, dass ein Café einen Eigentümer hat. Da muss es ein Gesetzesschlupfloch geben. Aber der muss von nichts wissen und sitzt zufällig in Antalya. Oder eher in Beirut. Denn die Chefs, da hat die erste annehmbare deutsche Serie *4 Blocks* recht, sind Araber. „Die sind keine Menschen für misch, isch sag nur", sagt er. Nur.

Fun Facts für die nächste „Rundfunkbeitragsrechnung": Die deutschen Staatlichen haben mehr Budget als das verfickte Hollywood. Statt einer Traummaschine ist es allerdings nur eine

Alptraummaschine. Deutschland und Film? Das war das letzte Mal in den 20ern gut. Eine stumpfe Kultur schafft sich ihre stumpfen Denkmäler. Nicht nur das, sie vergisst sich. „Die GEZ hat im Jahr 2008 Friedrich Schiller (ja genau, DEN) aufgefordert, Angaben zu seinem Fernseh- und Radiokonsum zu machen – um Rundfunkgebühren von ihm zu verlangen."[86]

Dann fällt sie wie ein Stein vom Nachthimmel, die Schweinekälte. Ich empfehle ihm *4 Blocks*, wir hauen rein, Ghettofaust natürlich, und die Staatsanwältin und ich verziehen uns in die Hipsterbar. Auf dem Weg denke ich: Alter, jetzt ballert das Zeug. Ich sehe eine riesige Projektion auf den Häusern. Vor dem Grascafé steht jetzt die ganze Tickergang und glotzt ebenfalls, also ist es real. Immer mit einem Auge die Straße runter, ob die Bullen anreiten. „Mietwucher verhindern?", der Ticker versteht das nicht. Der hat der Antifa und den Lokalkommunisten so viel zu sagen wie Al Capone zu Lenin. Die Antifa sagt zwar: „Bildet Banden!", aber nicht diese. Wäre ja nicht auszudenken, was passieren würde, wenn man sich verbünden würde. Ein menschenwürdiges Leben? Deswegen kommst du doch nicht nach Berlin, du elendsgeile Sau. „Ganz ehrlich": Wenn die Antifa wirklich was bewegen wollte, sollte Sie Grascafés eröffnen und mit dem Geld Politiker bestechen. Man kann von der Mafia halten was man will, aber zum ersten Mal seit den Autonomen der 80er setzt jemand der Gentrifizierung was entgegen.

In der Bar kann man vor Hässlichkeit kaum laufen. Die Jeans sitzen jetzt unter dem Hals, an den Halstüchern kann man sich erhängen. Ein Cocktail kostet mehr als die drei Bier für uns eben, dafür ist das Klo arschkalt und ein wahres Phobienfest. Während ich an der Bar stehe, die so voll ist, wie die Shinjuku Station in Tokyo zur Hauptverkehrszeit, wünsche ich mir, dass Serkan später einem der Hipster völlig grundlos die Fresse poliert.

PRAKTISCHES

> Echt jetzt? Fragt einfach rum, alleine in Neukölln gibt es mindestens drei. Und in Clubs mit einschlägiger Musik kann man sich auch vor Angeboten kaum retten. Eines vielleicht: Solltet ihr einen finden, benehmt euch nicht wie die letzten Sprallos. Ihr begeht hier keinen Mord (zumindest noch nicht, wer weiß, was diese bösen Drogen mit euch so machen!). Tut so, als würdet ihr einen Kaffee bestellen – und keine Angst vor Ausländern haben.

---

86 https://t1p.de/ncyc (10.7.18)

Stampen[87]

Die falsche Kurfürstenstraße

"Was man im Zug Überfüllung nennt, heißt in Kneipen Atmosphäre." – Unbekannt.

Berlin hat mehr Kneipen als jede andere deutsche Stadt und trotzdem kann man nur verlieren. Die Hipsterkneipe hat sich mittlerweile im Straßenbild festgesetzt wie ein Melanom. Meistens hat sie einen sehr lustigen und lockeren Namen, am besten deutsch und umgangssprachlich. Zum Beispiel das *Greulich*. Die Personen und die Handlung des Namens sind frei erfunden. Etwaige Ähnlichkeiten mit tatsächlichen Begebenheiten oder lebenden oder verstorbenen Personen wären rein zufällig. Der Name ist zwar deutsch, aber drinnen ist alles englisch. So referiert man in seinem *Yelp*-Profil mit einem hässlichen Bastarddenglisch auf sich als „Bierkonsumlocation". Wenn schon falsch, dann bitte gleich in zwei Sprachen. Ein großes Bier hat 0,4 l, weil Pint und so. Kostet dann natürlich auch ab 4 €, schmeckt aber, als hätte man einen Weimaraner drin gebadet. „Hopfen, Malz, Hefe, Wasser - diese Faktoren allein ergeben abertausende Möglichkeiten ein Bier zu kreieren. Wir glauben an Experimente und haben uns außerdem zum Ziel gesetzt, nie ein Bier zweimal gleich zu brauen."[88]

Es gibt so viele Variationen! Wisst ihr, was auch jedes Mal anders schmeckt? Pisse. Vor allem aber hetzt ihr uns noch den Wortkrüppel „kreiren" auf den Hals. Meintet ihr „kreieren"? „Kreiren" klingt wie eine Mischung aus „kreisen" und „reihern", wahrscheinlich das, was einen nach eurer Biersuppe erwartet.

Wenigstens dauert es ellenlange, weil der Barkeeper schwer damit beschäftigt ist, eine zehn Jahre jüngere Australierin anzuflirten. Seine Tresenkraft muss nicht nur alleine um Punkt 10:00 Uhr die Bänke reinstellen, sondern definiert „nicht klarkommen" im Alleingang neu. Wenigstens hat sie ein 50er-Jahre-Kleid an und eine einzige Rastalocke auf dem geschorenen Kopf. Wahrscheinlich soll der Anblick die Gäste zum Besaufen zwingen.

---

87 Altberliner Wort für „Kneipen". Heute Ostwort, weil da die Zeit langsamer läuft.
88 Natürlich ist hier keine Referenz, du Toastbrot, nicht noch mehr Abmahngeier brauchen Arbeit.

Das statisch durchkommerzialisierte Hipsteruniversum lässt nur wenige Momente des Glücks zu. Einer war, als das *Liesl* in der Nogatstraße eröffnete. Der „Vintagelook" ist zwar gequält, das Bier kostet unverschämte 4 €, aber wenigstens ist man auf historischem Grund. Fragt man ältere Berliner nach der Nogatstraße, lachen die nur. Lange. „Tot" war kein Ausdruck für die Lage. Folglich war das einzige Gewerbe, das lief, horizontal. Im Körnerkiez hängen noch zwei, drei der roten Laternen, die meisten Puffs sind aber weggentrifiziert. Die *Trommel* ist jetzt ein Katzencafé, das *Liesl*. Beim Sanieren entdeckten die neuen Mieter den Darkroom im Keller. Volles Programm, Glory Holes, zerfickte Polster, Ketten von den Decken. Zur Einweihungsparty kamen dann auch einige ältere Herren, denen die Bierbäuche gegen die Hawaiihemden drückten. Aber statt minderjährigen bulgarischen Nutten gab es nur minderjährige englische halbkahlrasierte Modedesignerinnen. Da helfen selbst zehn Viagra nicht.

Es muss nicht immer Hipstermist sein, was ist mit der guten alten Berliner Kneipe? Die ist noch abstoßender. Ganz hinten an der Kurfürstenstraße. Nein, nicht der Kurfürstenstraße, da gäbe es wenigstens bis zur Unkenntlichkeit gestrecktes Koks und bis zur Unkenntlichkeit zervögelte Nutten. Nein, die Kurfürstenstraße in Mariendorf. *Die Runde* hat zwar Bänke draußen, leider sind es aber betont ungemütliche pseudorustikale Bretter. Wie Cartoonholz sehen sie aus, aber mit all dem Lack sind sie eher Sondermüll. Die Kellnerin kommt und ist nicht begeistert von neuen Gästen. Bier geht, Essen nur Dinge im eigenen Arsch. Sonst, als Bestrafung für Kostverächter, Nüsse aus dem Automaten. Keine Bierdeckel und schon gar keine Pilsdeckchen für die Fremden.

Im Barraum sieht es exakt aus wie 1910. Man wird optisch von dunklem Holz erschlagen, eine Hommage an Alzheimer. Die Einrichtung schreit nicht nur Zukunftsverweigerung, sondern Gegenwartsverweigerung. Die Fotos von kantigen Straßenbahnen, arischen Lumpenkindern im Hof, Kneipen wie der *Mulackritze* in gedrungenen Häuschen im Scheunenviertel kreischen: „Früher war alles besser."[89] Ach ja, war es das? Die *Mulackritze* war das Wohnzimmer von „Muskel-Adolf", Adolf Leib. Der „machte in Prostitution", Schutzgelderpressung und Alkoholgepansche.[90] Klingt nett altertümlich? Heute würden wir

---

89 Die Mulackritze kann man übrigens heute noch im Gründerzeitmuseum begutachten. Charlotte von Mahlsdorf rettete die Inneneinrichtung vollständig, transportierte die Möbel mit einem Handwagen von Mitte nach, wer hätte das gedacht, Mahlsdorf und baute sie im Souterrain des Gründerzeitmuseums wieder auf.
90 Schirach, Ferdinand von. „Die Würde ist antastbar" Piper, München, 2014. S. 52.

es Menschenhandel und bandenmäßige Erpressung nennen. Wollt ihr nicht anfangen, die Zuhälter an der echten Kurfürstenstraße zu romantisieren? Die Ticker im Görlitzer Park? Die Automatenmafia? Früher war alles besser.

Früher, das war vor 1945. Um 14:00 Uhr am Sonntag sitzen vier Opas in der Kneipe, alle in den Ecken am weitesten voneinander entfernt. Man hasst sich gepflegt. Ein Mittdreißiger in Klamotten eines Mittzehners spielt am Automaten. Schräge Schirmmütze, Snapback-Cap „Moe" mit einem Pik-Ass auf der Rückseite. Soll sagen: „Ich bin ein Player." Sagt: „Ich falle auf die dümmste aller Süchte rein, ich bin automatenspielsüchtig." Hosen in den weißen Socken, bunte, Augenkrebs verursachende Turnschuhe. Überall sonst wäre er so peinlich, dass Allah sich cringend abwenden würde. Hier ist er der King.

Der Opa an der Theke hebt an, völlig ungefragt: „Damals, im Volkssturm, da mussten wa raus. Ab in die Jräben, bis da Russe kommt. Und dann, mit de Stalijn Ogel, det jing los. Raketn hier, Raketn da, alle tot. Aber wir sind jeblieben." Du auf jeden Fall. Du hast für den Faschismus gegen den Bolschewismus gekämpft, damit du dir jetzt den letzten Rest Leben in einer Assikneipe raussaufen kannst. Das hat sich gelohnt.

Kneipen (und das Leben) sind ein bisschen weniger deprimierend, wenn man ein bisschen mehr tut. Billardspielen zum Beispiel. In der Punkerkneipe der Wahl gab es früher immer einen Billardtisch. Weil wir alle so gleich und links und entspannt sind und so, konnte man sich auch sicher sein, dass die Fanatiker keine Billarddiktatur errichten konnten. Krieg gab es trotzdem. Irgendwann war der Tisch reglementiert, erst ab 22:00 Uhr offen. Wieso? Der Barkeeper ist maximal einsilbig. „Es gab Stress." Stress? Normalerweise liebt man den hier. Hier saufen die Leute, die sich mit Bullen prügeln. Was hier nicht ausgesprochen wird, muss echt heftig sein. Die abgehalfterte Fasthipsterkneipe um die Ecke gibt die Antwort.

Das *Doofke* könnte das erste Lokal an der finstersten Ecke des Platzes sein. Es hat sogar eine Durchreiche von der Bar in den großen Saal, einen Billardtisch, einen langen geschwungenen Tresen, an dem manchmal besoffene Iren Flöte spielen. Das Saufen könnte so schön sein. Aber nicht in Berlin. Erstmal ist der Besitzer Marcos chronisch angekotzt. Nicht cool-lässig-angekotzt, sondern „Ich-habe-bei-Monopoly-verloren-und-hasse-euch-jetzt-alle"-angekotzt. Du willst deinen Wein von ihm auswählen lassen? „Dann bekommst du den Teuersten". Ein echter Connaisseur – und Gentleman.

Den Billardtisch besetzen hier natürlich die Spitzensportler. Verlierer, die so viel Zeit in Bars verbracht haben, dass das Einzige, was sie wirklich können, Billardspielen ist. Weil sie niemand ernstnimmt, nehmen sie das Billardspielen ernst. Sie sehen aus wie Stephen Hawking im Wollpulli, aber bekommen Schreikrämpfe, wenn sie verlieren. Mit entnervender Regelmäßigkeit wird geschrien, fliegt ein Queue auf den Boden und manchmal bricht auch einer über einem Kopf. Dann weiß man, dass Kemal da ist. Und, dass es schneit.

PRAKTISCHES:

Saufen in Mariendorf nur im Sargnagel, direkt am U-Bahnhof. Aber am besten gar nicht in Mariendorf sein. Da ist selbst tot sein besser.

Kemal und Koks

„Die beste Droge ist ein klarer Kopf."
– Harald Juhnke[91]

Hinten im Billardzimmer des *Doofke* ist der Grasrauch so dick, dass man einen Bolzenschneider braucht, um sein Bier zu sehen. Die Kiffer sind hinreichend merkwürdig, aber angenehm. Musiker mit wirren Haaren, die Musikvideos mit lebendigen Tischen drehen. Nordafrikaner, die ein „Piece" auf ein Zigarettenpapier über ein Shotglas legen. Der Rauch sickert nach unten, bis das Glas voll ist. Dann ziehen sie ihn kurz und heftig durch die Nase. Danach ist man eine Stunde lang wie vom Riesen getreten. Ein glatzköpfiger ehemaliger Flugzeugingenieur mit Krebs. Vor drei Jahren hatte er noch drei Monate zu leben. Er sitzt immer noch hier. Sein Geheimnis: „Ich habe fünf Jahre gearbeitet in meinem Leben. Rückblickend war das um einiges zu viel."

Eine Krankheit der Gentrifizierung ist, dass Gras nicht mehr angesagt genug ist. Zu einfach, zu günstig, schlecht zum Prollen. David Hasselhoff sagte: „Koks ist Gottes Art dir zu sagen, dass du zu viel Geld hast." Das haben viele Leute und die anderen wollen zumindest reich rüberkommen. In den letzten Jahren wird in den Kneipen mehr „gerüsselt" als jemals zuvor (seit den 20ern). Speed ist out, Keta erst im Club, aber wer in der Kneipe mal groß muss, sollte sich die Schneestiefel anziehen.

Kemal ist die Speerspitze der Einsatzstaffel. Man sieht ihm nicht an, dass er schon mehrmals im Knast war. Ein halbwegs akzeptabel aussehender Typ, um die 30, hat fast immer eine Sonnenbrille auf, damit man seine *flat earth*-großen Pupillen nicht sieht. Manchmal ist er sogar lustig, obwohl er von Natur aus außerstande ist, über was anderes zu reden, als sich selbst. Wenn er sich mit der Flaschensammlerin auf Türkisch anschreit, wenn er völlig verrückt ist, wenn er es schafft, den Gedichtespast zu verscheuchen, wenn er drei Mädels gleichzeitig literweise Honig aus Tausend und einer Nacht um die Ohren schmiert. Aber nicht, wenn er irgendwem den Queue über dem Kopf zerbricht.

Wie kann es so weit kommen? Das weiß keiner. Aber die Vorgeschichte, die sieht jeder. Alle zehn Minuten, wenn er auf dem Klo verschwindet und nachlädt. Irgendwann sind seine Augen so weit, dass man erwartet, dass die Lider hinten über den Schädel schnappen.

---

91 Ja, wirklich: https://t1p.de/horu (8.8.18)

Ein Gesichtsausdruck wie jemand, der ununterbrochen fällt. Nur das Erschrockene fehlt. Stattdessen starrt einen ein diffuser, aggressiver Wahn an. So, wie ein Köter seinen mit Thunfischöl eingeriebenen Spielball anstarrt.

Meistens erfordert es die Situation dann dringend, dass man mit blitzschnellen Bewegungen Gläser zur Seite stellt. Erst leere, dann volle. Bis sie in der Hand zerbrechen. Es ist, als würde der Arm völlig unkontrolliert vorschießen, Grüße von einer mit Gewalt anrollenden Schizophrenie. Dann auf einmal die Schreie, die Backpfeife an eine von denen, mit denen er immer im Bad verschwunden ist, dann der Queue. Natürlich folgt das Übliche: Ganze Männer stehen auf und reden auf ihn ein, schieben ihn von ihr weg, kreischende Frauen stellen sich dazwischen, Kemal will jetzt einen der Schlichter schlagen, betont aber, er ist friedlich, wie magnetisch angezogen gravitiert er zu den Antagonisten. Ironischerweise ist der Einzige, der ihn stoppen kann, der größte Spaßverderber: Marcos. So testosteronig, wie sich Kemal sonst gibt: Sobald Papa im Haus ist, ist Ruhe.

Wenn Kemal wüsste, dass es auf den Azoren eine Insel gibt, auf der das Koks von südamerikanischen Booten immer angeschwemmt wurde. Die Einheimischen hatten eine prima Zeit, wurden leider aber auch voll süchtig. Seit die Marine Wind davon bekommen hat, gibts kein Koks mehr und es geht steil bergab. Die ganze Gemeinde auf der Insel São Miguel ist jetzt ein einziger entzügiger Slum.[92] Als wäre das noch nicht genug, heißt sie auch noch „Rabo de Paixe": Fischarsch.

Kemal ist kein Einzelfall. Leider. In jeder Bar sammeln sich die Kokser um das stinkende Klo wie die Fliegen. Man erkennt sie ganz einfach: Es sind die, die keinen Spaß haben. Es sind nebenbei auch die, die in der Punkerkneipe den Billardtisch verdrängt haben. Was der Barkeeper nicht sagen konnte: Es waren die Araber, die immer nichts als Limo bestellten, koksen bis zum Umfallen, und dann, noch bevor der Abend richtig losgeht, Schlägereien anzetteln. Neulich wurde *4 Blocks* vor der Kneipe gedreht. Die haben auf jeden Fall einen Riecher, wo es authentisch Stress gibt.

Wieso ziehen sich auf einmal so viele Zeug rein, das durch Benzin gewaschen wurde, mit Backpulver, Paracetamol und Entwurmungsmitteln wie Levamisol versetzt ist und das chemische AIDS Agranulozytose auslösen kann, das dich verfickt nochmal umbringt?[93] So ziemlich jede andere Droge außer Heroin ist gesünder. Zeug,

---

92 https://t1p.de/7iof (7.8.18)
93 https://t1p.de/t830 (20.9.18)

das außerdem viel zu teuer ist und einen viel zu entnervt zurücklässt? Es ist wie immer mit strunzdoofen Konsumenten, das Angebot bestimmt die Nachfrage. Koks ist einfach so verdammt verfügbar.

Am Kotti gibt es viele schwarze BMWs, daher fallen die Kokstaxis gar nicht auf. Die Zeiten, in denen man zu einem windigen Dealer in einen feuchten Hinterhof musste, sind, nicht nur, weil fast alle Hinterhöfe saniert sind, vorbei. Ein Anruf, eine halbe Stunde – und man ist bedient. Die kleinen Eppendorfgefäße, in denen Koks verkauft wird, sieht man mittlerweile öfter als Spritzen. Da soll noch jemand sagen, es gehe nicht bergauf in Berlin.

An den richtig harten Junkies geht das vorbei. Eine kleine, bucklige, viel zu früh gealterte Endzwanzigerin, die gerne in der Punkbar Jacken fleddert, zählte einmal, nachdem ihr ein paar Leute Münzen gegeben hatten, das Geld. Danach fragte sie einen Typ, ob sie sein Handy haben könnte. Sie kennen sich als Barbekanntschaften so gut und verstehen sich so sehr, wie es mit jemandem möglich ist, der für Heroin alles und jeden verraten würde. Er sagte nein. Sie nickte nur und ging. Barsch für Außenstehende, aber: Beide wussten, dass sie ihren Ticker anrufen würde. Er wusste das, weil er schon einmal sein Handy für einen Anruf zur Verfügung gestellt hatte und jetzt jedes Ostern und Weihnachten *Special Offers* von den Dealern der Wahl bekommt. Sicherlich ist der Dealer auch nicht in einer Kartei der Neo-Stasi. LKA, BKA und Verfassungs-„Schutz" respektieren ja Grundrechte. Aber Koks verkaufen ist keine Nische mehr, es ist ein Massenprodukt. 50 Jahre Krieg gegen die Drogen hat *fuck all* gebracht. Hätten wir ein Hundertstel der Maßnahmen in Bildung investiert, müssten Typen wie Kemal nicht den Abendclown spielen.

Wird das Barleben in Berlin schlechter? Bestimmt. Höhepunkte wie das *Kellerloch* kommen nie wieder. Aber Leute finden immer ihren Weg. Woher Kemal das Geld für das Koks hat, weiß keiner – wahrscheinlich nur die, die nach Hause kommen und der Laptop ist weg. Doch selbst unter Hipstern ist es jetzt gang und gäbe, wieder unter dem Tisch mit Schnaps aufzufüllen. *BioZisch*? Widerlich, aber mit Whiskey erstaunlich passabel. Das Leben geht weiter, es wird nur ärmer, erniedrigender. Gib ihm noch 20 Jahre und das Lumpenproletariat muss wieder den ganzen Tag in der Bar versaufen, um nicht in die zu zehnt bewohnte, weil viel zu teure, Einzimmerwohnung zurückkehren zu müssen.

Dann wird es vielleicht wieder so schön wie früher, als alle zum Volkssturm mussten.

PRAKTISCHES

> Wenn echte Männer sich abends fragen, ob sie „Kaffee" wollen und dann verschämt nacheinander aufs Klo gehen, ist es an der Zeit, sich so richtig zuzulöten oder zu gehen. Ab jetzt wird der Sinn das Klo runtergespült.

Die Minibar stirbt

Du, Berliner, oder der, der du schon über 12 Jahre hier wohnst, sei ehrlich, welche gute Bar kennst du, die erst kürzlich eröffnet hat? Und die aller Wahrscheinlichkeit nach auch nicht im nächsten Jahr von den Bullen gestürmt oder vom Arschlochvermieter rausgeworfen wird? <1? Na so eine Überraschung. Das ist auch kein Wunder.

Eine gute Bar muss vor allem eins sein: billig. Denn nur so können die schrägen Gestalten auftauchen, die aus Gedränge Atmosphäre kondensieren lassen. Davon gibt es in jedem Bezirk maximal eine mit dem Dönermesser wegen ausstehender Schutzgeldzahlungen im Hinterzimmer halbierte Handvoll.

Anscheinend ist das noch zu viel, denn jetzt macht wieder eine Institution zu: die *Minibar*. Die letzte glimmende Echtheit im Graefekiez. Die *Minibar* macht ihrem Namen alle Ehre, sie ist so klein, dass fast nur der ausladende Bartresen rein passt. Mann kuschelt dort alleine beim Reinkommen meist mehr, als in den letzten drei vereinsamten Monaten. Die Schummrigkeit könnte man mit dem Messer schneiden, wenn man es finden würde, man hört selten die Musik über dem Gebrabbel, die Tür sieht aus, als würde sie in einen Sado-Keller führen. Die Getränke kosten von nichts bis 12 € pro Drink alles, was der Barkeeper an deiner Nase und deiner Frequenz des Zulötens ablesen kann. Es fühlt sich an, wie das, was der *Fuchsbau* sein will: eine kleine, sichere Höhle vor den *Facebook*-Partys, den Touristenbussen, den Berliner-Eisbären-Trikot-Saufgruppen, den karohemdigen Tempelhofer Familien, die sich mal richtig was trauen wollen.

Eine Bar, aus der man kommt, wildfremden Leuten die Kopfhörer abnimmt und gemeinsam mit ihnen morgens um 06:00 Uhr eine spontane Aire auf der Gräfestraße grölt, bis die Hippies aus dem vierten Stock Todesdrohungen schreien.

Eine Bar, in der Schauspieler, die Ruhe vor Schauspielern haben wollen, bekifft auf dem Hocker anwachsen. Wo aus irgendeinem Grund Peggy Bundy in Form einer Kiezdiva reanimiert wurde und allen ihre groteske Haarpracht ins Gesicht drückt.

Jetzt ist Schluss, der Vermieter hat keinen Bock mehr. Wahrscheinlich kann man die 25 m^2 mittlerweile für den Gegenwert eines Einfamilienhauses im Schwarzwald vermieten. Wie, Veränderung ist doch nichts Schlechtes du konservativer Sack? Ja, aber nicht, wenn es immer die gleiche FDP-neske Niedermachung von Individualität und Abnormen ist. Außenseiter sind mittlerweile wie indische Tiger, sie verlieren zunehmend Habitat. Seien wir ehrlich, falls dort wieder eine Bar hinkommt und kein „Mode wie in London", „American Nails" oder „Waffel-Döner", dann wird es genau so ein Dreckladen, wie sie überall im Gräfekiez die Straßen zupflastern. Auf alt getrimmt, so durchdesignt, dass es weh tut, ungefähr so tolerant wie ein Gulag. Kurz: Es wird genau das, was Berlin verdient.

Zu Fett fürs Kellerloch

„No Sports."
— Winston Churchill.

Freitagabend, im ehemaligen *Kellerloch*, die Frisur hält nicht. Gar nichts hält, denn sie muss sich die Wendeltreppe runterquetschen. Manche würden sagen, sie ist fett. Sie zum Beispiel. Und da fängt das Problem an.

Sie ist offensichtlich fett. „Du-hast-so-ein-hübsches-Gesicht"-fett. „Internet-Trolle-sticheln-gegen-das-Doppelkinn-an-ihren-Oberarmen"-fett. Sie schwankt zwischen den Größen 50 und 52. Im Wesentlichen ist sie wie eine durchschnittliche, amerikanische Frau.

Sie sagt: „Als ob *Bohnensalat* statt *Broiler mit Pommes* als Vorspeise zu essen, mich zu einem besseren Menschen machen würde. Manchmal will ich Bohnensalat, manchmal will ich vier Schalen Tiramisu essen. Das ändert doch nichts daran, was für ein Mensch ich bin?"

Ich bestelle mir ein Bier. „Auf den Alkohol – die Ursache und die Lösung aller Probleme!", sagte *Homer Simpson*.[94] Die Barkeeperin geht mir gefühlt bis zur Hüfte, hat eine Stimme wie Bonnie Taylor. Wie ein dystopischer Weihnachtsbaum ist sie behängt mit Piercings, zudem mit Tattoos vollgeschmiert wie die Wand unter der Autobahnbrücke am Heizkraftwerk Wilmersdorf. Als ob sie so nicht schon alle Vögel verscheuchen würde, hat sie ein Branding, einen dünnen Brandnarbenstreifen, von der Mitte der Lippe runter bis unters Dekolleté. Wie es aussieht, wo das endet, will man sich nicht vorstellen. Aber: Sie ist nicht nur mit ihrer Art, wie sie nonchalant Hipster abkanzelt, weil sie dringend gegen die Wand starren muss, sondern auch durch ihr Äußeres hübsch. Böse Zungen würden sagen, das liegt auch daran, dass sie nicht so viel wiegt wie ein Kleinwagen.

AfDler würden sie trotzdem widerlich finden. Schönheit ist auch Prägung. Im Mittelalter waren Dickis in Mode, in der Renaissance die hohe Stirn. Aber eine Stirn kann nur bis zur Glatze zurückgehen. Im Mittelalter so fett zu werden, wie die Durchschnittsamerikanerin, war schier unmöglich. Die Lebenserwartung lag sowieso bei nur 30 Jahren, Gesundheit war keine wichtige Frage. Heute ist es genau die, an der sich die Geister scheiden. An der der postmoderne Hyperrealismus und die gefühlsschwangere Identitätspolitik Schiffbruch erleiden.

Wie bin ich hier hingekommen? Ich sitze in einer Gruppe hartlinker, so weit, so gut. Aber die Hälfte braucht aus Rangiergründen für ihr Hinterteil drei Viertel der Plätze, der Rest überbietet sich in hyperkritischem Opfertum. Keine Aussage kann gehalten werden, alles wird bis zu Unkenntlichkeit dekonstruiert. Fakten? Gar Empirische? Woher weißt du denn, dass die Realität real ist? Alles ist Prägung, alles ist Machtverhältnis. Ich gähne. Jeder, der Matrix gesehen hat, weiß, dass diese Diskussionen bestenfalls Zeitverschwendung, schlimmstenfalls Egogewichse sind. Nein, Moment, da können sie sich auf was einigen: Man sollte Frauen nicht an den Arsch grabschen, auch wenn das im Heimatland okay ist. Gratulation, da hat sich das zwanzigsemestrige Studium doch gelohnt!

---

94 http://zitate.net/bar-zitate (8.8.18)

Ich gehe runter auf die Tanzfläche. Das kommt mir doch bekannt vor? Rigaer Straße? Da, wo auch heute noch in guten Nächten Steine auf Bullen fliegen? Wo man jetzt bis auf die Handvoll besetzt aussehender Häuser (alle haben Mietverträge) die Straße vor gesichtslosen Neubauten kaum wiedererkennt? Wo der Club *Antje Øklesund* einer gigantischen Baulücke gewichen ist, die nach hundert Jahren Dunkelheit schimmlige Höfe freilegt? Dann muss die Bar, in der ich stehe, das ehemalige *Kellerloch* sein. Die berüchtigte Punkerkneipe, die im wahrsten Sinne des Wortes ein Loch zum Keller war. Man stieg durch den Kohleschacht von der Straße ein, die Bar war ein Brett auf zwei Ölfässern, das E-Guitarren-Geschrammel eine Garantie für tagelangen Tinnitus. Man konnte saufen, gegeneinander springen und sich in den dunklen Gängen verlaufen. Es war die beste Bar der Stadt. Aus unerfindlichen Gründen hat selbige sie geschlossen. Wahrscheinlich akute Spaßaversion.

Zurück am Tisch sagt eines der Walrösser (ja, diese und alle anderen Beleidigungen sind gerechtfertigt, später mehr dazu): „Ich fühle mich wohl, so wie ich bin. Klar, manchmal geht es mir auch schlecht damit. Aber zum Glück habe ich gute Freundinnen. Denen sage ich ehrlich, wie ich mich fühle und dass ich daran erinnert werden muss, dass ich keine sechs Monate abgelaufene Milchtüte bin, die sich als Auswurf verkleidet hat. Meine Freunde lieben mich und sind froh, mich daran zu erinnern. Dafür sind Freunde doch da? Das heißt, dass du das auch für sie tun kannst, wenn sie niedergeschlagen sind! Alle sind glücklich: Yeah!"

Eine der Hyperkritikerinnen hält es nicht aus, ausgerechnet hier muss sie auf einmal hart affirmieren: „Ich stimme dir voll zu. Du bist schön, so wie du bist."

Ich: „Wie sind denn deine Blutwerte? Eine, die ich kannte, hat wegen Übergewicht Diabetes bekommen"

BÄM. Alle sehen mich an, ich erwarte, dass sie schreien, ich solle meine Golfschuhe anziehen. Ich habe extra keine Studien eingeworfen, sondern eine Anekdote. Die ist die schlechteste Form vom Beweis, aber die kuscheligste.

Ross, *wie mit einem Zurückgebliebenen redend:* „Sie ist eine andere Person mit einem völlig anderen genetischen Aufbau, völlig anderen Lebensstil, völlig anderen Zielen. Keiner von uns ist besser als der andere", sie lässt eine Pause und beschenkt uns mit einem riesigen Lächeln: „Wir sind alle toll."

Ich: „In der Philosophie nennt man das ‚Perfektionsfehlschluss': Nur, weil keine Perfektion gegeben ist (hier als perfekte genetische Übereinstimmung), ist die ganze Problemstellung für den Arsch. Das ist wie: Wir wissen nicht zu 100 %, dass der Klimawandel vom Menschen verursacht ist, sondern nur zu 99,99 %. Also ist die Theorie Mist und gleichwertig mit, sagen wir, der Theorie, dass Gott uns strafen will."

Ross: „Aber du musst doch einsehen: Es ist okay. Ich bin okay. Du bist okay. Wir sind alle unglaubliche, schöne Knäuel ..."

Ich denke: lächerliche Knäuel.

„... menschlicher Emotionen, gehüllt in einen Körper, der uns durch Gene und Umstände gegeben worden ist. Jeder kann auch abnehmen, wenn er will. Es kommt darauf an, womit man sich wohlfühlt. Aber nicht unter dem Druck der Gesellschaft. Wir müssen aufhören, ‚cool' sein zu wollen: Gefühle sind toll und Gefühle sind richtig."

Ich denke an die arme bemitleidenswerte Fühlige, die ihren „Emotional Support Hamster" am Flughafen im Klo runterspülte, weil er nicht ins Flugzeug durfte.[95] Ich sage: „Aber kein Argument. Also können die Übergewichtigen abnehmen, wenn sie nicht mehr kollektiv unter Druck sind? Also erleben ich und die meisten an Diabetes, Herzversagen oder Schlaganfall Sterbenden das nicht mehr oder wie? Dieses Herumspielen mit anderer Leute Lebenszeit finde ich ..."

Keiner spricht mehr, alle haben sich nach mir umgedreht.

„... übel."

Kritikerin: „Das ist ja gar nicht erwiesen, dass die Lebenszeit von – das heißt übrigens nicht ‚Dicken'! – Menschen, die passiv als übernormgewichtig stereotypisiert werden, kürzer ist als die von normalen. Oh sorry, ich meinte ‚anderen'. Keiner ist besser. Alles ist nur anders."

Ich: „Alhamdulilah."

Hyperkritikerin: „Ich weiß nicht, ob ich das jetzt gut finde."

Ich: „Das ist ein Argument?" Wenn alle immer nachgeben, folgt der schwarze Humor dem Weg des Dodos.

Ein Bier fällt runter, ein Faschist wird geboren. Ich sei: gefühlskalt, sexistisch, ableistisch, magersuchtfördernd, abführend (?), positivistisch im schlechtesten Sinn, gendernormativ und eben: faschistisch. Ich fühle mich wie ein neuer Mensch, und weil es sich gut anfühlt, muss es richtig sein. Vielleicht ist es richtig, von den Richtigen gehasst zu werden. Von Linken, die aus als guter Wille getarnter Angst dogmatisch geworden sind. Oder aus Faulheit im Kopf.

---

95 https://t1p.de/me0n (10.7.18)

Fettsäcke und Verblendete, die mit anderer Menschen Lebenszeit spielen, nennt man die *Fat Acceptance*-Bewegung. Klingt nach einer amerikanischen Freizeitvernichtungs- und Selbstrechtfertigungsmaschine für gelangweilte Hausfrauen? Leider werden einem die Gedankenviren, die die unter ihren Wülsten ausgebrütet haben, sogar in Berliner (fast-) besetzten Häusern um die Ohren geworfen.

Eine von deren Chefideologen ist Michelle Allison, aka *the Fat Nutritionist*:

„So, I call myself fat because not only am I fat, I'm also not especially bothered by it. Because the size of my body, and your body, is morally neutral. Fat doesn't equal lazy or ugly or even, necessarily, unhealthy. It's just a word."[96]

Ach ja? So wie „Holocaust" auch nur ein Wort ist? Es geht um Bedeutung, du Schnepfe. Doch abseits der Rhetoriksonderschule liegt das wirkliche Argument: „not unhealthy". Sie behauptet weiter:

„This all might seem a bit strange …"

Es wirkt wie Satire.

„… since I'm bigger than most people, let alone most nutritionists — but I'm a pretty normal person. And a good nutritionist."

Jaaaa, nein. Schön, dass sie nicht wie andere verdrängt, dass sie fett ist. Aber stolz darauf zu sein, macht es nicht besser oder gesünder. Eine gute Ernährungswissenschaftlerin wüsste das. Der verbale Sperrmüll, den sie von sich gibt, ist erschreckend:

„My clients both lose and gain weight to reach and MAINTAIN their genetic weights. They eat God made 80 % of the time, but they enjoy ‚junk food' as you guys call it 20 % of the time.

„God made?" Grooven wir uns schon auf den Wunderheilerjargon ein? Wenn man einmal mit Dogma statt Fakten anfängt, kann man gleich Religion mitnehmen. Wie sie ganz richtig feststellt:

„I'm currently knee-deep in assembling research about how ‚clean eating' and food anxiety is connected to the fear of death. Let's talk."

Genau, nicht fett sein bedeutet: nicht so schnell sterben. Und sterben ist, außer für an imaginäre Freunde Glaubende, das Non-Minus-Ultra.

Und genetisches Gewicht? Was soll denn das sein? Natürlich haben wir alle unterschiedliche Gene, der Unterschied in der Fettspeicherung beträgt aber gerade 2 %.[97]

Jeder wird fett, wenn er Fett (und Zucker) frisst und sich nicht bewegt. Genau wie umgekehrt jeder ohne Nahrung verhungert. Nur,

---

96 https://t1p.de/2n50 (12.6.18)
97 https://www.youtube.com/watch?v=ZmlmQGe7ll8&t=546s (15.9.18)

weil wir den Gencode geknackt haben, hört die Biologie und Physik nicht auf zu existieren. Verschwörungstheoretiker begehen den gleichen logischen Fehler: Weißt du, wohin sich die Quantenteilchen bewegen? Nein? Also sind Chemtrails real!

Sie hört nicht auf: „It really doesn't take a great Googler to find out very quickly that there is ZERO number of studies that has found a dieting method that can turn an overweight person into a normal weight person, permanently. Today's idea of ‚normal' has only been normal for 125 years. You might be believing correlations between weight and health that are NON EXISTENT."

Naja, außer zum Beispiel die *Adventist Health Study II*, die sogar noch bewies, dass Veganer länger und besser leben.[98] Oder die (ALL CAPS hat immer recht:) HUNDERTTAUSENDEN Studien zu Ernährung, die den Chef der größten Ärzteorganisation der Welt, Dr. Kim Williams vom *American College of Cardiology*, Veganer werden ließen.[99] Aus Gesundheitsgründen. Weil alle diese Studien eine klare Sprache sprechen: Friss weniger Mist – lebe länger.

Sie setzt sich gerne mit einem Donut in Diabeteskliniken, um die Patientinnen „zu unterstützen".[100] Wie erklärt sie sich die Millionen Menschen, die an Diabetes verrecken? Die Entzündungen im Körper, die alles von Pickeln bis Krebs verursachen? Ganz einfach:

„Weight may be the first symptom of Diabetes, not the cause. The cause is actually inflammation (most likely cause by dieting and weight cycling)."

Tatsächlich. Es sind nicht die Abgase, die Klimaerwärmung erzeugen, sondern die Klimaerwärmung erzeugt die Abgase. Es ist die steigende Zahl von Mördern, die mehr Waffen kauft. Es sind die Vergewaltigungsopfer, die durch ihre Ängstlichkeit die Täter anziehen. Bravo.

„I have had several ‚overweight' people who are metabolically more fit and physically more fit than their smaller counterparts."

Ach, da ist sie wieder, die Anekdote. Wer kennt sie nicht, die 100-Jährigen, die sagen, man sollte jeden Tag Whiskey/*Dr. Pepper*/geschüttelte Katzenscheiße trinken? Erstaunlicherweise ist *Fat Acceptance* eine Philosophie, die sagt: Bleib genauso scheiße, wie du bist, du musst nichts ändern! Schön, wenn Fakten mit Wünschen so zufällig zusammenfallen:

---

98 https://t1p.de/dwqo (13.6.18)
99 https://t1p.de/vk75
100 https://t1p.de/wpwa

„Reacquaint yourself with the sweet, heady scent of onions caramelising in butter. Eating well is eating intuitively, with pleasure and without shame. Whatever the wellness industry may tell you, you have the secret to wellness already. You've had it all along."

Genau da sind wir bei dem, was Amerikaner „Spiritual Healing" nennen. Auf Deutsch hieße das „Geisterheilung", besser: Scharlatanerei. Das ist das Grässliche an den zwangsglücklichen Dicken: Sie sind strukturell religiös, wie die Esoteriker. Glauben zählt, keine Fakten. Über die schrägsten Opferpositionen dringen sie sogar in Kreise vor, die sich für reflektiert halten: die Linken. Ich könnte über den wissenschaftlichen und logischen Analphabetismus jetzt abhaten. Aber das haben andere schon viel besser getan, wie Dr. Fuhrman (der zur Erfrischung auch mal studiert und nicht nur gefressen hat):

„Dear Friends, There is nothing worse for you than being fat.

I can't put it any plainer than that, yet there's still a lunatic fringe of touchy-feely fools out there telling people to love their bodies no matter the shape. And the worst part of all is that they're doing it under the guise of being healthy.

I've got news for you, fatso: That body ain't loving you back. It's killing you, plain and simple. If you know that and still fill yourself with garbage, then you're suicidal. And if you spread this deranged line of thinking to others, then you're homicidal, too. Instead, the ‚fat nutritionist' turned back to donuts. She even boasts of eating them while working in a diabetes clinic. In her twisted mind, the image of a young, overweight girl munching away on donuts is somehow comforting to the people now dealing with the ravages of that lifestyle.

The ‚Fat nutritionist' is every bit as deceitful as the size-acceptance nonsense she spouts, since she has no degree. ‚Only in certain, limited contexts does WHAT a person eats play a direct role in their health,' she writes (emphasis hers).

Trust the ‚Fat Nutritionist' about as much as you'd trust the ‚Drunken Doctor' or the ‚Sloppy Surgeon'. They're all bad medicine.

Trust a fat nutritionist as far as you can throw them."[101]

Danke, dass endlich mal wer den Arsch in der Hose hat, das so deutlich zu sagen. Natürlich ist es das gute Recht von jedem, auch fett glücklich zu sein. Du hast keinen Bock auf Sex? Werde fett. Du hast

---

101 https://t1p.de/68ik (12.6.18)

keinen Bock, deinen Schwanz sehen zu können? Werde fett. Keinen Bock mehr auf Leben? Werde fett.

Das Problem fängt da an, wo man aus missverstandener Gerechtigkeit über die Opferperspektive andere mit in den Tod reißt. Indem man auf ihre niedersten Instinkte, Faulheit und Selbstmitleid abzielt. Aber es geht nicht nur um Menschen. Wie viele Fette sind denn Vegetarier oder gar Veganer? Als Vegetarier kann man über Käse und Milch durchaus ein paar Kilo halten. Als Veganer wird es, wenn man wirklich nicht nur Chips frisst, verdammt schwer.

Sogar Holocaust-Überlebende nennen das, was in der industriellen Landwirtschaft passiert, Holocaust.[102] Das ist mit nichts zu rechtfertigen, dafür werden uns zukünftige Generationen zurecht auf die Grabsteine pissen. Ohne Not Fleisch fressen, ist der Nationalismus des 20. Jahrhunderts, der Sozialdarwinismus des 19. Jahrhunderts, die Sklaverei des 18. Jahrhunderts, die Hexenverbrennung des 17. Jahrhunderts. Nein, auch Bio-Freiland-Hennen sind keine Lösung. Die sind zu Mutanten gezüchtet, die zwanzig Mal mehr Eier als ihre natürlichen (indischen) Verwandten legen. Außerdem kann niemand rechtfertigen, wieso ein Tier umgebracht werden kann, ein Mensch aber nicht. Beide sind ihrer selbst bewusst, treffen eigene Entscheidungen, und haben das, was den ganzen Opfertümlern als ultimatives Argument gilt: Gefühle.

Böhmermanns unerträglich weicher Sidekick Olli Schulz sagte: „Ich will nicht in die Sauna. Ich will Leuten mit meinem schäbigen Körper kein schlechtes Gefühl geben."[103] Davon könnten sich die selbstbeweihräuchernden Michelinmännchen eine Scheibe abscheiden.

---

[102] https://t1p.de/j539 (14.6.18)
[103] https://www.youtube.com/watch?v=gqd9w81mci0 (4.9.18)

Wir sind Syndikat

„Ich glaube nicht, dass die wissen, mit wem sie es zu tun haben."
– Mitglied des Syndikatkollektivs.

Um das Manuskript meines ersten Buches zu testen, lud ich es nicht ins Netz, ging nicht auf eine verklemmte Lesebühne, ich legte es im *Syndi* auf den Tisch. Keine fünf Minuten später und jemand schrie mit wutverzerrter Fresse: „Welcher Vollidiot hat das hier geschrieben?"
Genau die Reaktion, die ich wollte.

Das *Syndikat* ist nicht das hippe *Engels*, auch wenn das verirrte *Facebook*-Touristen manchmal denken. Es ist auch nicht der *Bierbaum* und ganz besonders nicht das *Fräulein Langner*. Nicht, dass diese Bars alle scheiße wären. Nur die Leute da sind es eben. Die einzige Bar, die damals keine typische Neuköllner Assistampe war, war das *Syndikat*. Man hat nichts gegen Unterschicht, ABER: umso mehr gegen Nazis. In keiner anderen Bar konnte man damals in Ruhe literweise Neurotoxine in sich reinkippen, ohne „ich habe ja nüscht jejen Ausländers, ABER ..." zu hören.

Im *Fräulein Langner* muss man vor lauter „Berlyn-is-so-great" Schaumfontänen kotzen. Wenn große Kinder es „total *amazing*" finden, dass man Berlin kannte, bevor es ein Werbefilm wurde, obwohl man für alles andere mehr kann, als für das. Die sollten lieber wen abfeiern, der aus dem päderastischen Altötting fliehen konnte. Wüssten die, wie der durchschnittliche Berliner so ist, würden die einem ihren *Basil Smash Gin* ins Gesicht kippen, das Glas an der Tischkante zerschlagen und damit den Augen abhelfen.

Man kann auch nicht im *Bierbaum* saufen. Niemand bei Verstand sitzt gerne mit Leuten in einem Raum, die Schinkelkreuze auf ihren Rückenspeck tätowiert haben. Klar ist der Chef Türke, aber Blödheit kennt keine Nationalität. Die Rocker scheinen nicht genau zu wissen, ob sie nun la Werner antiautoritär, oder wie Putins Rollatorgarde „Nachtwölfe" eine faschistoide Sadomasomafia sein wollen. Allein schon, dass die Barhocker festgeschraubt sind, zeigt, was man im *Bierbaum* unter Entspannung versteht.

Die *S... Bar* möchte man höchstens mit Nagelbomben kommentieren. Die zeigte nur mal wieder, dass Kapitalismus wie Grippe ist, unendlich anpassungsfähig. Rote Farbe an der Wand? Ein *Style Item*, jetzt sind sie die Revolution. Die Smarts vom *S... Burger* wurden angezündet (dankbarerweise, wer 9 € für einen bestenfalls mittelmäßigen Burger verlangt, der gehört eigentlich geteert und gefedert)? Die nächste Touristengruppe peitscht den Umsatz hoch. „*So Berlin.*" Die *S... Bar* hat es aber zum Glück erwischt: Wollte wohl doch keiner mehr für 20 € frühstücken gehen.

Nostalgie ist was für Verlierer. Das nie dagewesene Schöne, das Rechte so gerne versprechen. Auch der Schillerkiez war damals nur anders scheiße. War es 1985, als das *Syndikat* gegründet wurde, so viel einfacher? Klar, das Geld kam vom Amt, aber Wohnungen waren im klaustrophobischen Westberlin auch Mangelware. Dazu gab es jeden Winter Smog bis zum Ersticken. Wem der zugeschissene Grunewald nicht reichte, der musste über die Grenze Spießrutenlaufen. Was Sadisten wie ich so geil finden, abgefuckte Häuser, besprühte Wände, das Ghetto, bedeutete für viele eben auch schlicht Armut. Pest oder Cholera. Statt Gangs und Kleinbürgerfaschos gibt es jetzt Touris. Vieles ist im Schillerkiez besser geworden, denn die Armen können ja nicht mehr hier leben! Über 100 % Mietsteigerung in zehn Jahren! Vielfalt ist ein Markthindernis. Wie Menschen.

Das *Syndikat* ist der Mittelfinger im Gesicht der Gleichmacherei. Wo sonst konnte man sich mit so gutem Gewissen besaufen? Jedes Bier finanziert anderswo einen Stein. Die leeren Flaschen werden sofort zu Mollis weiterverarbeitet. Der besoffene Mob räumt jeden Abend einen Bolle aus. So stellte sich das die *Bild* wahrscheinlich vor. In Wahrheit ist es im Gegensatz zu dem stumpfen Frustsaufen oder überdrehten *Socializing* einfach eine egalitäre Kneipe, ohne die widerlichen Begleiterscheinungen von Alkohol: Aggression, sexuelle Übergriffe, Faschismus. Das Trinkgeld finanziert soziale Projekte von *Sea Watch* bis zu den Mieten von klammen Nachbarn.

„Zeiten ändern dich", sagte ein großer Philosoph unserer Zeit: Bushido. Einige waren in den letzten Jahren nicht halb so oft hier, wie in den letzten Monaten. Es ist, als müsste man das jetzt nachholen, was natürlich sentimentaler Quatsch ist. Die Vergangenheit ist tot und lebt allerhöchstens im *Addams Family*-Flipper weiter. Und der Arsch ist neuerdings kaputt und frisst die Münzen. Sie waren hier, weil das *Syndikat* geschlossen werden soll. Der Feind ist milliardenschwer. Er will keine höhere Miete, er redet nicht, er will ein Exempel statuieren. Jeder Mieter soll sehen: Du hast keine Chance, du Wurm!

Anfang 2019 hätte mit dem *Syndikat* Schluss sein sollen. Zur Kiezversammlung kamen so viele Menschen, dass draußen Lautsprecher aufgestellt werden mussten. Ergraute Autonome, Lehrerinnen, junge

Spanier, Abgesandte des Gemeinschaftsgarten *Prachttomate*. Einer vom Kollektiv sagte: „Ich glaube, die wissen nicht, mit wem sie es zu tun haben." Er sollte recht behalten.

Schon mal von der *Pears Global Real Estate* gehört? Nein? Komisch, sie sind mit über 6.000 Wohnungen in Berlin einer der größten *Player* am Markt. Zudem sind sie verschwiegen und verschämt. Bis das *Syndikat* sie ans Licht zog.

Das milliardenschwere Familienunternehmen mit Glitzerbüro in London. Da fuhr das Kollektiv hin und gab tausende Unterschriften für den Erhalt ab, bis sie aus der Privatstraße vertrieben wurden. Ein anscheinend wichtiger Anzugträger sagte, sie sollten sich doch einen neuen Ort suchen. Berlin sei doch so billig. Und das sei schließlich der Markt.

Der lokale Sitz der Firma ist in Luxemburg, auf ihrem Klingeltableau musste ein extragroßer Glaskasten angebracht werden, um die über 70 verschleiernden Tochtergesellschaften aufzulisten. Der Markt garantiert nur eins: *Survival of the Fittest*. Gleichzeitig rühmt sich *Pears* mit Kinderheimen. Wahrscheinlich wohnen da die Kinder der Eltern, die wegen ihren Räumungen obdachlos wurden.

Seit das *Syndikat* an die Öffentlichkeit gegangen ist, stürmen Zeitungen von *Taz* bis *Tagesspiegel* den Laden, der *RBB* dreht Berichte, sogar die *Vice* hipstert rum. Demos und Kiezversammlung erhöhen den Druck, in der Filiale am Kurfürstendamm wird das Licht ausgeknipst und die Vorhänge zugezogen. Doch *Pears* sagt kein Wort. Neujahr kam ein Abgesandter und verlangte den Schlüssel. Er konnte froh sein, dass er keins in die Fresse bekam. Man wird sich vor Gericht sehen und die Frage klären, die größer ist als das *Syndikat*: Wem gehört die Stadt?

Mit dem *Syndikat* sollen die *Meuterei*, die *Potse*, die *Liebig*, insgesamt über 150 Jahre selbstverwaltetes Berlin untergehen. Wohlgemerkt: Keiner der Läden ist wirklich besetzt, jeder zahlt Miete. *Pears* hat das Haus des *Syndikats* erst kürzlich gekauft und knapp vor dem Milieuschutzgesetz eine Eigentumsaufteilung im Grundbuch angemeldet. Das *Syndikat* fliegt zuerst, nach der Schutzfrist höchstwahrscheinlich alle Mieter. Die Frage, die sich die Stadt stellen muss, ist: Gibt es auch schützenswertes Gewerbe? Ist ein *Starbucks* wirklich wichtiger als ein Kindergarten, ein *McDonald's* wichtiger als eine Obdachlosenteestube, ein Coworkingspace wichtiger als das *Syndikat*? Wenn man nicht in einem gigantischen Bahnhof Südkreuz leben will, sollte die Antwort einfach sein.

Von den Linken, über den Grünen Bezirksstadtrat Kreuzbergs, Florian Schmidt, über diverse Linke bis zum Bezirksbürgermeister von Neukölln. Der ist sogar von der SPD! Erstaunlicherweise ist Berlin sich einig und kriegt seinen Arsch hoch. Leider machen die Landeier, die die CDU wählen, die Gesetze auch für Städte außerhalb ihres Dorfes, die sie sich nicht mal vorstellen können oder wollen.

Mahatma Gandhi wusste die Lösung: ziviler Ungehorsam. Die Initiative *Bündnis Zwangsräumung verhindern!* will erreichen, dass der Senat zusagt, eine gerichtliche Räumung nicht mit der Polizei durchzusetzen. Angst um den Rechtsstaat? Der bläst ihm Unschickliches sonst auch oft „aus Gründen der Verhältnismäßigkeit" ab. Wieso nicht hier?

Die Bösesten sagen, die Zeit des *Syndis* ist vorbei. Punkrock, Antifaplakate, Kollektiv, wir sind hier nicht mehr in den 80ern. Schließt den Laden, Coworkingspace rein, und wer weiß, vielleicht findet ihr auch Arbeit in schicken Startups und seid dann super dankbar, wenn ihr die erste Anzahlung auf eure 500.000 teure Eigentumswohnung um die Ecke machen dürft. Vielleicht bläst euch Christian Lindner auch noch einen.

Wenn der gerade nichts im Mund hat, oder sich selbst auf *Twitter* zum Geburtstag gratuliert, sagt er so Sachen wie: „Veränderung ist nicht per se schlecht."[104] (Er kann nämlich Latein!) Recht hat er, aber wenn Veränderung immer Verdrängung, Ausbeutung und ein schlechteres Leben für die 99 % bedeutet, dann kann man es so machen, dann wird es nur eben scheiße. Wie viele kollektive Läden haben denn in den letzten Jahren im Schillerkiez aufgemacht? Oder in Neukölln? Und wie viele schließen? Berlin verödet, teilweise über ganze Bezirke wie Prenzlauer Berg. Was machst du denn abends in Wilmersdorf, Friedenau, Lichtenberg? Genau das, was die Wahnsinnigen der vergangenen Regierungen beworben haben. Das Alternative, das Wilde, das Freie wird zuplanit und mit Luxuslofts erstickt.

Aber es geht auch anders. Wie grotesk ist denn, dass das Bezirksamt auf der Seite eines autonomen Ladens ist? Die Westberliner CDU hätte sich eher beide Augen ausgestochen. An allen Ecken und Enden der Gesellschaft heult man, dass wir mehr Zusammenhalt, Kommunikation und Rücksicht brauchen. Einfache Worte. *Syndikat* ist ziemlich genau die Definition von Zusammenhalt und dort wird sie gelebt. Deswegen ist das *Syndikat* nicht Vergangenheit, sondern Zukunft. Oder man macht den Laden Berlin zu und gemeindet ihn als Vorort von Kleinmachnow ein. Der neue Bürgermeister: Bushido.

---

104 https://t1p.de/szee (29.1.19)

Letztes Refugium vor der Hölle

„Uzo ist der Schnaps der Hartzer. Der Einzige, den man mit Wasser mischen kann."
– Ein Hartzer.

In der griechischen Mythologie – nicht einschlafen! – umfließt der Okeanos-Fluss die Welt der Lebenden. Dahinter stürzen seine schwarzen Flammen in die Hölle. Kerberos, der dreiköpfige Höllenhund bewacht das Tor zur Unterwelt, damit keine *Vice*-Investigativhipster die Hölle ausspähen und Hitler nicht rauskommt. Jetzt stellt euch vor, es gäbe am Ufer eine letzte Bar. Das ist das *Schlumpfhausen*.

Natürlich heißt die Bar nicht *Schlumpfhausen*, du Spast. Natürlich sage ich den Namen nicht, sonst rollen da morgen Busse voller *Facebook*-Touristen an. „Wir sind hier, um Leute kennenzulernen, du kannst dich gerne dazu stellen!" Ganz ehrlich? Ich würde lieber bei vollem Bewusstsein meine Milz amputiert bekommen. Dennoch: Vor langer, langer Zeit gab es in einem Stadtwald ein verstecktes Eckchen, in dem angeschullerte Geschöpfe lebten: die Kneipenhocker. Sie waren bedingt herzensgut, meist fröhlich und wenn es ganz hart kam auch freundlich. Mitten in Neukölln, zwischen den verpesteten und mafiagegeißelten Hauptadern Karl-Marx-Straße und Hermannstraße, im Schatten der übertrashigen *Neukölln-Arcaden*, und einen Steinwurf von den Dealern und Junkies weg, lag ihr Versteck.

Wie es sich gehört, ist direkt daneben ein türkischer Männerverein. Gegenüber eine Bar für jüngere türkische Männer, die gern ein bisschen gefährlicher sein wollen, und daneben – Überraschung! – noch eine trashige Bar, die eigentlich ein türkischer Männerverein ist. Die ist aber um einiges dezenter, das heißt, da müssen sehr viel finsterere Sachen abgehen, als dass nur ein bisschen Gras verkauft wird. Im zweiwöchigen Sommer stellt die Kneipe ein paar Bänke raus, direkt neben die städtischen Sitze auf dem kleinen Platz. Also können selbst die, die sich die 2 € für ein Bier in der Bar nicht leisten können, mitsaufen. Dann kann man den Sirenen zuhören und die schwarzen BMWs beobachten, die vor den Bars halten. Vor dem Café mit den jungen Türken scharwenzeln Jungmänner in orange-changierenden Mercedes S-Klassen, die garantiert nicht geleast sind. Ein Spaßvogel hat über die Länge seines ganzen Familienvans die Unterschrift von Kemal Atatürk gepaintbrusht. Hoffentlich erzählt dem nie jemand, dass der im heutigen Griechenland geboren wurde.

Oft spielen Bands oder Musiker, die spontan für ein paar Münzen vorbei kommen. Es wird auch meistens ziemlich laut. Und das seit den 70ern, einige der Plakate und Sprüche auf dem Klo sind museumsreif. Es ist eine der ganz wenigen Kneipen, wo sich junge und alte, Punks und Studenten, Touris und Berliner treffen, und nicht sofort die Fresse polieren. Wie kann das sein? Warum lässt das Ministerium für Freudenvernichtung, umgangssprachlich „Ordnungsamt" genannt, das zu? Warum rufen die Nachbarn in ihren neuen Eigentumswohnungen nicht die Polizei? Weil zum Glück die Häuser noch recht angeranzt und voller widerlich wenig Gewinn abschmeißenden Mietwohnungen sind. Das schönste Haus am Platz ist der neue Moscheebau. Ein paar Häuser weiter sitzt die Leninistisch-Marxistische Einheitspartei Deutschlands. Deren Marxismus hört leider bei den Pamphleten auf. Die kosten 1 €.

Aber was ist mit dem Nachbarn darüber, bekommt der nicht die Krätze? Nein, aber einen Schlaganfall. Vier Mal. Die ersten Drei nahm er nicht ernst, beim Vierten merkte er, dass er was ändern muss. Vor allem, weil er seine Wohnung nicht mehr verlassen konnte. Nicht mal mehr für den Gang in seine Lieblingskneipe, das *Schlumpfhausen*. Und da beginnt die Geschichte von Mister Spock, kurz „Spocki". Der beliebteste Hund Neuköllns.

Spocki ist das genaue Gegenteil von Kerberos. „Wursthund" beschreibt nicht annähernd, wie wurstig Spocki ist. Er ist ein Mischling einer Schäferhunddame und eines anscheinend sehr enthusiastischen Dackelvaters. Die Natur kennt da gar nichts. Wer Krötenechsen hervorbringt, die Blut aus ihren Augen spritzen können, der hat keine Hemmungen.[105] Spocki ist gelinde gesagt nicht der Schnellste. Aber als sein Herrchen noch immobiler als er wurde, hatte er ein Problem. Zum Glück funktionieren in dem, was immer als „Ghetto" bekreischt wird, die sozialen Bindungen besser als in jeder genickschussfördernden Reihenhaussiedlung. Bodo, ein Freund von Spockis Besitzer, nahm sich dem Hund an. Es war nur eine Frage der Zeit, bis Spockis unfassbare Niedlichkeit emotional unterforderte Menschen anzog. Mittlerweile hat Spocki an jeder Tatze vier Bitches, mit denen er die Straßen auf und ab flaniert. Keiner der S-Klassen-Besitzer kann da auch nur annähernd mithalten. Sogar Bodo könnte, nach eigener Aussage, jede aufreißen, die er will. Aber mit 60 kann man es auch ruhiger angehen lassen, besonders, wenn man schon ein Auge verloren hat.

---

105 https://t1p.de/2i2k (10.7.18)

Spocki hat sich das aber auch verdient, er ist ein Lebensretter. Der vierte Herzinfarkt kam nämlich nicht gemütlich vor dem Fernseher, sondern in einer eiskalten Berliner Winternacht in einer grottenfinsteren Seitenstraße. Herrchen fiel einfach um und blieb zitternd liegen. Wie in einem schlechten Zeichentrickfilm rannte Spock in die Kneipe und alarmierte die anderen. Nicht nur das, er führte sie auch zu dem zitternden Haufen Elend, der von seinem Herrchen zu diesem Zeitpunkt übrig war. Ein paar Minuten länger und das wäre es gewesen.

Aber Neukölln wäre nicht Neukölln, wenn es ein Happy End gäbe. Spocki sieht mittlerweile aus, als hätte er einen Fußball gefressen. Wasser im Bauch. Niere, Leber, irgendwas. Was eben passiert, wenn man sein ganzes Hundeleben in einer von Feinstaub verpesteten Stadt verbringt. Hunde pinkeln, wenn ungestört, nicht nur entlang der Nord-Süd-Achse, sie riechen 5.000 Mal mehr als wir.[106] Denen stechen die kleinen Partikel wahrscheinlich direkt ins Gehirn. Und alter Döner auf der Straße hat wahrscheinlich auch nicht so spitzen Nährwerte.

Natürlich wollten die Tierärzte ihn umbringen, fachlich: „einschläfern". So, wie man das mit Tieren macht, wenn sie nicht mehr niedlich oder angenehm genug sind. Oder, wenn man sie essen will. Zum Glück war Bodo Krankenpfleger. Er kannte ein Entwässerungsmedikament, was normalerweise nur der Königsrasse, den Menschen, gegeben wird. Und fand einen Tierarzt, der es ihm gab. Und siehe da, Spocki entspannt auch im Frühling noch im Bärlauchbeet. Er hat jetzt mindestens noch einen schönen Sommer vor sich, indem ihn Bodo mit Wasser-Ziehendem bekocht: Spargel, Melone, Birkenblätter. Der neue Tierarzt sagte, Bodo könne gleich für ihn mitkochen.

Nachtrag: Leider ist Spocki gestorben. An dem Baum davor ist ein Ehrenmal errichtet worden. Wer verleiht dem posthum ein Bundesversdienstkreuz?

---

106 https://t1p.de/d4mm

PRAKTISCHES

Such dir dein eigenes „Schlumpfhausen". Wenn sie Craft Beer anbieten, geh rückwärts raus. Wenn sie nur Englisch sprechen ebenfalls. Wenn ein halber Liter Bier über 2,50 € kostet, auch. Wenn Flachbildfernseher, Deutschlandfahnen oder Bilder von Underberg irgendwo hängen, organisiere einen islamistischen Anschlag.

Das Wetter

Frühlingspsychotiker

„Es ist Frühling, ich will töten." – KIZ.

Die Tradition, Hurrikans Namen zu geben, begann mit dem Meteorologen Clement Wragge, der Stürme manchmal nach Politikern benannte, gegen die er was hatte.[107] Kaum sind die vorbei, kaum schmelzen die ersten Sonnenstrahlen wieder die Tonnen gefrorener Scheiße auf dem Bürgersteig, fängt es nicht nur an, festlich zu stinken, es kommen auch all die Psychotiker hervor, von denen man über den Winter gehofft hat, sie wären endlich verreckt.

Der Klassiker sind die Alten, die schon weit vor 16:00 Uhr vor ihrer Stammkneipe mit einem Bier in der Sonne faulen. Ist ja nichts Verwerfliches, könnte man denken. Aber wenn zwei Blocks weiter der größte Park der verfickten Welt ist (für Münchener: das Tempelhofer Feld), merkt man, wie armselig das eigentlich ist. Säßen sie auf dem Feld, hätten sie zwar Sonne, Aussicht und den ganzen anderen Schu, aber nichts zu meckern. Und das geht natürlich nicht. Man kann sich von ihnen todsicher zu absolut allem, was aus der Norm fällt, einen Kommentar anhören. Fahrrad platt? „Ist ja voll platt, wa?" Ach nee, Sherlock. Tiefergelegter BMW fährt vorbei? „Der sitzt ja gleich oot, wa?" Hausbrand, fünfköpfige Familie stirbt? „Ich habe dir immer jesacht – mit die Kinder und keena passt uff. So sind se die … naja weest schon."

Die wirklich Fortgeschrittenen liegen nur noch auf den Parkbänken und lassen ihre roten, aufgedunsenen Gesichter von der Sonne verbrennen. Nur, wenn die Lappenfrau vorbeikommt, können sie sich noch zu einem „Nö" aufraffen. Die Lappenfrau verkauft, wie ihr Name schon sagt, Lappen. Sie ist ungefähr zwei Käse hoch und ein bisschen behindert.[108] Ihr Geschäftsmodell läuft nicht so riesig, weil niemand genau weiß, wozu die Lappen gut sein sollen. Touristen finden sie ganz niedlich, und meinen eher die Frau. Aber in Wahrheit ist sie eine eisenhart kalkulierende Kapitalistin.

---

[107] https://t1p.de/kmj7 (30.8.18)
[108] „Behindert?" Verdammt, jetzt gibt es wieder einen Shitstorm der Begriffsgestapo.

Ihre neueste Taktik ist das indische Geschäftsmodell, in die Hand drücken und sagen: „Geschenk." Danach verlangt sie 2 €. Entweder man zahlt die, oder man muss sich auf ein entnervend pädagogisches Gespräch über den Unterschied zwischen Ware und Geschenk einlassen. Es ist zwar ein bisschen 2016, aber sie reitet auf der *Sharing Economy*-Welle mit. Im Späti versucht sie, ihre Lappen gegen Bier einzutauschen. Sie kommt aber nur bis: „Nehmt ihr auch ..." Der ableistische Wichser hinter dem Tresen schmettert ihr sofort ein „Nein!" entgegen.[109] Sie hat den Fehler begangen, nicht zum netten Schwarzlichtspäti zu gehen, sondern zu der fortgeschritten, misanthropischen Poststation. Jeder, der da rein geht, wird behandelt wie ein Bittsteller im KZ. Sie kann von Glück sprechen, wenn sie da noch rauskommt und nicht in einen dunklen Keller gesperrt wird.

Auf dem Weg zum Feld trifft man unweigerlich Freunde. Grässlich, aber das ist der Preis der Sonne. Die tragen einem auch noch die Einkäufe im Fahrradkorb. Das Leben als weißer Mann im 21. Jahrhundert ist so hart, ihr habt keine Ahnung. Allerdings ist der Korb nicht mehr hinten, sondern vorne. Das führt natürlich dazu, dass das Hipsterrennrad unmanövrierbar wird. Trifft sich aber ganz gut, weil mit 70 kg Traglast würde es mit den Einkäufen und einer Person wahrscheinlich sowieso sofort implodieren. Wieso ist der Korb vorne? *„Style."* Wenn merkwürdig, dann wenigstens ehrlich.

Ein alter Bekannter stößt dazu, Kemal. Wieder hat er eine Sonnenbrille auf. Für einen Handschlag steht er zu sehr unter Strom. Wie immer folgt ihm der Ärger auf Schritt und Tritt. Jemand schreit uns „Hey! Hey! Hey! Hey!" hinterher. „Nicht umdrehen", sagt Kemal. Anscheinend hat er dem Typen mit dem Baseballschläger mal eins übergezogen. Der ist aus unerfindlichen Gründen nachtragend.

Krasser Psychopath, der Kemal? Vielleicht, aber wer ist das hier nicht? Es soll ja auch Leute geben, die sind pathologisch negativ. Aber jeder hat so seine Momente. Kemals kommt, als uns der Gedichtespast nerven will. Irgendein pathologisch Negativer hat dem schon ein ganzes Kapitel in einem anderen Buch gewidmet. Ein Verrückter, der seit 15 Jahren jedem seine vor Dilettanz triefenden Gedichte

---

109 Ha, gerade noch das Wort-KZ verhindert. Ableistisch: „Ableismus oder Ableism bezeichnet eine Diskriminierungspraxis gegenüber Menschen, denen körperliche und/ oder geistigen „Behinderungen" und/ oder Einschränkungen zugeschrieben werden. Auf gesellschaftlicher Ebene werden soziale Ausgrenzungstendenzen und Vorurteile durch institutionalisierte Formen untermauert und gefestigt." http://www.genderinstitut-bremen.de/glossar/ableismus.html (20.4.18)

aufquatschen will und den ganzen Kiez – mittlerweile den ganzen Bezirk – damit nervt. Aber Kemal ist gelungen, was noch keiner vorher geschafft hat. Er hat ein Mittel gegen den Gedichtespast gefunden. Als er auf dem Feld auftaucht und Kemal ihn ruft, bekommen wir alle, mittlerweile um die 15 wehrkraftzersetzende Subjekte, Schreikrämpfe. Aber wie durch ein Wunder geht er kommentarlos an uns vorbei. Und Wunder sind genau das, womit Kemal ihn gekriegt hat.

Der Gedichtespast glaubt nämlich an Wunder. Natürlich werden die durch seine Gedichte ausgelöst, wodurch denn sonst? Kemal hat seine Gedichte gekauft, die nötigen Sprüche an das Universum gerichtet, aber es ist nichts passiert. Das nächste Mal, als er den Gedichtespast traf, konfrontierte er ihn. Eindrücklich. „Du lügst", war das Fazit. Kommentarlos ist der Gedichtespast abgehauen, mit seinen eigenen esoterischen Mitteln geschlagen. Und seitdem bleibt er weg.

Endlich können wir in Ruhe stumpf in die Landschaft gucken. Dieser nervige, riesige Feuerball senkt sich, man sieht seinen Schein durch die Fenster des kilometerweit entfernten Flughafengebäudes. Grässlicher Kitsch, zum Glück zeigt das Abendrot nur, wie verpestet unsere Atmosphäre ist: Die Staubpartikel filtern die Blauanteile des Lichts heraus und es bleiben nur die warmen Farben übrig. Die wahnsinnigen Sportler kommen auch langsam zur Ruhe. Schwerst ineffiziente Longboardfahrer, manche so alt, dass selbst das Hinsehen fremdschämig ist. Radler in entmannend enger Wurstpelle. Von oben bis unten voll mit Werbung, die sie wie Abzeichen tragen. Und natürlich die sich die Kniegelenke zerfetzenden Jogger, die uns mit dem Fett am Unterarm winken. Sich schön eine Stunde quälen, danach erstmal ein Schnitzel Salat um die Form zu halten.

Zum Glück ist das Tempelhofer Feld kein öffentlicher Park, sondern gehört einer Firma. *Grün Berlin*. Die hat den geschenkt bekommen, weil die Stadt die Öffentlichkeit anscheinend für zu doof hält. Außerdem steht da so ein schöner Zaun, Deutsche lieben doch Zäune. Also stellen sich die grünen Türsteher in ihrer Karre ein paar hundert Meter entfernt hin und blenden alle mit Fernlicht. In den Favelas, den temporären Kleingärten, halten sich noch die ganz Harten, bis sie zu Fuß vertrieben werden. Der Freizeitflüchtlingstreck schiebt sich dann zu einem der zwei Ausgänge, an dessen Drehtür sich Schlangen bilden wie vor dem Club. Wenn sie ganz gnädig sind, öffnen die Türsteher das Tor. Dann kann man der Gefängnisleitung immer ein bisschen dankbar sein.

Inferno

„Sommer ist die Zeit, in der es zu heiß ist, um das zu tun, wozu es im Winter zu kalt war."
– Mark Twain.

"Nothing else mattress", steht auf der Matratze. Wieder einmal der Sprayer *Sozi36*, dessen Medium die Matratze ist. Man sieht ihn nur bei Nacht, wenn überhaupt. Dann ist es so heiß wie an einem guten Sommertag. Jetzt ist es so heiß wie an einem Schlechten, und das Anfang Juni. Die Klimaerwärmung fistet Berlin hart.

Sibirien beginnt kurz vor Berlin. Schneestürme bis in den Mai, und dann, binnen zwei Wochen, stellt die Stadt auf Hochsommer um. Während der zwei Wochen freuen sich die Touristen, Naiven oder Dementen noch. Ist doch gar nicht so schlecht in Berlin? Kann man schön am Kanal sitzen? Die Bäume blühen, die Menschen freuen sich. Was haben die denn alle? Die lächeln doch? Das ist kein Lächeln, das ist ein Zusammenkneifen der Augen, weil die Sonne die Vampire blendet.[110]

Zuerst sieht man es. Kaum sind die ersten Krokusse platt getreten, stellen alle ihre deformierten Körper zur Schau. Sechs Käse hoch, zwölf Rettungsringe, wovon einer wahrscheinlich die Brüste sind. Die Rückenhaare kriechen bis zu den Schultern rauf, man könnte aus ihnen Zöpfe flechten. Büstenhalter werden in offenen Hemden vom Winkfett gefressen. Verwesungsgestank: Am lebendigen Leib verfaulende Rentner lüften ihre Falten. Wedding Cowboys paradieren oberkörperfrei das, was sie bis jetzt im Leben erreicht haben: einen Bierbauch

Dann riecht man es. Die Pisse ist gar nicht so widerlich. Aus jeder Ecke der Gestank von Ammoniak. Dann riecht man wenigstens die Scheiße nicht, die gerade auftaut und sich selbst noch einmal verdaut. Auch die Abgase, der Baustaub, das Bratfett der Imbisse, alles kein Problem. Selbst die ungeniert rausgedrückten Fürze in der U-Bahn gehen vorbei. Aber der Schweiß, der bleibt.

---

[110] Gelotophobie nennt man die Angst vor dem Lächeln. Kurz gesagt existiert die einerseits, weil man ein Murkel ist und denkt, alle lächeln über einen selbst. Das betrifft 10 % der Menschen in Skandinavien, allerdings 10 % in Deutschland. Was sagt uns das Über Psychotistan? Noch schlechter schneidet Asien ab, allerdings wohl kulturell bedingt: 50 % Gelotophobiker. Wie ein xenophober Chinareisender sagte:„China ist nicht das Land des Lächelns, sondern das Land des dummen Grinsens."

Natürlich ist es in der U-Bahn am erstickendsten, wenn man direkt unter einer haarigen Achsel und einem Schwamm von Feinrippunterhemd steht. Aber nicht nur dort. Auf der Straße schwitzen Männer mit Brüsten literweise, sodass ihre Nippel wie panische Augen von ertrinkenden Fischen durch die weißen Hemden stieren. Ein alter Hippie fährt auf dem Fahrrad vorbei, er hat ausgerechnet eine schwarze Lederhose an. Wieso hat irgendjemand irgendwann einmal Lederhosen getragen? Was ist so geil an toter Haut auf der eigenen Haut? Sind die alle nekrophil? Der Hippie fährt vorbei, und es stinkt selbst auf dem Fahrrad noch 20 Meter nach ihm unerträglich stechend menschlich.

Das Fahrrad ist in der Stadt im Sommer optimal, weil es auf einem schmalen Grat zwischen Autos und Fußgängern Geschwindigkeit, kühlen Fahrtwind und Einsamkeit ermöglicht. Je heißer es wird, desto mehr entgleitet die kollektive Fassade von Zivilisation. Wenn das Thermometer 25° übersteigt, bricht die Hölle los.
Erst hupen sie. Dann klatschen die Türen. Dann klatschen Gesichter, Geschrei. Besonders in Neukölln, Kreuzberg und Wedding wird die Straße in der Sommerhitze Baghdad. Kein Wunder, dort ballt sich noch immer die gescheiterte Integration von Jahrzehnten.[111] Jeder Zentimeter wird mit Bleifuß totgefahren, Autos verkeilen sich in Kreuzungen, Fahrer halten selbst, wenn der Konvoi hinter ihnen vor Zorn wahnsinnig wird, extra an, um dem Gegenüber zu erzählen, was für eine widerliche fette Nutte seine Mutter ist. Natürlich kann der das nicht auf sich sitzenlassen, natürlich muss man sich, insofern einen die Freunde nicht zurückhalten, mitten auf der Straße auf die Fresse hauen – und einen neuen Stau auslösen. Wer vorbeikommt, hupt standesgemäß wie besessen. Das ist sein gutes Recht und Säule seiner Identität als Motorist. Der Berliner verliert im Sommer jegliche Relation für Ursache – Wirkung. Jeder und alles ist daran schuld, dass es einem so unglaublich dreckig geht, außer natürlich man selbst.

Selbst die Luxusbezirke werden davon nicht verschont. Man könnte denken, im Prenzlauer Berg mit einem Kaffee, der so viel kostet wie ein ganzes Essen im Wedding, sollte man sicher sein. Selbst, wenn man die Frequenz für Kindergeschrei rausgefiltert hat.

---

111 Zum Beispiel Kinder von staatenlosen Palästinensern, die ebenfalls nur eine Duldung haben. Sie haben keine Arbeitserlaubnis, dürfen teilweise Berlin nicht mal verlassen. Ein optimaler Anreiz für Kriminalität.

Im Prenzlauer Berg rasten die Ästheten kunstvoll aus. Zum Beispiel, indem sie ihren Sonnenschirm aufklappen. Und wieder zuklappen. Und wieder auf. Ihn auf den Boden droppen. Sie brabbeln, aber nicht das berlinisch Übliche: „Scheiße", „Verdammt", „das Arschloch". Sondern: „Ach ja ...", „Wenn man nur ...", „Es ist halt so". Sie sind der Star eines Films, den nur sie sehen, weil alle anderen Dilettanten sind. Sind nicht verrückt, so wie die Assis im Wedding. Sie sind einfach so unfassbar selbstabsorbiert, dass die gesamte Restwelt hinter einem Sepia-Filter verschwindet.

Statistisch gesehen geschehen die meisten Unfälle von 14:00 bis 16:00 Uhr. Wahrscheinlich, weil dann der grässliche Schweinefraß den Blutzucker nach oben treibt. Gefühlt ist die gefährlichste Zeit auf jeden Fall vor dem Abendessen, zwischen 17:30 Uhr und 19:00 Uhr. Dann rasen alle wie völlig begast, gerne auch über die Bürgersteige, das Dunkelgelb der Ampel zieht sich weit ins rote Farbspektrum. Passanten gehen einen Schritt auf die Straße um die Ampel zu drängen, endlich „verdammt nochmal" grün zu werden, „das Arschloch", „Scheiße nochmal". Die ist der bulgarischen Mutti aber mit 20m zu weit weg, sie schiebt ihren Kinderwagen wie einen Rammbock zwischen den Autos vor auf die Straße. Auf die Mittelfinger und die Hassschreie reagiert sie mit einem wohl geübten Fischblick, tief aus dem Astraluniversum, im dem alles egal hoch Omega ist. Dann endlich, ein kleiner Platz mit einer Kneipe. Ein wenig Ruhe. Gegenüber noch eine entfernte Prügelei im Kulturcafé, die pflegen wohl Kampfkultur. Man kann sich zulaufen lassen, mit Freunden über Schwachsinn reden, so tun, als würde man nicht in ein paar Jahren elendig an Alter sterben. Kurz vor Mitternacht kann man dann nach Hause fahren und die Gedanken ein wenig schleifen lassen? Aber nicht doch. Nicht in Berlin.

Jetzt blockiert man gefährlich mit dem Beamer die Ecke. Jetzt haut das MDMA gerade rein und man geht mit der italienischen *Facebook*-Party auf dem Bürgersteig feiern. Jetzt blockieren die Arbeitssklaven mit den prallen Reisetaschen die wenigen Fahrradwege. Heute noch müssen sie bis an den Stadtrand in ihre zum Suizid einladende Einraumwohnung buckeln. Jetzt zischt einen noch der einsame Jugendliche in den letzten zwei Ghettoblocks im Rollbergviertel an, als ob er die Eier hätte, einen abzuziehen. Auf der letzten Kreuzung noch ein zünftiger Polizeieinsatz, Frontalzusammenstoß, Blut und Scherben. Ein ganzer Ampelmast wurde gefällt und riss die Wärmedämmung vom Haus nebenan gleich mit. Aber das ist egal. Nach so einem Tag ist man so fertig, dass man die alle eigenhändig erschießen würde, nur um nach Hause zu kommen. Und wer „Stadtgeländewagen" fährt, für den ist das noch ein zu gnädiger Tod.

Vor dem Zaun, wo man das Fahrrad anschließt, steht natürlich noch ein Smartphonezombie, dem langsam dämmert, dass man nicht im Friedrichhain ist. Wenn er einen anspricht, spricht man nur russisch. Vor der Haustür noch die Junkiebraut mit sechs Hunden, alle vorschriftlich angeleint in einem riesigen Knäuel. Einer drückt gerade seine Schaum-Knister-Wurst[112] raus, die einem den nächsten Morgen versüßen wird. Dann endlich, endlich drinnen und natürlich sitzt der nette Nachbar im Hausflur und repariert sein Rad. So, dass nur 30cm bleiben, auf denen man sich vorbeiquetschen kann. Selbst, wenn dahinter jetzt noch der Kampfhund Chico, Allah hab ihn selig, warten würde, um einem in die Eier zu springen, da müsste man durch.

Als ob es zu Hause angenehm wäre. Es ist mit über 30° brüllend heiß in der Wohnung, aus dem Hof schreien die Verdammten, während sich ihr Hirn in einem Alkoholstupor auflöst, ein Polizeihubschrauber kreist über dem Ghetto. Aber immerhin ist es dunkel und man ist allein. Denn alles, alles ist besser als Sommer in Berlin.

---

112 Copyright Scheiße Quartett, ganz große Kaufempfehlung.

Seenwüste

„Ihr habt ja so tolle Seen in Berlin?"
Ja, Frau Wuppertal, theoretisch schon. Praktisch ertränkt man sich lieber gleich in der Badewanne. Berlin gentrifiziert nicht nur, es wird auch voller. Viel voller. Laut, schwitzig, auf Kippenstummeln liegend voller. Den richtigen See zu finden, ist schwerer als die einzige nicht HIV-infizierte Nadel am Kotti.[113]

In Berlin fließt die Scheiße von Südosten nach Nordwesten. Von Köpenick nach Spandau. Also sollte man denken, der Müggelsee ist eine gute Wahl? Am Arsch. Am großen Müggelsee gibt es entweder Betonkanten zum Knie aufschlagen, moderstinkende Sümpfe oder zum Bersten volle Seebäder. Die sollte man sowieso immer vermeiden, es sei denn, man steht auf Kindergeschrei, schwimmende Zigarettenpackungen und dröges Schwimmbadgefühl am See. Es gibt eine verstecktere Badestelle am Kleinen Müggelsee. Da fährt sogar der 169er/X69er Bus hin, bis ins tiefste Müggelheim. Schon, wenn man aussteigt, sieht man den Stau. Die ganzen Straßen zum Strand und das lächerliche Waldstück sind bis auf den letzten Maulwurfshügel zugeparkt. Der Strand ist so voll, dass man kaum seine Serviette ausbreiten kann. Nicht nur voll – sondern eine der abstoßendsten Arten von voll: voll mit Köpenicker Ostatzen. Die sind gerne auf Crystal Meth. Das bedeutet, solange sie da sind, wird rumgekreischt, sich keine Sekunde hingesetzt, wie am Stück geredet. Natürlich ausschließlich unzusammenhängenden Bullshit. Das ist kein Urlaub, das ist Folter. Im Wasser sieht es nicht besser aus. Alle 10m ein Besoffener auf einer Freizeityacht, der versucht, einen mit der Motorschraube zu köpfen. Die Sichtweite unter Wasser beträgt ungefähr 1½cm, aber den Kopf sollte man bei den ganzen Blaualgen sowieso nicht unter Wasser halten.

Man denkt immer, Köpenick wäre schön und grün, dabei ist es grässlich zersiedelt. In Ostberlin hatte man Platz. Weil man im Land gefangen war, versuchte man nach innen zu flüchten. Jeder wollte

---

113 Oh nein, habe ich jetzt ein Stereotyp bedient? Sind gar nicht alle Drogenabhängigen HIV-positiv? Da bleibt den besten aller Ultrakritischen nur, mich an den Pranger zu stellen und auszupeitschen. Mit HIV positiven Folterknechten.

seine eigene Insel im Wald. Das endete in einem Meer von bunkerartigen Freizeitdatschen. Die meisten in kitschiger Alpenromantik oder maximal falsch verstandenem Modernismus. Le Corbusier würde seine Bauklötze vor Zorn umwerfen. Mal „Neu Venedig" in Köpenick besucht? Sieht eher aus wie das kleine Zittau. Wer dahin geht, um eine gute Zeit zu haben, sollte besser 12h Alf glotzen. Dann kann man wenigstens abfeiern, dass der Schauspieler der Rolle „Familienvater" heute ein fertiger Crackjunkie ist. Der leakte nicht nur ein Sexvideo mit zwei Männern, das ihn die Karriere kostete, weil eine Verwechslung vorlag – sondern hasst auch Alf![114]

Im Westen gibt es immerhin den Teufelssee. Der ist mitten im Grunewald, das heißt, Proletariat ohne Auto kommt da schwer hin. Leider ist er zu klein. Im Nullkommanichts wird er durch Kinderpisse, Pflaster und Blaualgen zu einer dickflüssigen Brühe. Er eignet sich für Gerontophile, man sieht viele schrumpelige alte Gurken von nackten Hippies. Ab Sonnenuntergang bekommt man gleich noch den Zoobesuch dazu, dann marodieren Wildschweinrotten.

Im Grunewald an der Havel findet man tatsächlich ein, zwei Buchten, wo es erträglich ist. Wenn man vor dem Abzweig nach Spandau ist, schmeckt man die Fäkalien im Wasser kaum noch. Anfang des 20. Jahrhunderts war ein französischer Arzt übrigens überzeugt davon, dass die Deutschen viel mehr kacken als andere Völker. Es gab dafür sogar einen Fachbegriff: „Polychésie"[115]. Natürlich fahren so viele Boote, dass man sich vorkommt, wie auf einer Autobahn. Das erhabene Gefühl von Fortschritt.

Erstaunlicherweise ist der Schlachtensee nicht die schlechteste Wahl. Nicht, weil er leer wäre. Ganz im Gegenteil. Sobald die ersten Sonnenstrahlen auf den Permafrost fallen, fallen dort unbezwingbare Horden an Jugendlichen ein. Wannen tuckern bedrohlich die schmalen Waldwege am See entlang, um die totale Anarchie zu verhindern und den exorbitant arischen Kindern der reichen Anwohner ein Gefühl von sicherer Repression zu geben.

Doch es gibt einen Trick. Einfach einen Müllsack mitnehmen. Der Schlachtensee ist dünn und lang. Genau gegenüber vom S-Bahnhof liegt ein Strand, der meist erträglich voll ist. Raus aus der S-Bahn, den ganzen Krempel in den Sack, zuknoten und rüber schwimmen. Dann vom anderen Ufer aus genüsslich den Bürgerkrieg beobachten.

---
114 https://t1p.de/w92p (6.6.18)
115 https://t1p.de/01xr (10.7.18)

Das Wasser im Schlachtensee ist überraschenderweise nicht nur klar, sondern bis auf die obligatorische vereinzelte Windel und Binde auch sauber. Die Selbstheilungskräfte der Natur, eine Runde Partymeditation für alle? Nicht ganz. Die ganze Seenkette Grunewaldsee, Krumme Lanke und Schlachtensee wurde mit einem Filtersystem ausgestattet. Was wir so Natur nennen, ist eine Show.

Wer thoreausche Einsamkeit will, muss mindestens eine Stunde rausfahren. So weit, dass niemand mit der S-Bahn und dem Fahrrad nachkommt. Es klingt klassistisch, aber hier braucht man ein Auto. Zur Not Carsharing. Nur weit hinter Bestensee oder nördlich von Bernau finden sich Seen, wo wirklich kein Schwein ist. Selbst wenn Mitbader vorbeikommen, hat man zumindest die Chance, dass es keine vollendeten Psychopathen sind. In Berlin ist das so gut wie ausgeschlossen.

Einen richtig guten Sommertag übersteht man aber optimal, indem man antizyklisch denkt. Genau dann sollte man nicht an den See fahren, oder wenn, dann ganz früh oder ganz spät. Ein paar Startuphipster haben ein Gelenkband entworfen, das wärmt oder kühlt. Sie konnten nachweisen, dass das generelle Wärmegefühl stieg oder sank. Es reicht also nur ein kleiner Punkt am Körper, zum Beispiel die Knöchel. Die kann man wunderbar ins Wasser halten, zum Beispiel im Arboretum im Plänterwald. Das sieht aus, als hätte es irgendwer vor 40 Jahren dort vergessen. Eine Fuß-Fischkur von neugierigen Goldfischen bekommt man gratis dazu. Der dort abgefüllte Heidelbeersaft ist zwar alles andere als gratis, aber lohnt sich. Wenn es einem zu harmonisch wird, kann man die Flaschen im Hof zerschmeißen.

Oder was ist mit Kino? An solchen Tagen sind die Vorstellungen absolut leer, selten kann man so gut in Filmen versinken. Wenn das Kino einen ausspuckt, ist es kühl und man kann sich ein Eis in die Fresse ballern. Noch besser sind die Touren von *Berliner Unterwelten*. Da friert man regelrecht. Man kann gar nicht genug von den Geistern der Erstickten und Getöteten bekommen, die einem kühl in den Nacken pusten. Oder, wenn gar nichts hilft, Schlauchboot. Die gibts für 80 € bei *Ebay*, für 4 Personen. Rein in den Kanal, ein paar Bier mit und der Apokalypse zusehen. Aber der absolute Trick ist, im Sommer nicht in Berlin zu sein. Der ist zwar nur minimal besser als Frühling, Herbst und Winter, aber immer noch weit überschätzt.

Spaß mit Gewalt

Spaß am 1. Mai: Grunewald

„Suche WG-Zimmer" – Schild auf der Demo.

144 Unternehmen teilen die Welt unter sich auf wie finstere Mafiosi. 86 Hyperreiche besitzen so viel wie Rest der Menschheit. Die sind Ornament. Ungleichheit ist *en vogue* wie lange nicht mehr: Zwischen 2009 und 2016 stieg Anzahl des Wortes „Inequality" alleine in der New York Times um das Dreifache, auf 1 in 71.[116] Trotzdem: Revolutionär ist der 1. Mai in Kreuzberg mittlerweile nicht mehr, nicht mal mehr lustig, sondern einfach nur deprimierend. Ein ganz armseliges Schauspiel. Spiegelbild einer Generation, die nichts mehr zu sagen hat. Wieso also nicht raus nach Grunewald? Den Terror in das Herz des Terrors zurückbringen? Außer bei vollendeten Psychopathen ist es mittlerweile Konsens, dass Investmentbanker, Waffenhändler und Manager von Konzernen wie VW Kriminelle sind. Und die wohnen garantiert nicht in Kreuzberg 36. Da bekommt man so schwer Doppelgaragen.

Ein Glück gibt es das „Quartiersmanagement Grunewald": „Grunewald ist ein politisch abgeschriebener Bezirk, viele Bewohner*Innen leben durch Zäune isoliert in einer Parallelgesellschaft, die für soziale Angebote nicht zu erreichen ist. [...] Unsere breit aufgestellte Interventionsstrategie bietet den Bewohner*Innen des soziokulturell benachteiligten Problemkiezes die Möglichkeit, das Verantwortungsbewusstsein zu stärken, die soziale Durchmischung zu fördern und sich über millieuübergreifende Perspektiven zu informieren."[117] Ergo: laute Bässe, absurde Plakate, maximal spackige Verkleidungen und generell ein Haufen Chaos. Genau das, was Arschgeigen wie die, die sich in Grunewald Villen für Millionen kaufen, in der Welt verursachen und vor dem sie flüchten wollen. Der Unterschied zu der bierernsten „Revolutionären 1. Mai Demonstration" in Kreuzberg: Politik ist hier Party.

---

116 https://t1p.de/681j (3.6.18)
117 https://t1p.de/j8jb (3.5.18)

Ein Hardcorekommunistenkumpel von mir, aus einem Haushalt, in dem jeder Cello spielte, sagte einmal: „Alkohol, Drogen und Politik gehen nicht zusammen." Auf jeder Demo war er damit beschäftigt, zu koordinieren, schneller oder langsamer zu gehen und generelle Paranoia zu verbreiten. Genauso lief das auf der Demo im Grunewald nicht.

Die hedonistische Internationale traf schon in den frühen Morgenstunden ein. Um 14:00 Uhr. Am S-Bahnhof Grunewald kam eine richtig schöne Loveparade-in-Duisburg-2010-Stimmung auf. Weil keiner wusste, wo die Demo startete, quetschten sich alle in dem langen S-Bahn-Tunnel aneinander vorbei. Super angenehm für passionierte Klaustrophobiker. Noch genüsslicher wird es, wenn man Geschichte kann. Wieso wurde hier so super Infrastruktur hingeklotzt, obwohl der amtliche Grunewalder natürlich nicht mit dem Menschenmüll S-Bahn fährt? Für die, die die Grunewalder auch schon damals für Menschenmüll hielten: für die Züge zum Konzentrationslager. Auf *Gleis 17* ist eine Gedenkstätte.[118] Ein Glück beteiligt sich Deutschland heute nicht mehr an Angriffskriegen und verkauft auch keine Panzer an genozidale Regime wie die Türkei und Saudi-Arabien. Wenn das der Fall wäre, wären die Denkmäler ein Mittelfinger ins Gesicht der Opfer.

Auf dem Vorplatz steht schon ein Lautsprecherwagen und beschallt die frühschoppenden Rentner mit Techno. Hart im *Twenlife* Versackte paradieren Federboas. Verachtung für das System durch steile Iros. Eine Handvoll nach Regisseur aussehende *Silver Foxes* sind auch dabei, um echtes Theater in Aktion zu sehen. Die Rentner sind amüsiert bis gereizt. Alte Männer mit zurückgegelten, weißen Haaren und Einstecktüchern im Sakko, deren größter Wunsch es ist, dass es noch einmal 1962 wird. Noch ältere Männer mit hellbraunen Jacken aus toter Kuhhaut und dünnen Westernkrawatten, deren größter Wunsch ist, dass sie Amerikaner wären. Überraschung: Krawatten dämmen den Blutfluss zum Hirn ein.[119] Und: Wir verlieren im Lauf unseres Lebens ungefähr 18Kg Haut, das reicht doch für ein paar Jacken?[120] Ein, zwei Spaziergänger aus dem Grunewald, die spontan den Glauben an die Menschheit verlieren. Wenn man schon hier nicht mehr sicher ist, wo dann? Aleppos Bunkerkinder wissen einen Scheiß dagegen.

---

118 https://t1p.de/c6i2 (3.5.18)
119 https://t1p.de/ptoj (10.7.18)
120 https://t1p.de/cua5 (3.4.19)

Über uns kreist ein Polizeihubschrauber, wieso auch nicht? Kostet ja nur 2.730 €/h. Nein, natürlich veröffentlicht Berlin diese Daten nicht, Baden-Württemberg schafft das.[121] Die können wirklich alles außer Hochdeutsch. Drohnen? So was von 2015. Das kommt bei der Berliner Polizei bestimmt schon 2050 an. Dann werden auch die letzten Reste der Bürgerrechte weggefegt. Technisch werden dann schon Nanoroboter möglich sein, die dich aus dem eigenen Gehirn ausspähen. Nicht. An. Deine. Geile. Tante. Denken.

Der Biervorgarten *Floh* wird von unter akuter Nüchternheit leidenden Hedonisten belagert. Natürlich kommt die Barfrau krass nicht klar, wie bei jeder Gastronomie in Reichenbezirken. Hier bekommt man noch nichts für sein Geld. Würde ein Falafelverkäufer auf der Sonnenallee sich mit so einer Unterwassergeschwindigkeit bewegen, wäre er schneller pleite, als man „Insolvenzverschleppung" sagen kann.

Es sind erstaunlich wenig Bullen da, nur etwa 400. Die Veranstaltung war für 200 Leute angepeilt, jetzt sind über 5.000 gekommen. Man merkt, wie selbst beim Antikonfliktteam die Panik die schwitzigen Stiernacken hochkriecht. „Jetzt keine Hektik machen, wir wollen das hier nicht eskalieren!", hört man die Knüppelbullen tuscheln. Von denen sind aber auch erstaunlich viele kleine Verwachsene und blutjunges Weibsvolk da. Wahrscheinlich die, die für den Straßenkampf in Kreuzberg als nicht wehrfähig genug eingestuft wurden.

Pünktlich eine Stunde zu spät geht es los, wie immer bei linken Demos. Es ist schon ironisch, dass die notorischen linken Verplaner im Ostblock ideologisch von konservativen Regimen gekidnappt wurden, die mit manischen Fünfjahresplänen und geisteskrank detaillierter Überwachung brillierten. Vorne fährt der politische Wagen, von dem man, wie es sich auf einer guten Demo gehört, kein Wort versteht, wenn man sich nicht direkt vor den Lautsprechern einen Hörsturz abholt. Und ja, es gibt so eine Art *Schwarzer Block*-Haufen. Die üblichen „Anticapitalista"-Rufe, aber auch Kreatives: „WBS-Villa!", „Wo eine Villa ist, ist auch ein Weg!", „Geld ist scheiße!" Immer schön differenziert bleiben. Deswegen trage ich auch eine Fahne mit einem riesigen Mittelfinger drauf.

Hinten fährt der Partywagen. Techno wummert. Die, die schon seit gestern oder letzter Woche unterwegs sind, spasten Kollektiv ab. Man beschießt sich mit Glitzer. Mein Hardcorekommunistenkumpel würde kotzen.

---

121 https://t1p.de/15on (3.4.19)

Es gibt sie noch, die bösen Dinge. Die paar explizit nicht schwarz Angezogenen und explizit nicht als zusammengehörig Erkennbaren, die auf einmal ihre Spraydosen rausholen, auch anderen Spraydosen in die Hand drücken, und die Straße besprühen. Die, die auf jedes Klingelschild und besonders auf jede Überwachungskamera am Klingelbrett einen Aufkleber patschen. Die freuen sich natürlich besonders, dass irgendein Honk seinen schwarzen BMW mit Runen und Schinkelkreuzen vor dem Haus geparkt hat. Als die Demo vorbeigezogen ist, sieht der aus wie eins der postapokalyptischen Wüstenfahrzeuge aus *Mad Max*.

Schäuble wohnt auch hier, inshallah. Wo, erkennt man, als die Bullen sich geschlossen in einer Reihe vor ein Haus stellen. Der verbitterte alte Knacker, der von der „schwarzen Null" faselt, hat ein Anwesen, das ebenso riesig wie geschmacklos ist. Naziarchitektur, es könnte der kleine verwachsene Bruder des Hauses der Wannseekonferenz sein. Genau, dieses Sackgesicht nimmt sich heraus, zu bestimmen, wann Leute keinen Kitaplatz mehr kriegen, oder einen lächerlichen Hartz-IV-Satz, weil anscheinend kein Geld da ist. Wahrscheinlich ist das alles bei ihm?
Eine ältere Protestantin bekommt einen Anfall, weil sie rausfindet, dass auch Joschka Fischer in der Straße wohnt. Bei dem hat der Villenporno natürlich einen noch vergoreneren Beigeschmack. Obwohl, was erwartet man von jemandem, der den ersten Angriffskrieg Deutschlands seit dem Zweiten Weltkrieg unterstützt hat? Nur, falls sich jemand Illusionen gemacht hat, die Grünen seien zusammen mit der CDU noch keine olivgrüne Suppe. Ich meine, von 1949 bis 1952 saß sogar ein Toter im Deutschen Bundestag.[122] Das soll keine Zombieveranstaltung sein?

Als die Bewohner sich raus trauen wird es interessant. Die meisten scheinen schon kurzfristig bis dauerhaft auf die Bahamas geflüchtet zu sein. Ein paar stehen reglos wie Zombies am Fenster. Wir winken. Einige winken sogar zurück. Andere filmen, das finden wir so medium. Dann kippt die Stimmung schnell und sie müssen sich Beleidigungen anhören, die ihre Mutti nicht gut finden würde. Aber generell ist es eine komische Ambivalenz zwischen Bewohner mit Fröhlichkeit überzeugen und blankem Klassenhass. Einige wenige Male stehen sogar ein paar Rentner am Zaun und unterhalten sich mit den

---

[122] https://t1p.de/01xr (10.7.18)

Demonstranten. Das sind wahrscheinlich die Momente, die beiden am meisten bringen. Das, was das Quartiersmanagement Grunewald „über millieuübergreifende Perspektiven informieren" nannte.

Zum Schießen sind die, die anscheinend keine Ahnung haben, was hier los ist, aber ganz dringend los müssen. Jugendliche, die auf der Treppe, wie vom Traktorstrahl getroffen, erstarren. Die sich dann erstmal in ihren neuen Mini setzen und abwarten, ob sie jetzt an den Eiern aufgehängt werden. Der Glatzkopf mit den Steroidmuskeln und dem obligatorischen, die Arme abschnürenden Polohemd. Die Eleganz einer menschlichen Fleischwurst. Er spricht sich mit den Polizisten ab, damit er Begleitschutz bekommt. „Lauf doch mit!", rufe ich ihm nach. Er bleibt kurz stehen, sieht sich um, man hört das Diskettenlaufwerk in seinem Kopf rattern. Normalerweise wäre jetzt Aggression angesagt, aber er hat auch Angst, er weiß nicht, er will zu Mutti.

Normalerweise habe ich ein obsessives Kartierungsbedürfnis. Karten sind klar und halten wenigstens die Schnauze. Aber hier in Grunewald habe ich keine Ahnung, wo ich bin. Das ist eine Gegend, wo man nur zum luxuriösen Sterben hinkommt. Überall ist eine unangenehme, gähnende Leere. So viel Geld die Grunewalder haben, so wenig Geschmack haben sie. Die meisten Villen sehen aus wie aus dem Katalog von *Möbel Hübner*. Dazwischen immer grässliche 70er-Jahre-Bauten mit Glasbausteinen und kleinen Fliesen, hinter denen nur noch das öffentliche Schwimmbad fehlt. Parks ohne Bänke, hohe Zäune mit scharfen Spitzen, Hotels, in denen man so viel von Berlin sieht, wie von Timbuktu. Man kann verstehen, dass Menschen hier unglücklich werden.

„Schmetterlinge aus Stein, Kaugummi aus Metall", singt Pastor Leumund und wird dann konkreter:
„Ihr Kulturbeutelratten, ihr werft lange Schatten.
Ihr Dauerregenwürmer, ihr Abwaschwasservögel.
Ihr wisst, was ich meine, ihr Brustwarzenschweine.
Ihr Klingelnattern, ihr Ostkreuzotter.
Ihr Telefanten, grüßt mir die Verwandten.
Ihr Pickelhaubentaucher, singt sie lauter eure Sackgassenhauer.
Singt zum Klang von 1000 Arschgeigen
auf hochgeklappten Wutbürgersteigen."[123]

---

[123] https://t1p.de/ne9f (3.5.18)

„Schwarzer Block", steht auf dem Schild eines als Pfarrer verkleideten Demonstranten. Aus einer Schubkarre werden Cocktails ausgeschenkt. Ich hätte gerne einen *Death in the Afternoon*, 2cl Absinth in einer Flöte Champagner, aber zur Not bin ich auch mit Pennertaschen-Billigwodka-Orangennektar zufrieden. Es herrscht Alkoholmangel, obwohl auf der Aktionswebsite dringlichst darauf hingewiesen wurde, dass es im Grunewald natürlich keine Spätis gibt. Es ist ja auch kein Kiez. Natürlich stoppen die Bullen die Demo ein paar Mal, die wollen auch ihren Spaß. Aber eigentlich ist es nur ein langer, friedlicher Tanzspaziergang. Selbstverständlich lassen es sich die Bullen am Ende nicht nehmen, auf dem S-Bahnhof noch ein paar Leute einzusacken. Genau, als sich die Türen schließen, setzen sie ein Mädchen fest. Als die S-Bahn losfährt, sehen wir eine lange Schlange von Bullen. 30 zu eins scheint eine gesunde und steuergeldsparende Ratio für das Bekämpfen von Terroristen zu sein.

Und, hat das jetzt was gebracht? Verschenken jetzt alle Grunewalder ihre Villen und schließen sich dem anarchistischen Untergrund an? Bestimmt. Aber, wie Sozialforscher feststellen: Damit Protest funktioniert, muss die Gegenseite reagieren. Und das tat sie. Nicht nur, dass altpapiertonnenweise Medien über die ausnahmsweise lustige Demo berichteten. Zwar gab es Happenings im Grunewald schon in den 70ern, aber das Gedächtnis von Boulevardzeitungen ist das eines Hamsters auf Speed. Nein, sogar ein bisschen Krawall konnten sie beschwören: „1. Mai in Berlin: Grunewald-Demo zeitweise gestoppt", oder „Kreativer Protest und Vandalismus bei Grunewald-Demo"[124]. Mal wurde auch den Bewohnern Entertainer-Siggy-mäßig[125] das Mikrofon in die Fresse gedrückt, damit sie sich beschweren durften, dass sie nicht gewarnt worden seien und ihre Karossen nicht sicher verstauen konnten.

Einige haben sich zusammen mit – Überraschung: der FDP – beschwert. Auf *Twitter* klingt das vom Führer der Polizeigewerkschaft Benjamin Jendro so:

„Aktuell: Wir sind bei 39 Kfz-Beschädigungen in Grunewald – 39 Fahrzeuge von Menschen, die ihr nicht kennt und deren Lebensumstände durch Eure verquere Ideologie beeinflusst werden"[126]

---

[124] https://t1p.de/3fwc (4.5.18) - https://t1p.de/gzm4 (4.5.18)
[125] https://www.youtube.com/watch?v=JhByLuLXUa0 (4.3.19 Das Video ist (leider) wohl ein Fake)
[126] https://t1p.de/3fwc (3.12.18)

Ach Benni, du hast was gegen Ideologie, ja? So, wie die Drogenprohibition, die seit 50 Jahren nichts als Leid bringt, die du aber mit christlicher Höllenmetaphorik unterstützt:

„Der zukünftige Senat sollte sich dessen bewusst sein, was für ein fatales Signal wir in Richtung unserer Kinder senden. Wir reden hier nicht über Schokolade und Gummibaerchen, sondern die Pforte zum Tod bringenden Drogensumpf."[127]

„Tod bringende[r] Drogensumpf!", beste. Hat der eigentlich noch andere Probleme im Leben? Wie kann man denn ohne Drogen so verstrahlt sein? Oder ist das wie bei den Katholiken, predigen und heimlich Ministranten bearbeiten? Vielleicht war der einfach voll auf Koks und hatte Bock auf einen *Virtue Signalling*-Exzess? Was für eine krude Ideologie soll das sein? So was wie Kapitalismus, der täglich Tausende an Hunger sterben und im Mittelmeer ertrinken lässt? Der begründet, wieso die Weltbank den Ärmsten in den Ländern auf der anderen Seite der Höllenpforte keinen kostenlosen Reis mehr ausgeben kann? Benni, wie wäre es mit einem Knallerurlaub in Aleppo, um aus erster Islamistenhand zu erfahren, was krude Ideologien so tun?

Wahrscheinlich tut ihm einfach der Hintern noch weh, in der Polizeischule werden an ganz sonnigen Tagen Kameraden aus pädagogischen Gründen mit der Colaflasche vergewaltigt. So lernt man wohl, Ideologien nicht zu hinterfragen. Ach, und man lernt auch Zivilcourage: „Zwei seiner Kameraden, einer 24, einer 22 Jahre alt, sollen ihn festgehalten und mit einer Cola-Flasche vergewaltigt haben. Die Flasche habe ihnen der vierte Schüler gereicht, während der fünfte unbeteiligt YouTube-Videos auf seinem Smartphone geschaut haben soll."[128]

Dass der BMW voll mit Naziaufklebern war, ließ die *B.Z.* lieber weg. Man will ja keine Investoren vergraulen. Dass in den Verlagsleitlinien von Axel Springer dezidiert steht, dass man *pro Israel* und *gegen politischen Extremismus* ist, scheint da auch niemanden zu stören.[129]

Vielleicht hat ja auch der ein oder andere aus Grunewald wirklich was mitgenommen. So hippie das klingt, die gesellschaftliche Diskussion ist wichtig. Noch wichtiger ist, sich Politik nicht einfach aus dem Arsch zu ziehen, sondern auf Fakten zu gründen.

---

127 https://t1p.de/1ekv (3.5.18)
128 https://t1p.de/kauo (25.11.18)
129 https://t1p.de/vx1f (1.3.19)

Und die sagen erstaunlicherweise, dass friedlicher Protest besser funktioniert als gewalttätiger:

„Movements across the world between 1900 and 2006 and discovered that three-quarters of the nonviolent resistance movements succeeded, compared with only a third of the violent ones. Gandhi and King were right, but without data, you would never know it and absorb the conventional wisdom about the need for revolutionary violence."[130]

Na dann, los, begrabt sie in Blümchenhaufen, ertränkt sie mit Liebe, harmonisiert ihnen die Scheiße aus dem Leib!

PRAKTISCHES

Die wird vielleicht nicht wieder in Grunewald sein, daher check die Website der hedonistischen Internationalen. (Wieso nicht mal in Friedrichshain?) Aber wenn, dann nimm verdammt noch mal Bier mit. Viel Bier. Kiffen und den Rest besser vorher, die Bullen finden das so medium. Pass auf dem Rückweg auf. Jeder, der einen Bullen schief angesehen hat, wird da einkassiert. Wenn du staatszersetzend tätig warst, klink dich kurz vor dem Ende der Demo aus und gehe ruhig, aber zügig zu deinem Fahrrad. Dann ab in den Wald, da bekommen sie dich nicht.

---

[130] Pinker, Stephen. Enlightenment Now: The Case for Reason, Science, Humanism, and Progress. Penguin Books Limited/Viking, 2018, S 342

Trauer am 1. Mai: Kreuzberg

„Du kannst mich kreuzweise."
– Kreuzberg zum 1. Mai.

Damit ist die Eskalationstheorie, dass die Revolution nur kommen kann, indem alles sabotiert und zu Brei geschlagen wird, wohl gestorben.

Nirgends wird das klarer als am 1. Mai in Kreuzberg. Hier kriecht die Revolution zum Sterben hin. Von weitem sieht sie noch am besten aus. Auch hier geht es wieder eine Stunde zu spät los, passt also prima mit der Verspätung aus Grunewald. Die Revolte gegen den Leistungszwang funktioniert schon mal. Genug Zeit, um pissen zu gehen. Auf dem Mittelstreifen am Segnitzdamm ist eine Tundralandschaft aus Urin entstanden. Spritzen gammeln in den Seen. Wenn man hier nicht kotzt, dann nirgendwo.

Im ersten Block der Oranienstraße bis zur Adalbertstraße ist alles noch so, wie es sein sollte: laute „Anticapitalista"-Rufe, Bengalos, Farbbomben an das neue *Orania.Berlin*-Hotel. Bei der Schreibweise gehört dem Eigentümer Dietmar Müller-Elmau eigentlich der Laden angezündet. Und die Villa auf den Bahamas. Wenigstens an einem

Tag im Jahr wird deren „Oase wohltuender Ruhe & asiatischer Leichtigkeit" gestört. Wer zieht denn wegen Ruhe an die Oranienstraße? Da kann man auch gleich versuchen, sein Heroin in Tuttlingen zu kaufen. Wieso wollen Menschen immer ihr Dorf mitten in der Stadt, obwohl sie aus genau dem Dorf abgehauen sind?

„Die Welt, in der wir leben, ist für jeden von uns verschieden", sagt er über das Konzept, „aber das Licht von Sonne und Mond ist überall gleich. Künstler aller Schichten sollen sich wohlfühlen. Jedes einzelne Detail in dem Raum – seien es die mit Blattgold eloxierten Stablampen oder die Wandbespannungen aus Feigenrinde – soll Tiefe haben, eine Tiefe, die entsteht, wenn etwas sein darf, wie es ist." „Dietmar, du darfst alles machen, nur nichts ändern", habe Loriot einmal zu ihm gesagt. Ja, der Loriot, der Gewerkschaften „Faulenzer" nannte. Das ganze Gestammel von Gleichheit und Kunst ist für den Arsch, solange ein Zimmer dort ab 135 € zu haben ist. Es ist eine Sache, ein geldgeiler Sack in der Midlifecrisis zu sein. Es ist eine andere, sich wie Trump aufzuführen und für Robin Hood zu halten. Das Einzige, was hier sein darf, wie es ist, ist die Selbstherrlichkeit dieses Penners.

Urlaubsgefühle kommen auch auf der Straße auf: Zwischen den ganzen Touristen ist es so eng wie am *Ryanair*-Abfertigungsterminal. Völlig besoffene 15-Jährige versuchen, Schlägereien anzuzetteln. Erlebnisorientierte, schwabbelige Rheinländerinnen folgen jedem, der auch nur grob links aussieht – was in deren Definition bedeutet, kein Hakenkreuz auf die Stirn tätowiert zu haben. Der absolute Horror also, das Übliche. Was tut man nicht alles für eine bessere Welt. Steine schmeißen zum Beispiel. Aber wo? Schon an der Adalbertstraße ist die Demo auf einmal weg. Das gab es noch nie. Noch letztes Jahr zogen 8.000 Leute durch den Kiez und schleiften das halbe Maifest mit. Jetzt fühlt sich alles zerlaufen an, noch bevor es angefangen hat. So hätten die Bolschewisten das Petersburger Parlament nicht erobert, würde man denken. Ironischerweise ging es bei denen aber noch chaotischer zu: Nicht mal die Kanone des gemeuterten Kriegsschiffes bekamen die geladen. Am Lausitzer Platz ist er endlich wieder da, der *Schwarze Block*. Er zieht Richtung Schlesisches Tor, dem Ende der Demoroute. Bis sich eine Reihe Bullen auf Höhe der Wrangelstraße in seinen Weg stellt. Endlich.

Dann geht es los: Die Linken schreien, Bengalos werden gezündet, sogar die Kurden von der *YPG* tauchen auf einmal mit selbstgemalten

Pappschildern auf. Es riecht nach Krawall. Aber es sieht nicht so aus. Das Nächste, was passieren sollte, wäre, dass die Bullen, wie bei der *Welcome to Hell*-Demo in Hamburg oder sonst immer, eine imaginäre Flasche fliegen sehen, und drauflos prügeln. Aber heute scheinen die alle bei der imaginären Pfandrückgabestation zu sein. Die Reihe Bullen steht einfach stoisch da.

Verwirrung breitet sich aus. Die Demonstranten schreien und trommeln sich auf die Brust, aus Guerilla- wird Gorilla-Taktik. Dann passiert was, das noch nie geschehen ist: Der *Schwarze Block* geht zurück. Ein, zwei Schritte, dann weiß keiner mehr weiter. Alles löst sich in kleine Gruppen auf. Transparente verschwinden in den ravenden Gruppen vor den Bars. Ausschwärmen und zum Schlesischen Tor? Jetzt doch die super ausgeklügelte Guerillataktik? Am Arsch. Am Schlesischen Tor sind nur eine Handvoll Verwirrte. Immer wieder kommen kleine Grüppchen zur Mittelfingerfahne und fragen, was der Plan ist. Ehrenhafte Absicht, aber nur, weil man einen Mittelfinger hat, weiß man nicht Bescheid. Unfassbar aber wahr: Gerade eine Dreiviertelstunde nachdem die Demo angefangen hat, ist sie auch schon wieder zu Ende. Dagegen war der Matrosenaufstand 1919 eine Epoche.

War die Linke desorganisiert? Auf jeden Fall. Hat die neue Generation nicht mal mehr den Arsch in der Hose einen Kieselstein zu werfen? Bestimmt. Aber das hat nicht den Unterschied gemacht. Der Unterschied war, dass die Polizei nicht bei jedem Unsinn drauflos geknüppelt hat. Zwar haben „die Kollegen aus Sachsen" ihre Quarzhandschuhe angezogen. Man konnte sehen, wie sehr ihre Frustration sich Bahn brechen wollte. Aber anscheinend gab es von oben das Kommando zur Zurückhaltung. Und das, was schon seit mindestens zehn Jahren klar ist, wurde offensichtlich: Der Krawall geht schon lange nicht mehr von den Demonstranten aus, sondern von den provozierenden Polizisten. Für die Jungs aus Freital war das ihr Abenteuerurlaub. Aber anscheinend hat Berlin keinen Bock mehr, Boxring für Freizeitnazis zu sein. Ohne den Anstoß implodiert der Protest wie ein fettiges Bhatura.

Es wäre okay, wenn der 1.Mai jetzt sterben würde. Leider ist er als Zombie auferstanden. Schon auf dem Weg zum Schlesischen Tor, wenn man sich von der wenigstens martialisch aussehenden Demo entfernt hat, werden einem Sprüche wie „Scheiß Antifa!" hinterhergerufen. Scheiß Antifa? Alter, erstens sind wir nicht die Antifa, wir sind nicht mal schwarz angezogen, und zweitens: Fick dich. Du mit deinem ekligen Muscle-Shirt-Trikot und deinem den Hals heraufkriechenden Tribal kannst ganz schnell zurück nach Drebkau fahren, oder aus was für einem Loch du auch immer hervorgekrochen bist. Eine völlig besoffene Tussi schreit einen Typen an, dass er „aus Kreuzberg verschwinden" soll. Dummerweise ist der Typ genau in der Straße, wo sie steht, geboren worden. Er fragt, wo sie denn so herkommt. Sie stammelt *medium professional* und wiederholt dann den ersten Satz, nur lauter. Erlesene Rhetorik, Tucholsky würde ganz langsam, sarkastisch Beifall klatschen.

Also ab in den Görli und wenigstens den Abend auf der Wiese genießen? Nicht mit dem Zombie *Mai-Görli*. Ja, diesmal wieder Monat und ohne „Y" geschrieben, im Gegensatz zum *MyFest*. Logik ist was für Verlierer und weltfremde linke Krawallisten. Der ganze Park ist abgeriegelt, drinnen geht eine Ballermannparty ab, vor den Toren stehen schwarz gekleidete Securityochsen. Die prollen jeden an und klatschen jeden, der ihnen dumm kommt. Was den Polizisten an Aggressionspotential fehlt, haben sie anscheinend an die outgesourct. Öffentlicher Park? – „Verpiss dich, sonst mache ich deine Mutter zu einem öffentlichen Park."

Immerhin fragen einige Polizisten zugegeben sehr freundlich nach dem Plakat. Ob Persönlichkeitsrechte verletzt werden, oder Angela Merkel hängen soll? Ich rolle den riesigen Mittelfinger aus, grinse wie ein Wahnsinniger und in genau dem Moment schießt jemand ein Foto. Wenn ich als Märtyrer für die Revolution von einem Securitytypen totgeschlagen werde, soll das bitte auf meinen Grabstein.

Auf dem Weg Richtung Neukölln feiern besonders die Türken den Mittelfinger ab. Ganze Hip-Hop-Partys johlen ihm nach. Eine bis zum Anschlag zugekokste Gruppe leiht ihn sich aus, stellt sich mitten auf die Straße und schreit: „Isch geh auf Kurdendemo und zeig den, ja!" Danach wollen sie ihn noch so halb abziehen, so halb Koks verkaufen. Aber immerhin sind sie rechtschaffend aggressiv. Wie in einem surrealistischen Film saust dann noch ein Rollstuhlfahrer ohne Elektromotor mit 30 km/h vorbei. Spätestens an der Sonnenallee ist die Revolution dann aber vorbei. Das Remmidemmi der Skalitzer Straße ist hier so weit weg, wie der amerikanische Springbreak.

Und jetzt? So bitter es ist, aber der 1. Mai ist zu einer *Loveparade* geworden. Das Konzept des *MyFest* ist aufgegangen. Die Massen versaufen dort mehr, als der Staat für den „Schutz" aufbringen muss.

Allein die Reporter im Hotel am Oranienplatz verköstigten sich im „herausragenden Restaurant für Gourmets & Kosmopoliten". Da kostet „Rote Garnele.Gewürzzwiebel.Krustentier-Fumet" so viel, wie 35 Kinder in Ostafrika vor dem Hungertod zu retten.[131] Hoffentlich ersticken die an ihren Krustentieren. Das BIP hat gesiegt. Das muss man dem Kapitalismus lassen: Er hat bis jetzt noch alles integriert. Mittlerweile ist digitale Vervielfältigung wahrscheinlich systemzersetzender als zu randalieren.

„Was tun?", würde Lenin fragen. Ist doch klar. Das tun, was mit der *Loveparade* auch passiert ist: sie verbieten. Erst, wenn die Bullen wieder wahllos auf Leute eindreschen, die ihre Meinung sagen oder Spaß haben wollen, kommt wieder Stimmung auf. Wahrscheinlich wird das aber nichts. Die Leute scheinen keinen Bock mehr auf Revolution zu haben. Die Babyboomer sind an der Macht, und die haben sich schön im System eingerichtet. Menschen ändern sich laut Studien nach 24 kaum mehr.[132] Das Einzige, was hilft, ist, wenn die Alten wegsterben – oder wir es durch Ernährung, Biotechnik oder Nanoroboter schaffen, dass Gehirne ab 25 nicht mehr verfaulen. Die verstoßene Revolution sollte man wenigstens mit Würde sterben lassen, und nicht als Zombie jedes Jahr wieder hervorzerren.

Aber man sollte den 1. Mai als das sehen, was er schon lange ist: eine Spaßveranstaltung. Wer wirklich was verändern will, der geht nach Grunewald, oder noch besser, in das Internet, die Technik, oder wird – igitt! – vegan.

PRAKTISCHES

> Lass dein verdammtes Fahrrad stehen. Und zwar außerhalb des MyFests. Du wirst sonst einen zermürbenden Umweg gehen müssen und es ist bestenfalls vollgepinkelt, schlechtestenfalls ein Haufen Schrott. Wenn du mit den schwitzenden Massen kuscheln willst, geh die Adalbert- und Oranienstraße lang, wenn du dir den Terror ansehen willst, setz dich auf den Mariannenplatz. Generell ist Essen, Trinken und eigentlich so ziemlich alles auf dem MyFest teurer und schlechter als überall sonst. Wenn der Terror abgehen soll, sei gegen 19:00 Uhr am Görlitzer Bahnhof, oder achte darauf, was die bösen linken Chaoten auf Indymedia posten.

---

131 https://t1p.de/x15v (7.5.18)
132 Pinker, Stephen. Enlightenment Now: The Case for Reason, Science, Humanism, and Progress. Penguin Books Limited/Viking, 2018, S 245

Abschaum an der Rigaer

„Na klar bin ich Abschaum, aber unter all eurer Heuchelei seid ihr das auch, und ich stehe wenigstens dazu und habe meinen Spaß."

… sagte Al Goldstein, Pornoikone und das, was die *New York Times* „ein cartoonish schmähendes Amalgam eines Borscht-Belt-Komikers, ein[en] ungezügelte[n] Sozialkritiker und sexbesessene[n] Loser der einen Moment in der Geschichte New Yorks verkörperte, die Schäbigkeit und den Verfall des Times Square in den 1960ern und 1970ern" nannte.[133]

Leider starb Goldstein 2013, der Artikel in der *New York Times* war ein Nachruf. Der neue Abschaum ist verlogener. Wo er ist, das bekommen sogar die Hetzmedien von *B.Z.* bis *Bild* mit. In der Rigaer Straße, in Berlin-Friedrichshain, dem, was die Berliner Polizei als „Gefahrengebiet" brandmarkt. Nur wer es ist, das verraffen sie total.

Die Rigaer Straße und besonders die Kreuzung Ecke Liebigstraße, der Dorfplatz, ist nicht wegen der üblichen Elendsbezirkphänome gefährlich: Junkies, Gangs, Kleinkriminalität. „Kriminalitätsbelastet" ist der Ort trotzdem, aber wegen politischer „Straftaten". An der Rigaer Straße sieht man noch die bunten Fassaden der besetzten Häuser, die keine mehr sind. Alle haben mittlerweile Mietverträge. An ihren Fenstern Transpis, die wahrer sind als 99 % aller *Bild*-Schlagzeilen: „Ihr habt die ganze Stadt verkauft", „FCK G20 – Make Capitalism History, another world is possible!" „Wenn Räumung, dann Beule" und „Unseren Hass könnt ihr haben – unser Lächeln kriegt ihr nie!"

Die Autonomen sehnen sich nach der Zeit zurück, als hier niemand wohnen wollte und sie frei Spiel hatten. Anfang der 90er, als Straßen wie die Mainzer mit Barrikaden tagelang verteidigt wurden. Als eine vielleicht bessere, auf jeden Fall aber anarchistische Welt kurz möglich schien. Als der Kapitaldruck niedrig war. Heute ist die Rigaer Straße ein begehrtes und schweineteures Wohngebiet.

Jetzt stell dir vor, du bist eine junge Berlinerin, sagen wir Künstlerin, und wohnst direkt am Dorfplatz. Du siehst, wie die Bullen in das Wohnprojekt *Rigaer 94* stürmen, mit fünf Mannschaftswagen voll gepanzerten Cyborgs, um eine unterarmlange Hanfpflanze zu

---

133 https://t1p.de/j887 (6.9.18)

konfiszieren. Du bist auch dabei, als die illegale Räumung der *Ka(d)terschmiede* durchgezogen wird.[134] Als Schlagstöcke Nasen brechen, Wohnungen verwüstet werden und sogar eine halbe Tonne Kohle, wie sich später vor Gericht herausstellen wird, von den Bullen aus dem Keller geklaut wird.[135]

Jetzt stehst du auf dem Balkon und klopfst auf einen Topf. Wie deine Nachbarn. Seit fast einer Stunde. Ihr klopft die Bullen weg. Seit der völlig übergeschnappte alte Senat unter CDU-Henkel die harte Linie fährt, ist das Leben im Kiez zur Schikane geworden. Du gehst mit deinem Hund raus, 20 Bullen starren dich an. Blicke ficken dich. Das müssen sie nicht nur, das dürfen sie. Du gehst nicht mehr ohne Sonnenbrille aus dem Haus.

Alle paar Tage ist deine Straße abgesperrt, akuter Fall von „Terrorismus". Sie wollen dich mit deinem waffenfähigen Zwergdackelkampfhund nicht mehr hereinlassen. Erst, als einer merkt, dass du in dem „schönen Haus" wohnst, nickt er dich durch. Du wohnst nicht gerne in dem schönen Haus, aber sonst bekommt man keine Wohnung mehr. Berlin ist grottig teuer. Alle Baugesetze sind für wild gewordene Eigenheimbesitzer maßgeschneidert, die sanieren wollen, bis auch der letzte Arme rausgentrifiziert ist. Eine Wohnung mit Ofenheizung zu bekommen, ist so, als würde man 3.000 € auf der Straße finden. Die spart man alleine im ersten Jahr. Und da kommen die Mietverträge der besetzen Häuser ins Spiel.

Die haben alle noch Ofenheizungen und die sind viel zu billig. Das findet auf jeden Fall der Eigentümer, Igor L. Seine Firma wechselt den Namen wie andere Unterhosen: *Centurius Real Estate GmbH, Ankauf und Vertrieb, Bölschestraße 15 Spielhallen GmbH*. Der erste Name legt Überheblichkeit nahe, der zweite Idiotie (was auch durch die Pleite einer seiner Firmen bei einer anderen Sanierung in der Rigaer bestätigt wird), der dritte, dass er Spielhallen hat. Das wurde auch bestätigt. Ob er und die zigfachen, windigen Kanzleien in London Strohmänner sind und wer dahinter steht, ist unklar.[136] Igor will den ganzen Abschaum raus haben. Deswegen rasten die Autonomen andauernd aus. Ansonsten wäre eine Pöbelei mit den Bullen schon mal drin, aber nicht der andauernde Bürgerkriegszustand.

---

134 https://t1p.de/kufh (6.9.18)
135 https://blog.fefe.de/?ts=a860c484 (6.9.18)
136 https://t1p.de/rxyn (6.9.18)

Klar, einem Eigentümer steht Miete zu, wird ein rechtschaffener Bürger jetzt sagen. Darum geht es aber nicht. Es geht um mehr, noch mehr, viel MEHR! Als der Konflikt eskalierte, stimmte ausgerechnet die Verräterpartei SPD dem Vorschlag zu, das Haus einfach zu kaufen.[137] Aber 4.000.000 € waren dem Eigentümer, der zig Häuser alleine in Berlin besitzt, anscheinend zu wenig. Hier geht es nicht um das, was einem zusteht, hier geht es um Gier. Menschenverachtende, widerliche Gier, die nur absoluter Abschaum zur Schau stellt.

Es hätte so einfach sein können. Auch die Autonomen verhalten sich manchmal merkwürdig. „Say it loud, say it clear, refugees are welcome here!", skandieren, vor dem Haus, in dem die Stadt im ersten Stock jetzt Flüchtlinge unterbringen will? Bestehen sie auf ihr Eigentum oder ist das eine umgedrehte Enteignung? Die Besetzer von der CDU?

Das Groteske ist, dass der Krieg mittlerweile ein Standortfaktor ist. Jeden Tag fahren Busse voller Touristen an den bunten Fassaden vorbei, Instagram läuft heiß vor Punkselfies. Der Nordkiez ist noch nicht so altbacken wie Schöneberg, so steril wie Mitte, so verkrampft hip wie Neukölln. Die ganze alternative, Ohrlöcher tragende, Nieten paradierende Subkultur dreht sich um die Rigaer Straße. Um ihre günstigen Bars voller Metallmonster aus den 90ern und schwarzen Wänden, die kleinen absurden Theater, die schweißverschmierten Konzerträume. Natürlich ist es nicht mehr das, was es früher einmal war, aber was ist das schon? Doch der Nordkiez spricht eine ganz andere Klientel an als der Südkiez. Der ist schon komplett verballermannisiert. In den Nordkiez kommen Leute, die sich im Leben schon ein, zwei Gedanken gemacht haben, und die die Stadt vielleicht wirklich weiterbringen. Ganz zu schweigen davon, dass sie um einiges mehr Geld in die Stadtkassen spülen, als 4.000.000 €. Während den Krawallen, den Brandanschlägen und Straßenschlachten, wurden mehr als 100 Polizisten verletzt und Sachschäden in Millionenhöhe angehäuft.[138]

Die Krawalle sind ein wenig abgeflaut, die Schlacht scheint gewonnen. Der Krieg nicht. Der wirkliche Gegner kriecht jetzt erst aus dem Schlamm hervor. Während die Mollis flogen, vergiftete er den Kiez. Da, wo früher der Club *Antje Øklesund* war, tut sich eine riesige Baulücke auf, wie die Fleischwunde unter einem gezogenen Zahn. Ein

---

137 https://t1p.de/pf1e (6.9.18)
138 https://t1p.de/pf1e (6.9.18)

Investor will hier „another luxury project" bauen, das schon nach Fakemarmor klingende *Carré Sama-Riga*. Rechtswidrig riss die milliardenschwere *CG-Gruppe* das älteste Gewerbegebäude im Nordkiez ab.[139] So kann man auch Verhandlungspositionen schaffen. Gegner führten danach einen „Trümmertango" auf, aber was bringt das schon? Was wäre, wenn die Autonomen Luxuslofts abreißen würden, würde das auch geduldet werden? Ganze Blocks werden dafür abgesperrt, weil, laut Sicherheitsmann „hier immer etwas los [ist]" und Nachbarn Untersetzer von Blumentöpfen aus dem Fenster werfen. Nicht nur das, die zünden sogar Mülltonnen an. Komischerweise sind Ostberliner bei Mauerbauten sauer. Der Satiriker Gregor Felde-Bajeowitz sagt: „Die werfen uns vor, dass wir Barrikaden bauen, und bauen selber welche."[140]

Investitionsarchitektur, so gemütlich wie eine Waschmaschine. Bodentiefe Fenster, wovor dann Vorhänge gehängt werden müssen, weil alle durch die komischen Winkel bis ins Badezimmer sehen können. Schwarzweiße Schachbrettmuster, Balkone wie blanke Knochen, für Tiefgaragen geopferte Erdgeschosse. Bauten, die man kostengünstig abreißen kann.

An den Fenstern und Türen ist das Glas von Steinen zerschmettert, Farbbeutelflecken überziehen die Fassaden. In einem Fenster steht ein Schild: „Bitte hier nichts rein werfen, hier wohnen Kinder!" Ist das nicht herzerweichend? Denk doch nur mal wer an die Kinder! Es ist überhaupt nicht das Gleiche, wie wenn eine heroinabhängige Mutter klauen geht, weil sie es ja für das Kind braucht! Wer hier kauft, ist entweder das Arschloch, als das er behandelt werden wird, oder vollkommen verblödet. Im Kiez können sie sich ungefähr so wohl fühlen, wie in Mogadischu-Ost. Jeder hasst die neuen Eigentümer, Freunde finden die höchstens in Friedenau. Berlin ist normal schon nicht für seine Herzlichkeit bekannt, für die ist es, als würden sie in Wladiwostok wohnen. Im nuklearen Winter.

Die anderen sind die armen Dummen, die von den Investoren in den Kiez gelockt wurden. Im Ring – ganz wichtig! – und noch nicht ganz so teuer wie der Gendarmenmarkt. Gute Anbindung, U-Bahn, voll das wilde Leben. Ja, aber ein bisschen zu wild.

Die Künstlerin sitzt beim Essen vor ihren Knödeln und ihr platzt der Kragen. Ein zierliches Mädchen, elegante Gesichtszüge wie aus einem

---
139 https://t1p.de/fvc0 6.9.18
140 https://t1p.de/piw8 (6.9.18)

Film über schwere, protestantisch geprägte Kindheiten in Norddeutschland. Eine, in die man sich verknallen würde, wenn man sich schlechter unter Kontrolle hätte. Wenn man dafür die Zeit, Freundschaftskonstellationen, nicht so ein megalomanisches Ego und nicht so viel Angst hätte. Wegen der man sich so oder so in den Arsch beißt. Aber wenn sie sich aufregt, eine Stimme wie ein Braunkohlebagger:

„Die Leute, die kommen hierher, und die haben keine Ahnung. Aber dann passt alles nicht. Zu laut, zu dreckig, und die Nachbarn freuen sich auch nicht. Du kannst eben nicht alles haben. Wenn du Wald willst, dann zieh nach Brandenburg, wenn du Ruhe willst, vielleicht nach Wilmersdorf, aber wenn du hier mitten in die Stadt ziehst, dann komm verdammt noch mal auch damit klar. Ich bin hierhergezogen, weil es eben nicht das blöde Spießertum ist, das überall anders existiert, außer vielleicht auf ein paar Quadratkilometern in Friedrichshain, Neukölln oder St. Pauli. Müssen die genau hierherkommen und das letzte bisschen Individualität abtöten?"

Das müssen sie, das befiehlt der Markt. Freiräume sind kapitalisierbar. Je länger sie bestehen, desto größer wird der Fisch, der sie zum Schluss frisst. Den Mietern die Fenster einzuwerfen, mag eine noble Geste sein, es bringt aber auf die Dauer *fuck all*. Dann werden nur Psychos kommen, mit einem noch dickeren Fell, noch ignoranter. Das wäre ein klarer Fall für die Politik, wenn es die nennenswert gäbe. Wenn die nicht voll von Verrätern und korrupten Schweinebacken wäre, liebe SPD. Selbst in München ist es gesetzlich festgeschrieben, dass ein fester Anteil an Neubauten Sozialwohnungen sein müssen. In *motherfucking* München! In Berlin kann man einfach einen halben, schon dichtbebauten Kiez voll mit Luxuswohnungen klatschen und den sich nur an den neuen Mieten orientierenden Mietspiegel den Rest der Räumungen in der Nachbarschaft erledigen lassen. Genau deswegen ist der Hass der Nachbarn nicht umsonst. Ohne zu verschwörungstheoretisch zu sein, aber wenn jeder dahergelaufene Schundschreiber das herausfinden kann, ist das sicher schon öfter jemandem an den Schaltstellen aufgefallen. Der hat dann gedacht, Mensch, dann werden ja all die Armen, Studenten, Ausländer und linken Terroristen aus dem Kiez vertrieben. Und dann hat er gedacht: gut. Und ist seine thailändische Kindernutte totficken gegangen.

PRAKTISCHES 1

Gebe nie deine Wohnung auf. Umziehen ist so was von 90er. Vermiete die unter, lass sie zur Not leerstehen, irgendwann kommst du zurück und zahlst nur noch einen Bruchteil. Frag deinen Vormieter nach der Miete, bei Neuvermietung darf seit Neuestem nur noch 8 % erhöht werden. Oder gründe selbst ein Hausprojekt, eine Baugemeinschaft. Falls ihr das Glück habt, Bauland zu finden. Wahrscheinlicher ist es aber, im Lotto zu gewinnen, während man von einem Sharknado weggerissen wird.

PRAKTISCHES 2

Hoch die internationale Solidarität – durch Saufen! Wieso einem Unternehmen dein teuer verdientes Biergeld in den Rachen werfen, wenn du auch in Hausprojekten feiern kannst? Meistens sind das sogar die besseren Partys. Stressfaktor, hedonistische Internationale, Keepitrolling bringen mehr als Gratisinberlin, Zitty oder der Tipp.

PRAKTISCHES 3

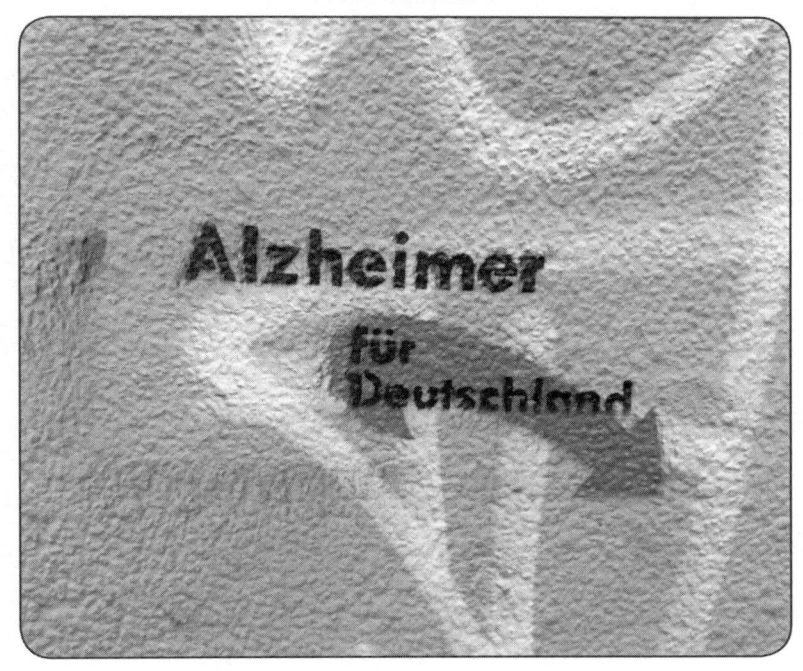

ARSCHLOCH: Der neue Antisemitismus

„Auch die Antisemiten erkennt man an ihren Nasen. Den witternden."
– Stanislaw Jerzy Lec.

Zwischen den Junkies und der Antifa lief auf der Demo gegen die AfD ein Mittdreißiger mit einem unfassbar putzigen, kleinen Hund durch die Menge. Soweit nichts Neues, die Revolution darf auch niedlich sein. Eines war allerdings besonders, das habe auch ich noch nie auf Demos gesehen: Er trug eine Kippa.

Er war definitiv auf der richtigen Seite des Gitters. Niemand sprach ihn deswegen an, den meisten war es offensichtlich egal. Ist es der Mehrheit der Bevölkerung aber nicht, zumindest wird es medial so vermittelt. Meinungen sind wie Arschlöcher, jeder hat eins. Bei Religion werden die besonders laut.

Zwei Vorfälle heizten den gefühlten Antisemitismus besonders in Berlin weiter an. Letztes Jahr wurde ein Kippaträger wegen seiner Kippa in Charlottenburg zusammengeschlagen. Das passiert alle paar Jahre. 2012 in Schöneberg, 2014 nochmal – und noch viele weitere antisemitische Anfeindungen. Das ist nicht schön, aber in so einem Dreckloch wie Berlin auch nichts Besonderes. Hier passiert so kranke Scheiße, da reiht sich das nur ein: Ponys im Kofferraum. Auf der Stromleitung Bier trinken. Nackt Schwarzfahren. Omis, die Kokspartys schmeißen. Befingerte Zootiere. Männer, die die Köpfe ihrer Frauen in den Hof schmeißen, weil sie den Teufel daraus flüstern hören.[141] Die Menschen haben viele Probleme. Aber „Teufel im Kopf" hört sich fadenscheiniger an als: Er ist Jude und ich projiziere die politische Situation im Nahen Osten auf ihn.

Es gab eine Solidaritätsdemo *Berlin trägt Kippa*. Schön, aber sollten wir nicht besser alle Atheisten sein? Dann hätten wir ein GROSSES Problem weniger. Erklärungen, wie gut Gott und die Welt sei, wurden verlesen, Rentner mit Ansteckern, das Charlottenburgprogramm eben. Die Demo war 2.000 Leute groß, die am Hermannplatz nicht ganz.[142] Dort waren zwei. Nicht mal Juden oder Israelis, aber Kippa tragend. Einfach, weil die meinen, das sollte man können. Klar, man sollte alles können, die Frage ist nur, wie sehr man es dem Gegenüber

---

141 https://t1p.de/veqr - https://t1p.de/bw8v (5.6.18)
142 https://t1p.de/6p7g (22.6.18)

ins Gesicht reiben muss. Viele um den Hermannplatz sind aus den menschenunwürdigen Lagern im Libanon geflüchtet, die die völkerrechtswidrigen Kriege mit Israel hinterlassen haben. Schuld hin oder her, rücksichtsvoll geht anders. Auf der Gegenseite allerdings auch: Die Israelfahne wurde, sofort, nachdem sie gehisst wurde, heruntergerissen. Den Dieb konnten die Bullen schnell fassen. Männer phantasierten offen von antisemitischer Gewalt, eine Frau sagte: „Ich finde das, was in Prenzlauer Berg passiert ist, einfach toll."[143] Nach zehn Minuten musste die Demo aus Sicherheitsgründen abgesagt werden, die beiden mussten den Hermannplatz unter Polizeischutz verlassen.

Das zweite Spektakel war besagter Kippaträger im Prenzlauer Berg, der mit einem Gürtel verprügelt wurde. Alles schön auf YouTube. Währenddessen filmt er seinen Angreifer, sagt: „Ich filme dich!" Der schlägt einfach weiter und schreit: „Yahudi!", Jude auf Arabisch.

Zuallererst muss man sich fragen: Was ist denn das für ein Schwächling, dass der Gegenüber noch filmen und fragen kann, während er ihn mit dem Gürtel schlägt? Mit dem Gürtel Geschlagene sollten höchstens noch aufschreien. Einen Job als Folterknecht findet der auf jeden Fall nicht mehr.

Die AfD, CDU und andere Protofaschisten tönen gerne, dass Antisemitismus ein Problem der bösen Rapefugees sei. „Rapefugees" ist nebenbei ein schöner Anwärter für das Unwort des Jahres. Wie, ihr kennt die Website nicht? Das mag daran liegen, dass Google die rausfiltert. Ist das jetzt böse Zensur oder Gesellschaftsschutz? Und ist der Filter der Medien wirklich so viel besser?

Beide Vorfälle wurden durch die Medien getrieben wie eine dreckige Sau. Die bösen Araber, die bösen Türken – Hilfe! Islam! Hat sich mal jemand die Mühe gemacht, eine Studie zu erstellen, ob Einwanderer und Menschen mit Migrationshintergrund antisemitischer sind als das, was man so „Deutsche" schimpft? Ja: „Wissenschaftler aus Deutschland, Frankreich, Großbritannien, den Niederlanden und Belgien untersuchten dafür unterschiedliche Daten aus den fünf Ländern und kamen zu dem eindeutigen Ergebnis, dass kein Anstieg antisemitischer Übergriffe festzustellen sei. Antisemitismus ist ein Problem, das der Mehrheitsbevölkerung entspringt und nicht ausschließlich oder sogar überwiegend von Minderheiten herrührt."[144]

---

143 https://t1p.de/465p (12.3.19)
144 https://t1p.de/loha (5.6.18)

Antisemitismus ist kein Minderheiten-, sondern ein Mehrheitsproblem. Wer hätte das gedacht, in Deutschland. Wann wäre so was schon vorgekommen? Besonders, wenn in Bonn ein israelischer Professor von den Bullen zusammengeschlagen und, als er aussagen will, bedroht wird?[145]

Klar, man sollte nicht mit einer Kippa die Sonnenallee runtergehen. Auch nicht alleine als zwei Meter große Transe mit absatzlosen Springerstiefeln. Oder mit einem Bild von Assad, Öcalan oder Ajatollah Chomeini. An jedem dieser Symbole hängt ein langer ekliger Rattenschwanz von Politik. Aber wenn man sich mit den Kaffeetrinkern dort unterhält, merkt man in acht von zehn Fällen, dass die überhaupt nichts gegen Juden, Kurden oder Schiiten haben. Zwei junge Männer äußerten Zustimmung für das Anliegen der Demonstration. „Diese Gewalt und dieser Hass haben nichts mit dem Islam zu tun und können damit nicht gerechtfertigt werden", sagten bei der Zweierdemo zwei andere junge Männer.[146] Die haben was gegen Ungerechtigkeit. Und deswegen ist Religion die falsche Diskussion.

Selbst als guter Kommunist kann man es sich nicht leisten, zu deprimiert zu sein. Auch, wenn selbst der jüdischstämmige Marx sich zu Ausfällen wie „Jüdel", „Baron Itzig", „Ephraim Gescheit" oder „Jüdischer Nigger" hinreißen ließ.[147] Es geht auf der Welt, bis auf den Umweltschutz, fast überall aufwärts.[148] Nicht wegen, sondern trotz Kapitalismus, wegen der Technik. Aber Fortschritt ist nicht linear. Es gibt immer kleine Rückschläge, wie den gaulandschen „Vogelschiss" des Dritten Reichs, oder Gauland selbst. Wir erleben gerade ein kleines Mittelalter, das in der Religion zurückkommt. Nicht de facto. Es gibt immer weniger Religiöse auf der ganzen Welt.[149] Nicht, weil Leute vom Glauben abfallen, sondern weil die Alten sterben. Menschen sterben fast immer lieber, als sich einzugestehen, dass sie falsch lagen. Ist aber auch peinlich, wenn man sein ganzes Leben wegen seines imaginären Freundes versaut hat.

Die Religion wird in Politik und Medien durchs Dorf getrieben, weil man damit Leute mobilisieren kann. Weil man keine Erklärung

---

145 https://t1p.de/3mqy (30.8.18)
146 https://t1p.de/465p (5.6.18) Pinker, Stephen. Enlightenment Now: The Case for Reason, Science, Humanism, and Progress. Penguin Books Limited/Viking, 2018, S 21-61
147 https://t1p.de/la78 (6.9.18)
148 Pinker, Stephen. Enlightenment Now: The Case for Reason, Science, Humanism, and Progress. Penguin Books Limited/Viking, 2018, S 271-282
149 Ebd.

braucht. Religion ist per Definition Glaube, also das Gegenteil von Rationalität. Wie soll man ohne Religion den Unterdrückis die krasse Ungerechtigkeit vermitteln, die wir uns leisten, obwohl sie technisch längst nicht mehr nötig ist? Jeder könnte auf der Erde satt werden, wenn wir, wie es in den trendigen, neuen israelischen Restaurants heißt, „hummusexual" wären, heißt: nicht alle tonnenweise Fleisch essen würden. Durch ein Grundeinkommen würden nur noch die arbeiten müssen, die es wollen, und trotzdem würde die Gesellschaft produktiver werden, erneuerbare Energien kombiniert mit 3-D-Druckern und copyrightfreien Genpflanzen würden Probleme von der Ernährungs- bis zur Rohstoffsicherheit in wenigen Jahren verschwinden lassen. Aber dann könnten sich 86 Hyperreiche und die paar Millionen, die es werden wollen, nicht weiter die Taschen vollstopfen. Dann hätte Trump nicht das nötige Kleingeld für sein Goldkinderzimmer. Und niemand, besonders nicht die *Comline AG*, würde Jens Spahn mehr 7.000 € für ein Rendezvous zahlen können, auf dem er „den anwesenden Vertretern u.a. von privaten Klinikkonzernen und Consultingfirmen die Regierungspolitik der kommenden Jahre erläutert".[150]

In Berlin wurde früher gegen die große Ungerechtigkeit der Klassenkampf gekämpft. Heute ist daraus ein Rassenkampf geworden. Eigentlich könnte man ja meinen, schön, solange irgendwas geht, Infotainment, ein bisschen Gewalt, nicht zu nah dran. Aber dass wir alle, egal wer da gewinnt, verlieren, ranzt dann doch ab. Der Lobotomierte, der den Kippaträger im Prenzlauer Berg mit dem Gürtel gepeitscht hat, sollte eigentlich ins nächste Büro der CDU, ins Arbeitsamt, oder zu Nestl rennen und denen einen Schleuderwaschgang verpassen. Genau, wie auf der anderen Seite die Vollidioten der AfD natürlich in Konflikte kommen, wenn sie Israel und Erdogan gleichzeitig unterstützen. Beide leiden unter dem Fakt, dass sie im modernen Raubtierkapitalismus nichts als Menschenmüll sind, nichts als ein Störfaktor. Solange sich das nicht ändert, werden Leute immer Gründe finden, wie die Ärzte sagten, ihren Selbsthass auf andere zu projizieren. Trotzdem: Hohoho – ARSCHLOCH!

---

150 https://t1p.de/fh19 (5.6.18)

PRAKTISCHES

> Als Jude, tu das, was ein Besserwessi in Freital tun sollte: leise auftreten. Zumindest, wenn du keine auf die Fresse bekommen willst. Oder deinen Schlagring vorführen. Ja, das ist ungerecht, aber so ist die Welt. Du kannst immer noch demonstrieren oder dir einen Integralhelm kaufen. Bist du ein passionierter Provokateur, dann zieh dir die Kippa an, lauf die Straße runter, und lass jemanden dich von vorne filmen. Hat mit sexistischen Anmachen auch geklappt, bringt tausende Klicks auf YouTube. Die härtesten Ecken sind die mit den meisten Zuwanderern im ehemaligen Westberlin, die noch nicht zu Ende gentrifiziert sind: Neukölln, Kreuzberg um die Prinzenstraße, Moabit, besonders Wedding. In Lichtenberg und den Plattenuniversen dahinter würde ich auf Nazis aufpassen.

Schla(e)gersternchen

„Schlager sind Texte, die gesungen werden müssen,
weil sie zu dumm sind, um gesprochen zu werden."
– Gisela Uhlen, Schauspielerin.

Eine andere Kategorie von Verrückten, die durch die Straßen Berlins schlabbern, sind die, die berühmt werden wollen. In Berlin wird man nicht berühmt, in Berlin wird man Kellner.[151][152] Es sei denn, du bist Hip-Hopper. Was, du bist Schlagersänger? Das passt ans Kotti, wie ein Kamel ins Hofbräuhaus.

Weißt du eigentlich, wie vernichtend weit weg die Alpen von hier sind? Schlager ist, mehr als andere „Musik", Weltflucht und aus irgendeinem Grund eignen sich kuhfladenbedeckte Weiden da am besten für. Ach Moment, es ist, weil Schlager nur auf dem Land von absoluten Vollidioten gehört wird. Weil sich jedes andere Land der Welt schämen würde, so was „Volksmusik" zu nennen. Weil die Volksmusik sich in Deutschland mit dem Dritten Reich verhurt hat, dann mit

---

[151] Überraschung: Kellner verdienen im Median 22.272 Euro brutto im Jahr, der nach „Zimmerservice", „Küchenhelfer" und Friseuren am schlechtesten bezahlte Job. Und die Gesetzgeber wundern sich, wieso Gastronomie ein Codewort für „Geldwäsche" ist? Und das „Geldwäsche" an sich ein ziemlich ausgedachter und grundgesetzwidriger Straftatbestand ist? https://t1p.de/39wm (30.8.18)
[152] https://t1p.de/88w0 (16.7.18)

ausgerottet wurde, und nur das hirnlose Stück am besten verscheuerbares Randprodukt übriggelassen hat. Weißt du, was hier die nächsten Berge sind? Die Sächsische Schweiz. Unweit von Chemnitz, da, wo die Nazis beim die-eigene-Stadt-Zerlegen nicht mitbekommen, dass der Kerl, den der Syrer und der Iraker abgestochen haben, selbst Migrationshintergrund hatte.[153] Andererseits, da hast du ein Publikum. Da sind wenigstens Nazis. Wie sagte Schopenhauer? „Apropos, ich lege hier für den Fall meines Todes das Bekenntnis ab, daß ich die deutsche Nation wegen ihrer überschwenglichen Dummheit verachte, und mich schäme, ihr anzugehören."[154]

Nennen wir unseren kleinen Schlagerstar mal John Salz. Ein Kunstname, gerade so weit weg, dass man ihn nicht erkennt. Gerade so nah an seinem Kunstnamen dran, dass er sich erkennen und bis zum Starrkrampf ärgern wird. Ein Kunstname, weil ihm sein eigener zu langweilig, zu öde, zu ostig ist. Und das ist noch seine gute Seite.

Ich sah Salz zum ersten Mal in einer der endhippen neuen Bars in Rixdorf. Vorher eine fiese Assikneipe, jetzt steht ironisch eine monströse Fünf-Meter-Schrankwand hinter der Bar. Sie war erst zwei Wochen offen, natürlich waren die riesigen Räume schon knackevoll. Die Freundin, die wir treffen wollten, hat zwar Schönheit studiert, hat aber einen erstaunlich schlechten Geschmack. Es war das richtige Ambiente für ihren neuen Freund John.

Der saß neben ihr: gegelte Haare, Hosenträger, offenes Feinripphemd. Ganz widerlich, organisch, man hat das Gefühl, optisch mit schwitzigen Bettlaken beworfen zu werden. „I choose my friends for their good looks …", sagte Oscar Wilde. Die Freundin anscheinend auch. Trotzdem, wir sind offen: Kann den Besten passieren, Hipstertum ist ja ansteckender als Ebola. Wenigstens war sein Gesicht das Äquivalent zum DTZ – in Weißrussland hergestellten DDR-Traktor: grob, stumpf, hässlich. Kein Hosenträger konnte das verstecken, nur beenden: um Balken gebunden. Es ist eine Qualität, wenn man den anderen nicht sofort wissen lässt, wie abstoßend er ist. 90 % des ersten Eindrucks fassen wir in einer Zehntelsekunde auf, unterbewusst.[155] Aber mit 10 % kann man viel anfangen, die besten Erkenntnisse bekommt man von seinen Feinden: „… and my enemies for their intellects. A man cannot be too careful in the choice of his enemies."[156]

---

153 Gilt das dann nicht als Kommunisten abstechen? Ist das in deren Weltbild nicht edel und gut? https://t1p.de/jltn (29.8.18)
154 Arthur Schopenhauer, Die Kunst zu beleidigen, Seite 31, C.H. Beck Verlag, 2. Auflage, 2003
155 https://t1p.de/mioz (16.7.18)
156 https://t1p.de/r4ls (16.7.18)

Positiv formuliert: John konnte super schweigen. Deswegen trifft man sich ja, nicht wahr? Allerdings nicht das zustimmende, tiefe Nordseeschweigen. Nein, er hatte die Attitüde einer missachteten Prinzessin. Er schlug bockig die Beine übereinander, wippte, und starte gegen die Wand. Und das war keine Ausnahme, das war sein Modus Operandi, bei allen. Besonders bei jedem Gespräch, das nicht ausschließlich um ihn orbitierte. Ihn als Narzissten zu bezeichnen, wäre die Untertreibung des Millenniums gewesen. Nur einmal erwachte er aus seinem antikommunikativen Stupor, als es ums Reisen ging. Wir erzählten über Flüge nach Asien, dreimal umsteigen, für nachgeworfen auf Skyscanner gebucht, das Flugzeug ist die neue Regionalbahn. „Ich war nur an der Ostsee, jetzt zufrieden?", keifte er. Wir dachten, wir hätten uns verhört. Seine Komplexe so offen zur Schau zu tragen, war, als würde man sich die Hose runterziehen und schreien: „Ich bin kastriert, jetzt zufrieden?!"

Wir wären keine guten Freunde gewesen, hätte man sie danach nicht darauf hingewiesen, dass das der größte Spast ist, der zurzeit in Neukölln rumläuft. Kein Schwanz der Welt kann das erträglich machen. Zudem sah er trotz des ganzen Westernschischi aus, wie ein Bauerntölpel. Ergo sein Spitzname: die Bratze.

Ironischerweise ist genau das sein Beruf. Später waren wir auf einer Party bei der Freundin. Silbersteinstraße, Balkon mit Blick auf verwitterte Einschusslöcher in der Brandwand. Unten die Bar *Rex*, deren Besitzer zwei Wochen später erschossen wurde. Die absolute Frontlinie der Gentrifizierung.

Alle hatten Spaß, oder besoffen sich wenigstens. Nur John nicht. Er saß schmollend in der Ecke. Er hatte sich (wie alle siebeneinhalb Minuten) mit der Freundin gestritten. Lief prima bei ihnen. Er drehte die Anlage an. Erst ein Rauschen, dann ein kurzes Piepen, gespannter Blick von ihm. Dann ganz grässliches Gesäusel, übler Schlagerkram. Die Leute im Raum gucken irritiert rüber, manche lächeln spöttisch. Nein, das hier ist ernst. Zeit für Rum. Auf dem Balkon. Oder runterspringen.

Er würde sich noch an uns und der gesamten Menschheit rächen und wenn es das Letzte war, was er in seinem Leben tun würde! Unfassbarerweise schwirrten ein paar Monate später tatsächlich Videos von ihm mit tausenden Klicks auf *YouTube* umher. Wieder furchtbares Geheule, kitschiger, emotionsüberladener Mist, Lebensbejahung auf Kindergartenniveau. Texte, die besingen, was für geile

Freunde man hat, und dass die voll alles und so sind und hier ist jetzt und nur wir zählen und yeah. Marktkonformer Mist, der alles und nichts bedeuten kann. Peggy aus Hellerdorf und Maik aus Freital finden sich aber in jedem Wort wieder. Nichts, was man länger als ein paar Sekunden anhören kann, ohne nach dem Strick zu greifen. Natürlich luden ihn sofort Schlagersendungen und Klatschmagazine in Personalunion ein. Es grassierte sogar ein Foto mit ihm und Florian Silbereisen. Ja, dem „Brauchmensch", dessen Lächeln das Echo purer Bösartigkeit ist. Es passt wie die Granate in die Russenfresse, dass Schlager und das Dritte Reich ihren Ursprung im finsteren nördlichen Alpenland haben.

Aber von mir aus, mach doch. Ich muss ja nicht dabei sein, die Freundin hat sich zum Glück getrennt. Wenn du blöde genug bist, und dein Publikum dich liebt, dann werdet doch zusammen unglücklich. Zoophile lassen sich von Pferden ficken, jeder soll nach seiner Façon absolut widerlich selig werden. Sogar Gewalttäter.

Nein, Moment, die nicht. Unsere Freundin sah zwar nicht aus, als wäre sie täglich die Treppe runtergefallen worden, aber sie war in der Zeit mit ihm sicher seit Jahren mit Abstand am unglücklichsten. Ein Drama jagte das andere. Wie zu erwarten war, hat er sich meist wie die Pussy im Quadrat verhalten. Sie erst rausschmeißen und danach mit Anrufen terrorisieren, dass sie sein alles sei und zurückkommen müsse. Sobald er dann ein wenig Aufmerksamkeit hat, kann er wieder cool, unnahbar und regelrecht verachtend sein. Klassischer Fall von bipolarer Störung würde man in der Psychologie sagen. Freud würde es „über die orale Phase nicht hinausgekommen" nennen. Wir haben da ein Wort für, jetzt ist es kein Problem mehr! „[I choose] my acquaintances for their good characters", sagte Wilde weiter. Ich würde sagen, er ist einfach ein krasses Arschloch.

Natürlich stritten sie, mit Anlauf. Anschreien, Dinge werfen, echte Gefühle eben, yeah. Wenn es wirklich sein musste, wenn sie ihre scheiß Fresse mal wieder zu weit aufriss, dann gehörte ihr auch mal eine geballert. „Manchmal, aber nur manchmal, haben Frauen ein kleines bisschen Haue gern."[157]

Wieso macht man so was mit? Wieso hat sie ihn nicht sofort mit einem Arschtritt vom Balkon befördert? Wieso rief sie nicht spätestens beim zweiten Vorfall die Polizei? Die Bullen in Neukölln freuen sich, wenn sie wem das Geschirr aus dem Gesicht kloppen können.

---

[157] Die Ärzte, was sonst?

Wieso sieht man so jemanden wieder? Es gibt keine logische Erklärung. Am wahrscheinlichsten ist noch, dass toxische Konzepte wie monogame Liebe, vom Christentum zurückgelassene mentale Giftmüllbrocken, einen dazu treiben. Es tut mir leid, aber du weißt doch, ich liebe dich! Liebe ist doch das Wichtigste im Leben! Genau der Schmarrn, den er in seinen Liedern verwurstet. Ach ja? Liebe ist das Wichtigste im Leben? Was soll denn das sein, „Liebe"? Hast du mal jemanden in Indien gefragt, was Liebe ist? „Zehn Kinder", kommt da wie aus der Pistole geschossen. Im Iran: „Drei Frauen haben". In Mauretanien: „Die Frau mit Milch mästen, bis sie so fett ist, dass sie nicht mehr laufen kann." Bedeutet Liebe nicht, das zu tun, was wir in 99,99 % unserer Menschheitsgeschichte getan haben, nämlich uns sexuell auch mit anderen Leuten auszuleben? Wird die Frucht der Frau schlecht, wenn man sie teilt? Hat Eifersucht irgendeine positive Funktion?

Es ist erschreckend, wie sich mitten im ach so fortgeschrittenen, urbanen Professionaltum mittelalterliche Sitten halten. Doch der größte Luxus der Stadt ist auch der größte Nachteil: Individualität. Anonymität. Dir redet niemand in deinen Kram rein. Im Endeffekt liegt die Entscheidung bei dir. Es ist wie mit dem Junkie auf dem U-Bahnhof: Klar will man dem helfen, aber wenn der selbst keinen Bock hat, dann schönen Tag noch. Es kommen noch 20 vorbei. So hässlich das ist, aber das Hässliche gehört anscheinend dazu. Das ist Freiheit, nicht das, was die Hurensöhne von der FDP alle naselang proklamieren. Die Freiheit, Heidi Klum sechs Sorten Scheiße aus einem raus prügeln zu lassen. Wäre sie ungebildet und finanziell abhängig gewesen, wäre das was anderes. Da hätte man wahrscheinlich eingreifen müssen. So aber wäre es bevormundend. Manchmal, aber nur manchmal, haben Frauen ein kleines bisschen Haue zwar nicht gern, tolerieren es aber für die ewige und einzig wahre Liebe.

Immerhin, die ganze Sache hat auch ein Gutes. Wenn sie jemals in finanzielle Schwierigkeiten gerät, sitzt sie jetzt auf einem zum Bersten vollen Koffer von Kompromat, das gewissen Schlagersternchen wirklich gefährlich werden könnte. Besonders, wenn es einen Weinstein zu Fall bringt, und sich das häuft. Also John, vielleicht landet die Faust ab jetzt nur noch im Arsch? Am besten in deinem?

PRAKTISCHES

Böhmermann nannte in Eier aus Stahl die Musikindustrie „Industriemusik". Die Produktplatzierungen sind so dreist, dass man das wirklich nicht anders bezeichnen kann. Ergo ist Schlager nichts anderes als ein einziger Werbefilm: für Geld, die gute alte Zeit, die niemals existierte, für dumpfes Zugehörigkeitsgefühl. Leute, die in dieser Industrie sind, sind keine Künstler, sondern Vertreter. Bestenfalls zynisch, wahrscheinlich aber krasse Egomanen. Am besten auf Fußballfeldlänge wegbleiben.

Straße ist Krieg

Wurstcedes

> *„Oh, Lord, won't you buy me a Mercedes Benz -*
> *My friends all drive Porsches, I must make amends."*
> *– Janis Joplin.*

Kreuzberg ist eine einzige Fleischerei. Wrangelkiez, eine alte Bar, fast an der Skalitzer Straße. Rechts stinkt ein Fastfoodrestaurant vor sich hin, links mischen sich Touristen, Dealer und Türken. In Berlin die guten Ausländer, weil die neuen Parias, die Araber, nicht mehr nach Kreuzberg ziehen. Das alte Ghetto ist zu teuer. Für die AfD noch immer der Inbegriff des Bösen. Ganz hinten ist eine Traube von hunderten Menschen, die in strömendem Regen auf die letzte günstige Wohnung in 36 warten. Einige Reporter schießen Schnappschüsse vom Elend anderer.

Ein wurstförmiger weißer Mercedes schiebt sich von rechts ran, von links eine bedrohlich blubbernde Wanne. An ihr sind die Scheiben beschlagen. Zu viel Bullenfleisch in zu wenig Blech. Beide kriechen aufeinander zu, kurz bevor sie sich passieren, wirft der Fahrer des Mercedes etwas aus dem Fenster. Die Wanne stoppt abrupt. Fünf, sechs Bullen in Robocopmontur springen raus und halten den Wurstcedes an. Ein Typ steigt vom Beifahrersitz aus und geht auffällig unauffällig weg.

Natürlich, der hat es drauf ankommen lassen. Ein weißer Mercedes, neu, mit Teltow-Fläming Kennzeichen? Ehrlich? Wahrscheinlich willst du nah bei deinem Vorbild Bushido sein? Bei jedem Rapper, der es sich leisten kann, aus dem Ghetto zu fliehen, kommt ja irgendwann die Zeit, wo er sich das Geld dafür verdienen muss. Und das macht er nicht mit „fick deine Mutter"-Songs, sondern mit dem weinerlichen Romantikrumgeheule.

Bushido hat das Wort, aus „Nur für Dich (Mama)":
„Und wenn du möchtest, hol ich dir jeden Stern vom Himmel
Kein Weg ist mir zu weit, guck ich springe nur für dich

In jeden Abgrund dieser Erde
Weil ich weiß, du würdest dasselbe tun
Mama"[158]

Da haben die Bullen natürlich auch Bock drauf. Deren Job ist es, sich zu langweilen. Erstmal halten sie den Beifahrer auf: Soschonmallnich! Türke, Anfang 40, fernsehzimmertauglich in T-Shirt und Shorts. Standesgemäß regt er sich riesig auf, wieso er angehalten wird, er hat doch nichts damit zu tun. „Damit"? Die Bullen reden mit ihm wie mit einem behinderten Chihuahua. „Sagn wir ja gar nicht. Bitte warten Sie einfach kurz. Ja, ja …" Sie stellen sich in einer Kreisformation um ihn. Ihr Pädagogengelaber steht im direkten Kontrast zu den an den Oberschenkeln gespannten Händen, nur Zentimeter vom Pistolenknauf. Sie tasten ihn penibel ab, Homoerotik liegt in der Luft. Das sexy schwarz soll wahrscheinlich die Panzer und kugelsicheren Westen kompensieren, damit die Anwohner ihren „Kontaktbereichsbeamten" gerne ansprechen. Fühlt sich natürlich überhaupt nicht an wie eine Okkupation.

Sie durchsuchen ihn und das Auto. Der Fahrer wird in die Wanne komplimentiert. Nur ein kurzer Blick auf den Straßenpromi: um die 35, leicht grau, schwarzer, enger Plastikpullover über einem prachtvollen Alphatierbauch. Goldkette, dicker als dein Oberarm. Der Beifahrer hat nichts dabei. Der Fahrer auch nicht. Ein paar Bullen suchen die Gegend ab, wie Trüffelschweine. Sie erklären es dem Beifahrer ganz offen, sie glauben jemand hätte Drogen aus dem Fenster geworfen. Is natürlich verdächtig so was. *No shit*, Sherlock. Die verstrahlten Hipster laufen vorbei, die merken gar nichts. Nicht, dass sie gerade an ihrer Quelle vorbeilaufen, nicht, dass sie mehr im Blut haben als da gerade aus dem Fenster geworfen wurde, nicht, dass vor ihnen das passiert, was sie vergeblich in ihren Affengehegen von Clubs suchen: Leben. Die finden Berlin ja *„so great"*, aber die könnten genauso gut in Braunschweig leben, wenn das cool wäre. Die bekommen von der Stadt so viel mit, wie ein platt gefahrenes Spatzenküken.

Die schwarzen Ticker sind viel aufmerksamer, namentlich weg. Die, die sonst in den Bars hier zum Aufwärmen eine Cola trinken. Die im Görlitzer Park ein paar hundert Meter weiter ihr Zeug verkaufen, damit sie mehr als die 150 € Taschengeld haben, die vorn und hinten nicht zum Leben reichen. Die immer freundlich und vorsichtig sind, Schatten an der Wand.

---

[158] https://genius.com/Bushido-nur-fur-dich-mama-lyrics (25.7.18)

Sie sind der absolute Gegenentwurf zu den (Möchtegern-)Gangstern im Wurstcedes. Auf ganz leisen Sohlen, gebückt und devot, nur darauf bedacht, heil aus der Sache rauszukommen. Der Gangster zeigt, was er hat. Wahrscheinlich sitzt er in der Hierarchie mittlerweile viel höher, seine Väter standen noch im Park. Ewig hält man das nicht durch, die Türken sind auf dem absteigenden Ast. Du kannst noch so viele Häuser in Kleinmachnow haben. Vielleicht bekommen dich die Bullen nicht, aber etwas viel Stärkeres. Irgendwann reißt dir das Finanzamt die Eier ab und macht Menemen draus: türkisches Omelette mit Eselswurst.

Der Beifahrer plappert inzwischen wie ein Wasserfall. Ein absoluter Idiot. Versucht sich sogar mit den Bullen zu verbrüdern, gibt viel zu viel preis. „Isch wohne gleich hier, meine Frau, wir waren nur, blahblahblah." Der Fahrer kann kein richtiger Boss sein, so einen Typ hätte er in der ersten 30er-Zone aus der Tür geschmissen.

Zwischendurch fragt eine deutsche Gesichtswurst die Bullen nach dem Weg. Vielleicht Mitte zwanzig, aber durch den lächerlichen Whigger-Hip-Hop-Stil wie 16 wirkend, picklig, vier Käse hoch. Klar, benutz nicht *Google Maps* und rede auf keinen Fall mit den Einheimischen. Du als echter Gangster in Spe könntest ja sonst in Kontakt mit der Straße kommen. Was würde Mutti da denken? Ja, frag die Bullen nach dem Weg. Das würde Mutti gefallen. Bei einer Wanne mit acht Leuten und um die 2.000 € Stundenlohn, kostet deine Hilflosigkeit den Steuerzahler pro Minute 33,33 €.

Es wird nichts gefunden, das Leben hat nicht immer eine Pointe. Entweder er war wirklich so dumm und schmiss nur etwas aus dem Fenster, er war ein Provokateur und hatte Lust eine Dreiviertelstunde von Männern in Uniform angegrabscht zu werden, oder er ist so gut organisiert, dass sofort jemand das Zeug mitgenommen hat. Aber alle sind hinreichend höflich und ignorieren, dass sie hier gegenseitig ihre Lebenszeit verschwenden. Beide Parteien rechtfertigen sich gegenseitig. Ein Perpetuum Mobile des Schwachsinns.

Der Wrangelkiez ist schon lange kein Zentrum von progressiven linken Ideen mehr. Er leidet am *Mister Burns*-Syndrom: so viele Krankheiten, dass keine sich durchsetzen und ihn hinwegraffen kann. Die Spannung erhält eine Illusion von Leben. Die Spannung des Partygeländes im Norden an der Warschauer und im Osten an der Schlesischen Straße. Im Süden die „Drogenproblematik" (die nur eine

Problematik für CDUler ist) vom Görlitzer Park und um die Wrangelstraße von den paar verbliebenen Einwohnern. Keine Idylle sondern ein Zirkus der Eitelkeiten. Da passt es wie Arsch auf Eimer, dass ein Aktivist ein Grab ausgehoben hat, an der Ecke vor der alten Bar. Der Typ, der nach der Grunewalddemo den 1. Mai in Kreuzberg lieber an der Bar verbracht hat. Das, was in Berlin am nächsten an Bukowski ran kommt. Ein Typ, der ein Bier bekommt, einen Schluck trinkt, es fallenlässt und gleich das nächste bekommt. Ein Urgestein, das man kennt. Selbst der sah sich zur direkten Aktion genötigt. Er hob nicht nur ein Grab aus, er führte auch eine Prozession aus Spinnern dahin. Auf dem Grabstein stand: 6,90 €.

PRAKTISCHES

Zieh nicht nach Mahlow oder in den Wrangelkiez. Wenn du auf Assispotting stehst, sind die besten Punkte außer der Wrangelstraße: Café Kotti, Brinks am Hermannplatz, Al Safa an der Sonnenallee.

Verlierermafia

„Guten Morgen! Ihre Familie ..."
„Was geht disch diss an?!"
„Sie sind im Kiez bekannt dafür ..."
„Verpiss disch, Schwuchtel!"
— Begrüßung an der Klingel [159]

Die Felgen sagen: rischtiga Gangsta.

Berliner sind so inkompetent, dass sie nicht mal eine ordentliche Mafia hinbekommen. Die besten Voraussetzungen wären ja gegeben: Abgeschobene, deren Heimatland sie nicht wollte, durften nicht arbeiten, keinen Führerschein haben, teilweise nicht mal die Stadt verlassen. Über Jahrzehnte. Und da wundert man sich, dass Libanesen die größte Gruppe der ausländischen Verbrecher in Berlin sind? Man hätte genauso gut Winkekatzen kriminalisieren können, dann würden die chinesischen Triaden auf den Straßen Blutbäder anrichten.

In Berlin gibt es so viele Mafias wie Bezirke. Kroatische, Albanische, Russische, Vietnamesische, Chinesische, sogar Kolumbianische.

[159] https://t1p.de/kq9u (20.10.18)

Die Russische hat zwar einen besonders fiesen Ruf, hält sich aber bedeckt. Sie ist entweder klein oder professionell. Die Kroaten und Albaner lassen es seit den 90ern ruhiger angehen, die haben jetzt ihre eigenen Restaurants und Einfamilienhäuser im Speckgürtel. Die Vietnamesen zerhacken sich manchmal mit Äxten, sind aber ansonsten verhältnismäßig zivilisiert mit Zigaretten und Blumen beschäftigt. Das passt, sterben und einen schönen Sarg haben. In aller Medien Munde sind aber zurzeit die, die den Türken den Rang ablaufen: die Araber.

Trotz allem Geheule und Blockaden von Sarrazin und Protofaschisten von CDU und weiter rechts, sind die Türken größtenteils da angekommen, wo sie sich nicht mehr die Hände schmutzig machen. Im Dreck wühlen jetzt Libanesen, Palästinenser, Iraker. Bei *4 Blocks* und in der *Bild*-Zeitung sieht das prima aus, zumindest wenn man auf Elendsporno steht. Und das tun wir alle. In Wahrheit ist es aber nichts als ein riesiger Haufen Stümperei.

Wallah, denkt man sich, erst 20 und schon im Lamborghini auf der Sonnenallee unterwegs? Die Dinger kann man für ein paar Euro am Tag leasen. Garantiert hat dein Bruder eine Autowerkstatt. Dann, wenn der Scheich, der ihn zur Reparatur gebracht hat, nicht hinguckt, ist der sogar umsonst. Dann wirst du höchstens mal in Mitte von den Bullen festgesetzt, weil die 600.000 €-Vollgoldverspiegelung erstaunlicherweise nicht den Geschmack des TÜVs trifft.[160]

Das war das Hobby des kürzlich erschossenen Nidal. Er fuhr natürlich ohne Führerschein (meist die Karren zu Schrott), weil er ein ganz harter war. Seine anderen Zeitvertreibe waren Raub, Menschenhandel und so ziemlich alles, was einem sonst noch einfällt. Über zehn von seinen 36 Jahren verbrachte er im Knast, die Kategorie Intensivtäter wurde für ihn eingeführt.[161] Da sag noch mal wer, der hätte nichts im Leben erreicht.

Er lebte in einer Gangstersoap, er hatte so viele Freunde und Feinde, dass so ziemlich jeder ihn erschossen haben könnte. Dass das vor den Augen seiner Kinder am Eiswagen geschah, war geschmacklos, aber ganz weit weg von überraschend. Schon eine Woche zuvor wurde seine Prokrastination durch Schüsse auf eine Shishabar gestört, er musste heldenhaft fliehen.[162]

---

160 https://t1p.de/1zqa (20.9.18)
161 https://t1p.de/hxlq (20.9.18)
162 https://t1p.de/2v4g (20.9.18)

Die Wand des Nidal. Jetzt wieder schön grau.

Was zeichnet eine gute Mafia aus? Die *'Ndrangheta* und mit ihr die amerikanische italienische Mafia hatte eine strenge Hierarchie, die *Omert*, das Schweigegelübde, und zögerte zur Not auch nicht, Gewalt anzuwenden. Die *Camorra* um Neapel ist erfolgreicher, es sind lose zusammenhängende, zu allem bereite Kiddies mit Waffen. Ein Schwarm mörderischer Eintagsfliegen. Die russische Mafia war und ist teilweise noch der Staat. Wieso Autos knacken, wenn man wie der Milliardär Abramowitsch am Anfang seiner Karriere einen ganzen Heizölzug verschwinden lassen kann?[163] *Yakuza* in Japan serviert nett Tee und Kekse, sie hat sogar Bürgerbüros. Umgebracht werden ist möglich, Diskretion aber höchstes Gebot.

Die arabische Mafia in Berlin? Die prollt, dass es kracht. Die Clanchefs fahren konspirativ in orange-mettallic S-Klassen durch Neukölln und Wedding. Beschatten muss die Polizei da kaum noch, die liefern sich quasi selbst aus. Eine riesige Goldmünze wird geklaut, weil das bei den anderen Familien Eindruck macht. Wäre die nicht zu schwer, würden sie sie an der Goldkette auf der Brust tragen. Dass alle Beteiligten schnell gefunden werden und die in Immobilien geschleuste Knete konfisziert wird, hätte sich ja keiner denken können. Dann dürfen natürlich die Schießereien nicht fehlen, damit ja die gesamte Medienlandschaft auf sie aufmerksam wird.

---

163 https://t1p.de/z9lj (20.9.18)

Die arabische Mafia in Berlin ist kein gut organisiertes Konstrukt, sondern ein Haufen wichtigtuerischer Prolls. Nidals Handyvideo aus dem Gefängnis ist ein Feuerwerk an Fremdscham. Er raucht Shisha, aufgeblasene Muskeln (der geübte Steroidler weiß, dass dafür im Schritt und im Kopf Masse fehlt), bellender Ton: „Wenn isch hier rauskomme besuche isch deine Frau, besuche isch deinen Bruder, und dann besuche isch dich, du wirst schon sehn!"[164]

Der *Rico* (Racketeer Influenced and Corrupt Organizations Act) zerschlug in den 90ern die *'Ndrangheta* in den USA.[165] Er stellte nicht nur organisierte Kriminalität unter viel höhere Strafen, sondern weitete das vorher schon rechtlich fragwürdige Geldwäschegesetz auf „von der Mafia konfiszieren wir absolut alles" aus. Vielleicht noch wichtiger war, dass die Regierung ihre korrupten Politiker verklappte. Die japanische *Yakuza* besteht bis heute, aber weil man in Japan legal einfach besser Geld machen kann, ist sie ein Auslaufmodell.[166]

Die arabische Mafia hat nicht den Vorteil, dass die um gepflegten Rassismus bemühte Politik mit ihr kooperiert. Vielleicht ein paar korrupte Berliner Polizeibeamte, der Laden ist ein ziemlicher Sauhaufen. Doch je mehr Aufmerksamkeit Mafiosis in den Medien bekommen, desto schwerer werden dreckige Deals mit der Polizei. Trotzdem: Die arabische Mafia oder das was sich dafür hält, wird nicht verschwinden. Erstens gibt es eine ganze Menge im Asylhades versackte Verzweifelte. Es werden zwar auf lange Sicht weniger werden, da die Politik die Fehler aus den 80ern bei aller Realitätsblindheit wahrscheinlich nicht so schwerwiegend wiederholen wird. Zweitens aber, und das ist viel wichtiger, die monetären Anreize bleiben erhalten. Das Geld bleibt auf der Straße liegen.

Nidal hat eins richtig gemacht, vielleicht unabsichtlich. Jedes Mal, wenn er mit seiner fetten Peniskompensationskarre die Sonnenallee runterfuhr, bewunderten ihn die kleinen Migrationshintergründler. Die, die sehen, wie rassistische Parteien erstarken. Die bei Behörden immer mehr Formulare anschleppen müssen. Die Hartzer von morgen. Ganz ehalisch, dies das, bei 360 € im Monat, oder 36.000 €, fällt die Wahl nicht schwer. Besonders, wenn Drogen und sogar Gras und Pilze verboten sind. Ein paar Müllsäcke Kraut, und du hast deine erste Eigentumswohnung. Ein bedingungsloses Grundeinkommen wäre

---

164 Spiegel.tv/videos/1555973 (20.9.18)
165 https://t1p.de/i2aw (20.9.18)
166 https://t1p.de/0i0z (20.9.18)

das ultimative Mittel gegen die Mafia. Die ist nichts als ein Symptom für zu enge gesellschaftliche Stellschrauben. Für selbstherrliche Reiche und eine dysfunktionale Speichelleckerpolitik, in der Leute wie Maaßen auf 11.000 € netto wegbefördert werden. Für eine zu ungleiche Gesellschaft. Wo ist denn die schwedische, die finnische, die südkoreanische Mafia? Genau.

Was plant Berlin? Familien zerreißen. Der Vizebürgermeister von Neukölln entblödet sich live im Fernsehen, die Wohnungen der Familien einzuziehen und denen die Kinder wegzunehmen.[167] Wieso auch nicht? Scheiß auf Menschenrechte, und die SPD möchte gerne ein paar der AfD-Stimmen abhaben, von denen, die auf Härte stehen, weil sie im Kopf weich sind. Einerseits Herdprämie propagieren, Abtreibungen schwermachen und andererseits den Leuten die Kinder wegnehmen wollen: ein Perpetuum mobile der Steuergeldverschwendung und Verelendung. Würde nur ein Hundertstel der Aufmerksamkeit, die der angeblich so grässlichen arabischen Mafia gewidmet ist, den Steuerhinterziehern von Apple bis Microsoft und den Betrügern von Volkswagen bis Mercedes gewidmet, könnte man jedem in Sultanat Neukölln einen Lamborghini kaufen.

Die Mafia ist nie so schlimm, wie die Mafia, die sie gewähren lässt.

PRAKTISCHES

Es gibt keine praktischen Tipps, weder der Wedding noch Neukölln sind unsicher. Wenn man nicht in deren Prollschema passt, ist man unsichtbar. Man kann sich höchstens freuen, wenn die sich abknallen. Aber nicht sarrazinesk „endlich einer weniger", sondern weil dann die widerlichen Gentrifizierer keine Eigentumswohnungen im Kiez mehr kaufen wollen. Vielleicht eins: vorsichtig mit Mittelfingern bei ganz harten Prollkarren sein. Die wollen einen schon mal umbringen.

---

167 Spiegel.tv/videos/1555973 (20.9.18)

Menschenopfer

„Diplomatie ist, jemanden so zur Hölle zu schicken, dass er sich auf die Reise freut."
– Unbekannt.

Auf Berliner Straßen herrscht der Terror. Voll Begaste hängen sich nachts mit Rollerskates an Elektroroller. Deren Fahrer machen das gerne mit, denn die meisten von denen sind völlig besoffen. Lastwagen säbeln Radfahrer im toten Winkel zu Pflugscharen nieder. Seit 20 Jahren passiert nichts, jetzt endlich wird eine Warnelektronik geprüft, wie sie in London längst Pflicht ist. Ein BSRler pinkelt gelangweilt an den Reifen seines Müllwagens.

Der „Wutbürger" hat zu Unrecht einen schlechten Ruf. Nur wer sich aufregt, kann was verändern. Was es nicht bringt, ist die impotente Stammtischwut, das Meckern ohne tun.

Aber was soll man machen, wenn es um fahrradfeindliche Straßen geht? Ich habe ein ganzes Kapitel über die Hermannstraße geschrieben. Völliges Chaos, keine Radwege, nicht mal mehr Straßenmarkierungen. Autos, die sich auf der imaginären zweiten Spur Wettrennen liefern. Keine Tempo-30-Zone trotz Dauerstau. Lauter Polizeikontrollen, die Hermannstraße wirkt für mich wie eine Knöllchendruckmaschine der Polizei: So angelegt, dass man zum Regeln Brechen und waghalsig Fahren ermutigt wird. Und zum Töten.

Wen kümmert Literatur? Sicher nicht die Stadtverwaltung. Schon gar nicht die Boulevardzeitungen, mit ihren Autowerbungen, die in Zeiten des bösen Internets das Absaufen herausschieben.

Was bleibt dem Wutbürger? Selbst Schilder mit „Tempo 30" aufstellen? Selbst Fahrspuren ziehen? Mit einer Fahne, die 150cm links vom Fahrrad absteht, fahren? So viel Platz müssen Autofahrer Radfahrern eigentlich lassen. Alles gute Ideen – wenn man auf der Hermannstraße sterben will. Wenn nicht, bleibt nur eins: einen bösen Brief schreiben. Die Antwort der Stadtverwaltung war reine Satire: Man kann ja über andere Straßen fahren. Da merkt man, dass die noch nie ein Fahrrad von oben gesehen haben. Östlich der Hermannstraße zerschneiden Friedhöfe den Block, kein durchkommen. Westlich läuft die Weisestraße, ihres Zeichens die holperigste Pflastersteinpiste in ganz Neukölln. Man kann bis zur Oderstraße holpern, das sind aber auch vier Blocks. Da ist man schon fast am Hermannplatz.

Es ist beschissen, wenn der „Ich habs doch gesagt"-Moment des Jahres durch den Tod eines anderen geschieht. Aber ein paar Monate später war es soweit. Jemand parkte wie immer irgendwo quer im Halteverbot auf der Hermannstraße und riss die Tür auf, als ein Fahrradfahrer vorbeifuhr. Der war ein paar Stunden später tot. Siehe da, auf einmal besteht „Handlungsbedarf", werden Mittel eingetrieben, soll ein Radweg her.[168] Anscheinend braucht die Bürokratie Menschenopfer.

Nur war der Autofahrer nicht irgendwer. Erstmal fuhr er einen Porsche Cayenne, was nahelegt, dass er ein arrogantes Arschloch ist. Einer der meint, dass er einen guten Abend hat, wenn er sich selbst zitiert. Ein Porsche Cayenne schädigt die Umwelt zehnmal mehr, als es mit einem normalen Auto nötig ist. Die Wahrscheinlichkeit, als Fußgänger von so einem Ding totgefahren zu werden, liegt um das Fünffache höher. Ganz einfach, weil die Motorhaube höher ist als bei einem normalen Auto. Und zu guter Letzt sind diese tonnenschweren Metallklumpen entgegen aller Prollreflexe nicht sicherer, weil sie öfter umfallen.

Als wäre das nicht zynisch genug, war der Fahrer ein Botschafter. Aus Saudi-Arabien, einer Diktatur mit horrenden Menschenrechtsverletzungen. Natürlich hat sich sein Arbeitgeber groß entschuldigt, die Haftpflichtversicherung zahlt den Verwandten eine Summe, blahblahblah. Aber was ist wirklich passiert? Gar nichts. Er wurde nicht mal mehr zur „Persona non grata" erklärt, das Maximum was die Behörden tun können. Hat bestimmt überhaupt nichts mit Waffenlieferungen zu tun, Saudi-Arabien steht auf Platz drei der Empfängerländer.[169]

Selbst wenn der Staat wöllte, er könnte kaum etwas tun. Aus unerfindlichen Gründen existiert ein mittelalterliches Schutzrecht für die Meister der Hinterhöflichkeit: Diplomaten. Berlin hatte noch Glück. Das war bis jetzt der erste getötete Radfahrer. In London vögelte ebenfalls ein Diplomat aus Saudi-Arabien seinen Diener tot. Im Verfahren wurde klar, dass es ein regelrechtes Schlachtfest war. Der Diener war Sklave, der Herr Saud Abdulaziz bin Nasser al Saud zeigte keine Reue[170]. Dass er wirklich für 20 Jahre in den Bau musste, lag wohl daran, dass er offensichtlich schwul war. Der Mord, der krasse

---

168 https://t1p.de/sm21 (17.8.18)
169 https://t1p.de/9oh9 (17.8.18)
170 https://t1p.de/oclo (17.8.18)

Sadismus war weniger das Problem. Seine diplomatische Immunität rettete ihn deswegen nicht. Im Gegenteil, sollte er nach Saudi-Arabien zurückkommen, droht ihm die Todesstrafe. Ob der Asylantrag wohl positiv beschieden wird?

Selbst CDU-Wähler sind nicht so verblendet, nicht zu wissen, dass das Unsinn ist. Nach einer Umfrage der *Morgenpost* wollen 89 % der Leser, dass die Sonderrechte für Diplomaten im Straßenverkehr endlich aufgehoben werden.[171] Die müssen nämlich nicht ab und zu mal dringend zu einer Sitzung, oder einem Präsidenten einen blasen. Die prollen um des Prollens willen. 2017 wurden 74 Fälle gezählt, bei 26 davon wurden Menschen verletzt. In 47 Fällen wurde als Tatverdacht Unfallflucht protokolliert. Die Spitzenreiter aus Botsuana erreichten mit sieben Autos 535 virtuelle Knöllchen, das sind 76 Bußzettel pro Wagen. Auf dem zweiten Platz pro Wagen liege Pakistan (38), Platz drei entfalle auf die Republik Jemen (30).[172]

Es ist eine Sache, die Stadt für die Autoindustrie fahrrad- und menschenfeindlich zu halten. Es ist eine andere, das Leben der Menschen aus internationaler Eitelkeit zu riskieren. Leider wurde der §339 StGB (natürlich von den Nazis) gestrichen, der Straftatbestand Amtsmissbrauch.[173] Ausgerechnet Bayern wird deswegen leider mit dem Vorstoß scheitern, die (un)verantwortlichen Lokalfürsten der CSU für die fortdauernde Untätigkeit bei der Luftverschmutzung in Beugehaft nehmen zu können. Im alten China war es im siebten Jahrhundert so, dass Richter bei Fehlurteilen dieselbe Strafe erhielten wie die Opfer – bis hin zur Todesstrafe.[174] Das wäre doch mal ein Modell für die CSU. Noch ein Alternativvorschlag: Alle Politiker und Beamte der Stadtverwaltung müssen mindestens zwei Tage die Woche mit dem Fahrrad zur Arbeit kommen. Und einmal im Monat über die Hermannstraße fahren. Ich verwette mein schrottiges Kiezpony, das in drei Wochen der Fahrradstreifen 2m breit und das Regierungsviertel für eine „Fahrradautobahn" abgerissen werden würde.

---

171 https://t1p.de/n3eb (20.8.18)
172 https://t1p.de/af1w (20.8.18)
173 https://t1p.de/5rry (28.8.18)
174 https://t1p.de/04e3 (30.8.18)

Critical Mass

"Bei keiner anderen Erfindung ist das Nützliche mit dem Angenehmen so innig verbunden, wie beim Fahrrad." – Adam Opel (*1837 +1895), deutscher Gründer der Firma Opel.

Noch eine Stufe höher als der erste Mai und die Anti-AfD-Demo treibt es Critical Mass. Den Veranstaltern ist ganz wichtig, zu betonen, dass es überhaupt keine Demo ist. Denn nur so funktioniert das, was sie nicht aussprechen wollen: der Aufstand.

Man könnte denken, es wäre das Eierloseste, was man sich an politischen Aktionen einfallen lassen kann: Einmal im Monat fahren alle in einem Fahrradkonvoi durch die Stadt. Keine Pointe, nichts. Und weil Berlin Berlin ist, reicht es trotzdem, damit es richtig schön Krawall und auf die Fresse gibt.

Alles startet wie immer, zu spät. Auf dem Mariannenplatz in Kreuzberg. Ton Steine Scherben sangen noch: *„Der Mariannenplatz war blau, so viele Bullen waren da."* Jetzt ist er so voll mit Fahrradfahrern, dass man die Bullen gar nicht mehr sehen kann. Und erstaunlicherweise sind sie auch nicht mehr der Feind. Sie sind eher egal und manchmal sogar der Freund. Proletarier aller Länder: Macht jetzt bitte ein dummes Gesicht.

Natürlich sind die üblichen Verdächtigen da. *Berlin Werbefrei*, *Aktion gegen Schulprivatisierung*, die Grünen, und alle, die eigentlich links sind aber nicht dazu aufrufen, die Kapitalisten sofort an den Eiern aufhängen. So, wie es natürlich eigentlich richtig wäre.

Ein Klingeln von tausenden Fahrrädern schwillt an: das Startsignal. Allein der Start dauert eine halbe Stunde. Vorbei die Zeit, als 1997 zum ersten Mal 20 Leutchen im regnerischen September durch die Stadt gondelten. Im Sommer 2018 sind mindestens 4.000 Fahrradfahrer da. Wir kriechen durch die engen Straßen des SO 36, Zentimeter neben dem Hinterreifen der Vorderfrau. Türkische Familien glotzen entgeistert aus den Fenstern, dicke Kinder winken. Vor uns das, was wie das eingerüstete neue Kreuzberger Zentrum aussieht. Es ist allerdings die neue Retortenbürostadt am Ostbahnhof. Über die Skalitzer Straße und Oberbaumbrücke fahren wir daran vorbei Richtung Mitte. Der erste Märtyrer ist gestürzt. Er liegt auf dem Boden, Passanten und ein Polizist halten seinen Kopf. Sein Gesicht ist so unfassbar schmerzverzerrt, wie man es nur aus Hollywoodfilmen kennt. Aber in echt. Was auch immer dem passiert ist, es war knapp. Aber er ist nicht gestorben. So ein Geschenk hätte sich die durch Autowerbung finanzierte Springerpresse nicht durch die Lappen gehen lassen.

Der Konvoi ist bunt: Altberliner beschweren sich, dass die Jungen überhaupt keine Ahnung von Ost und West hätten, Studenten haben schon das erste Bier offen, eine ironische *Lowridercrew* mit über 2m langen, tiefen Fahrrädern mit Breitreifen radelt entspannt über die ganze Breite der Straße. Das ist doch was, wenn du schon ein Angeberfahrzeug hast, dann bewege es auch mit deiner eigenen Muskelkraft. Dazu noch alle möglichen und unmöglichen Kombinationen von Fahrrädern: Sitzfahrräder, Fünfer-Tandems, 2m hohe Riesenfahrräder. Echte Liebhaber. „Ich nannte das Fahrrad meinen einzigen Freund. Wenn es möglich gewesen wäre, hätte ich vermutlich mit ihm geschlafen", sagte der Schriftsteller Henry Miller.[175] Alle in einer entspannten Geschwindigkeit, niemand hält an einer Kreuzung. Und das muss er auch nicht. Denn wir sind keine Demo, sondern ein Konvoi.

Critical Mass nutzt eine Gesetzeslücke: Nach §27 StVO darf ein geschlossener Verband auch über rote Ampeln fahren. Wie ein Bundeswehrkonvoi. Da kotzen die Autofahrer zwar im Strahl, aber Recht ist Recht. Die bekommen natürlich regelmäßig einen Anfall. Mal Deutschlandfunk am Freitagnachmittag gehört? Durch das ganze Land zieht sich täglich ein mäanderndes Monstrum von Stau, laut ADAC ist der im Schnitt 4.000Km lang![176] 3.177 Menschen starben 2017 an Autounfällen, in Berlin hat sich die Zahl von 2015 auf 2016 verdreifacht.[177] Aber das ist noch gar nichts. Durch den Feinstaub sterben jährlich 66.000 Menschen![178] Nicht nur Tod für alle, auch Hässlichkeit! Über 10 % der Großstädte werden von Autos bedeckt. Aber ein Fahrradkonvoi, der über Rot fahren darf? Da werden sofort die Mistgabeln gezückt. Bill Nye, der amerikanische Wissenschaftler und Fernsehmoderator, stellte fest: „Radfahren ist ein großer Teil der Zukunft. Es läuft etwas falsch in einer Gesellschaft, die mit dem Auto zum Training ins Fitnessstudio fährt."[179]

Die Arschgeigen in den Autos unterscheiden sich nach Bezirken. In Mitte nahe dem U-Bahnhof Heinrich-Heine-Straße, da wo man ein Zelt auf dem Balkon für 260 € vermietet, wird sich beklagt, aber wenn

---
175 https://t1p.de/ujuj (8.7.18)
176 https://t1p.de/81xl (4.6.18)
177 https://t1p.de/lpuy (27.2.19) https://t1p.de/g1m8 (4.6.18)
178 https://t1p.de/joyx (4.6.18)
179 https://t1p.de/ujuj (8.7.18)

dann einer der Demoorganisatoren das Konzept erklärt, wir brav gewartet.[180] Natürlich stellt sich der ein oder andere Schwabe dazu und schwadroniert über den Untergang des motorisierten Abendlandes. Meistens dauert es sowieso nur ein paar Minuten, bis die Demo vorbei ist. Das ist ja der Unterschied zum Auto, man kommt voran. Wirklich fertig macht die Leute nur, dass niemand weiß, wo die Nichtdemo hinfährt. Das darf doch nicht sein, im ordentlichsten Land der Welt! In dem Land, das schon total weiß, wo sein Atommüll vergraben wird, wo Verstöße gegen die Feinstaubgesetze seit Jahren toleriert werden, und in dem der Verfassungsschutz und die anderen protofaschistischen Dienste das Grundgesetz nach Gutdünken brechen können. Fun Fact: Der Peiniger („Verhörspezialist") Anne Franks war vom BND.[181]

Wir fahren weit, sehr weit. Über den Ernst-Reuter-Platz, am Schloss Charlottenburg vorbei, herauf Richtung Westend. Etwas Unheimliches tut sich vor uns auf: Spandau. Zum Glück drehen wir kurz vorher ab, über das Autobahnkreuz am ICC. Natürlich platzt mir am weitesten Punkt der Nichtdemo der Reifen. Ich versuche vergeblich, ihn zu flicken, der Konvoi zieht vorbei. Ich muss aufholen. Mit einem Paar Versprengten stehen wir am Autobahnkreuz, endlose rote Ampelphasen. Die aggressionsbesoffenen Autofahrer rasen wie verrückt. Auf einmal ist die Straße von einer rollenden Party zu einem zuckenden Krieg geworden. Den ganzen Kudamm hoch, schlägt mein Ventil jede halbe Sekunde auf den Asphalt auf. Zugekokste Polohemdenträger im weißen Porsche amüsieren sich. Bei Porsche muss man beim Kauf eines Autos eidesstattlich versichern, ein Wichser zu sein. Bei VW debil. Wie sind Fehlradfahrer so? „Mir ist es eingefallen, während ich Fahrrad fuhr", sagte Albert Einstein über die Relativitätstheorie.[182]

Zurück gehts durch Schöneberg. Es ist jetzt dunkel, vor und nach jedem Lautsprecherfahrrad wird die Musik von den Häusern zurückgeworfen. Kein Konzert kann so eine eindrückliche Akustik erzeugen. Und zum Glück spielt unser Rad konsequent Falco. Die Motorradbullen sind entspannt und schlenkern an der Seite mit. Wenn ein Provoradler ihnen nicht aus dem Weg geht, lassen sie den Motor kurz aufheulen.

---

180 https://t1p.de/55y2 (25.6.18)
181 https://t1p.de/04no (4.6.18)
182 https://t1p.de/ujuj (8.7.18)

Hinter den glitzernden Lichtern, vorbei an den Transvestitennutten(-strichern?) der Bülowstraße wird es düsterer. In der immer noch hinreichend abgefuckten Potsdamer Straße, vor dem Sozialpalast, sehen die Kemals nicht ein, wieso sie mit ihrem schwarzen BMW vor ein paar Schwuchteln auf Fahrrädern halten sollen. Wir sind hinten in der Demo, die Aggression hat sich mindestens schon seit einer Viertelstunde aufgestaut. Im Stau würden die da gerade erst warm werden. Eine Gruppe von 20 bulligen Typen mit schwarzen Hemden steht um eines der armen Schweine, die für die Raddemo die Seitenstraßen blockieren. Ein Motorradbulle kommt vorbei und geht dazwischen.

Im hypergentrifizierten Kreuzberg 61 wird es kurz besser. Die Gneisenaustraße ist ja schließlich die teuerste Magistrale im Bezirk. Am Hermannplatz schreien zwei Typen im Hasenkostüm auf Fahrrädern den Stau an: „Motor aus!" Auf ihrer Boombox läuft vorbildlich *Bullenschweine* von Slime:

Dies ist ein Aufruf zur Revolte
Dies ist ein Aufruf zur Gewalt
Bomben bauen, Waffen klauen
Den Bullen auf die Fresse hauen
Haut die Bullen platt wie Stullen
Stampft die Polizei zu Brei
Haut den Pigs die Fresse ein
Nur ein totes ist ein gutes Schwein"[183]

Das ist gut gemeint, aber hier wirkt das wie Satire. Und die ist wehrkraftzersetzend.

Unerwartet biegen wir in die Sonnenallee, dann in die Pannierstraße. Das riecht nach Ärger. Der lässt nicht lange auf sich warten, das Geschrei geht los. Wieder ein typischer BMW-Proll, türkisch oder arabisch angehaucht. Er hat so krass keinen Bock auf die Opfer auf den Fahrrädern und auf die ganzen Worte und den Scheiß und will einfach nur jemanden klatschen. Normalerweise kommt jetzt das „Halt mich zurück!"-Spielchen, wie bei einem Hund an der Leine. Aber seine Kumpels sind ebenfalls damit beschäftigt, Radfahrer anzuschreien. Eine Faust fliegt, jetzt schreien alle. Aber die Bullen kommen schon um die Ecke.

---

[183] https://t1p.de/e578 4.6.18

Es ist ein merkwürdiges, ganz neues Gefühl, dass die Bullen eine Veranstaltung tendenziell wirklich schützen. Normalerweise bekommt man das wahrscheinlich nur auf der falschen Seite, wie bei der AfD. Verdammte Fahrradnazis. Die haben sogar die Dreistigkeit noch weiter zu fahren! Kottbusser Damm hoch, noch einmal rechts durch die Skalitzer, wieder über die Oberbaumbrücke und weiter Richtung Ostbahnhof. Das ist keine Demo, das ist auch kein Konvoi mehr, das ist eine *Open-End-Party*.

Nach 3 ½h steigen wir aus. In der Falkensteinstraße das Übliche: Besoffene Touristen zeigen Klimmzüge an Gerüsten von sanierten Häusern, Alkoholiker halten sich den blutenden Kopf, Schwarze verkaufen Gras. Die Welt ist wieder in Ordnung.

PRAKTISCHES

Nimm. Eine. Verdammte. Luftpumpe. Mit. Ansonsten stell dir das Ganze wie einen Rave vor: Organisiert ein Bierrad, ein Musikrad, nehmt Sonnencreme und Wasser mit, und wenn ihr die jungen Wilden seid, auch was zum Einschmeißen. Ausnahmsweise sind auch Fahrradlichter wirklich hilfreich. Im Hellen in keinen reinzufahren ist schon eine Meisterleistung unseres Autopiloten, aber nachts ist es ohne Licht fast unmöglich. Wie bei allen Demos: Sucht euch einen Lautsprecher, ein Plakat aus, an dem ihr euch wiederfindet. Das Zusammentelefonieren und Warten funktioniert schon zu Fuß schlecht, auf dem Rad ist es unmöglich.

Politik verlernen

EkelhAfD

„Vor der Bundestagswahl gab es keine Politik wegen der Bundestagswahl. Nach der Bundestagswahl fand keine Politik statt, wegen Sondierungsgesprächen. Nach den Sondierungsgesprächen fand keine Politik statt wegen der FDP. Dann kamen die Koalitionsverhandlungen und es fand keine Politik statt, weil die SPD noch fix und fertig war. Und jetzt findet keine Politik statt, weil die CSU alles lahmlegt. Wie gesagt, in der Welt der normal arbeitenden Menschen wären solche Leute schon längst ein Fall für die Reha. Aber in der Politik nennt man so etwas neuerdings Politik. Das ist aber keine Politik. Das ist einfach nur das gute alte Nichts. Versagen gepaart mit Unvermögen und garniert mit Scheitern. Doofheit auf dem Fundament von Unzulänglichkeit und einer Mauer aus Inkompetenz drum herum", stellte erfrischend arschig Mely Kiyak fest.[184] Was tun?

Dass man die Welt mit laufen verändern kann, ist eine ziemlich merkwürdige Annahme. Aber so funktioniert Politik, als wäre es 1880. Ist man nicht zufällig Mahatma Gandhi, dann bringt nur Masse Klasse. Aber es geht auch anders. In Berlin verschmelzen gerade Demo und Party. Zumindest, wenn man auf der richtigen Seite ist. Gegen die AfD.

Im Westen nichts Neues: Die APO rannte in „Happenings" schon in den späten 60ern über den Kurfürstendamm. Aber wie Universalzeitzeuge Ströbele ganz richtig feststellte, waren damals nicht alle revolutionär, sondern nur ein paar hundert Leute.[185] Heute sind es Zehntausende. Wir sind weniger faschistisch als früher, aber das System ist adaptiver. Mehr Frust und mehr Kung Fu.

Die AfD hatte die großartige Idee, vom Hauptbahnhof zum Brandenburger Tor zu marschieren. Das hat den Vorteil, dass da absolut Nichts ist. An dieser Stelle herzlichen Dank an die bestenfalls nicht vorhandene und schlechtestenfalls menschenfeindliche Berliner Stadtplanung. Das Viertel um den Hauptbahnhof ist so gesichtslos, dass es selbst der *Spiegel* „eine einzige Bausünde" nannte.[186]

Facebook ist das Medium der AfD. Nicht ohne Grund. Eine atemberaubende Statistik stellt nach Ausschluss allen statistischen Rauschens fest: „Wherever per-person Facebook use rose to one standard deviation above the national average, attacks on refugees increased by about 50 percent."[187] Keine Filter, keine zurechnungsfähigen

---

184 https://t1p.de/xkud (12.7.18)
185 https://t1p.de/isqe (28.5.18)
186 https://t1p.de/k9mq (28.5.18)
187 https://t1p.de/tejv (4.9.18)

Bekannten mehr, nur noch mäandernder Hass. Posts, die Angst, Ärger und Aggression befeuern, verbreiten sich am besten. Tränen sorgen für bessere Quoten als Träume. Sogar *Irony Poisoning* kann auftreten, wenn Nutzer die Grenze zwischen ihrer eigenen Ironie und einem echten „alle nach Auschwitz!" vergessen. Sicher ist es nur Zufall, dass auf *Facebook* deutsche Likes um ein Vielfaches mehr wert sind als asiatische Likes.

Die AfD tönte groß, auf *Facebook* wurden über 10.000 Teilnehmer erwartet. Dann der Skandal: Die berüchtigt beschränkten Rheinland-Pfälzer leakten eine E-Mail, in der sie Teilnehmern 50 € anboten, wenn die ihr Gesicht für den Faschismus zeigten – mit Zwinkersmiley.[188] Der *Postillon* bot daraufhin 60 €, wenn sie in einem Hühnerkostüm rumlaufen würden: „Merkel muss gak!"

Nicht verboten, aber scheiße peinlich. Am Tag der Demo wurde die Zahl der Teilnehmer auf *Facebook* erst auf 1.500 korrigiert, dann ganz gelöscht. Am Ende waren es offiziell 5.000, de facto aber eher 2.000 traurige Gestalten.

Für jeden AfDler brauchte es einen halben Bullen, um die größtenteils aus Sachsen, Thüringen und anderen grässlichen Ecken Dunkeldeutschlands Angereisten zu schützen. Das traf sich gut, denn die Bullen reisten zumeist auch von da an. O-Ton aus dem Bierkeller: „Zecken kloppen, das mach ich als Sport." Bock auf heroische Propaganda? Sage und schreibe 13 Gegendemonstrationen brachten mindestens 25.000 Leute auf die Straße, wahrscheinlich eher um die 40.000. Für die AfD war es eine Situation wie in *300*, mit all der knüppeldicken Homoerotik der attischen Kämpfer, nur ohne Bauchmuskeln, Plan oder Sieg.

Wie konnte das in unserer maximal desinteressierten Zeit geschehen? Vom Kapitalismus lernen, heißt siegen lernen: durch Diversifizierung. Die SPD, Grüne, große Gewerkschaften und andere, die gerne sagen, dass sie links sind, aber rechts handeln, trafen sich vor dem Reichstagsgebäude. Die *Glänzende Demo* der Theatralischen und Künstler trafen sich am Rosenthaler Platz und wickelten sich in Rettungsdecken ein. Politische Raves starteten am Hauptbahnhof, am Potsdamer Platz und am Hansaplatz. Die Hartlinken und tendenziell Gewaltbereiten trafen sich an betont abstoßenden Orten: am Gesundbrunnen und am Halleschen Tor. Selbstverständlich war ich mir zu fein dafür.

---

188 https://t1p.de/pfzg (28.5.18)

Am Halleschen Tor kamen die meisten standesgemäß zu spät und demonstrierten eindrucksvoll, wie die herrschaftsfreie Gesellschaft auszusehen hat. Punker, *St. Pauli*-Fans, Rockabillys, die Antifa und Studenten. Mehr Schwarz als alles andere, aber nicht nur. Zwei Gruppen karierte Hemden. Die Ersten gehörten den Zivis, die sich modisch an den absoluten *Beginnern* um das Millennium orientierten: weite Hosen, ganz viel bunt, fette Sneaker. Mit ihrer Telefonleitung im Ohr waren sie so auffällig wie hässlich. Die anderen gehörten den Junkies vor der Drogenberatungsstelle, deren Beine mit den Stichwunden und Krampfadern wirkten wie Blauschimmelkäse. Die wussten mit Anlauf überhaupt nicht, was los ist. O-Ton:

„Alter, watn dit hier?"
„Demo gegen die AfD."
„Ist aber nicht besonders groß?"
„Kommt noch. Und gibt viele. Wir sind die, die den Nazis auf die Fresse hauen."
„Jawoll, scheiße. Scheiß rechtes Pack, echt."
„Na dann kommt doch mit?"
„Nee, wir fahren heute mal raus, an den See."

Danach planen sie ihren Trip. Wortwörtlich. Obwohl einer gerade erst auf „4ml Methadon runtergeregelt" wurde, beschlossen sie, zentnerweise Speed und Ketamin mitzunehmen. Dazu noch haufenweise Gras, dass sie, wie sonst, aus einer Pistole rauchen wollten. Dann fiel ihm ein, dass sie beide noch Platzpatronen hatten. „Auf jeden, ein bisschen schießen, gut zum Runterkommen." Aktive Wehrkraftzersetzung!

Hussein ist auch dabei. Er kam auf einem – natürlich nicht von ihm – geknackten Leihrad vorbei. Er hatte keine Ahnung, aber tonnenweise Motivation. „Gegen Nazis? Gott schütze euch!"

Eine Gruppe hatte rote Mützen. IG Metall? Systemkonforme Gewerkschaften? Die hätte nur der ganz späte, entbartete Marx geduldet, und selbst der gilt hier schon als rechts. Eine Mutter sagt zu ihrem SPD-Fahne haltenden Kind: „Du, ich glaube, wir packen die besser weg." Die Rotmützen sind der rote Blockadefinger, die Avantgarde dieser Demo. Organisiert, diszipliniert, kryptisch. Kommunikation per für Bullen unverständlichen Handzeichen bis zu Codewörtern wie „Schokodöner". Auf einmal fetzen sie im Laufschritt in die U-Bahn.

Linke wären nicht Linke, wenn nicht hier schon gespaltet werden würde: Ein Teil läuft direkt Richtung Brandenburger Tor. Gute Entscheidung, denn der rote Finger wurde von den Bullen abgefangen und zusammengeknüppelt. Auf dem U-Bahnhof Naturkundemuseum, ganz unappetitlich. Merkwürdigerweise stand das nicht in der *B.Z.*

Der Rest hatte mehr Glück. Im Labyrinth der geschmacklosen 80er-Jahre-Bauten zwischen Kreuzberg und Mitte findet sich immer einen Weg, den Bullen auszuweichen. Die konnten nur hinterher quengeln, dass doch bitte die Straße freigemacht werden soll. Keine 500m vor dem Brandenburger Tor war dann Schluss mit lustig. Am Leipziger Platz wird die Demo eingekesselt. So gesichtslos dieser frühere Vorzeigeplatz der Stadt jetzt ist, zum Eingekesseltwerden ist er prima. Weitläufig, ein paar Bäume zum Druntersetzen und sogar eine Unterführung zum Ausbrechen. Der weiße Finger sprintet auf einmal los, hunderte Leute hinterher. Aber die Bullen ziehen schnell dicht. Der zweite Versuch ist um einiges krasser. Eine Tür wird aufgebrochen, die Menge schiebt sich ins Bürogebäude. Die Bullen schlagen um sich, halten fest, wen sie können, aber es reicht nicht. Auf einmal Tränengas. Uniformierte Heldenposen. Die Menge stiebt auseinander wie Ameisen. Alles zerläuft sich, das Eigentum ist gesichert, die Demokratie auf Pause.

Einer aus dem weißen Finger schreit einem Bullen was zu, der rennt auf ihn zu, ballert ihm eine, dass er umfällt, fängt ihn aber sanft im Schwitzkasten auf. Er schreit ihn an, stößt ihn dann weg. Offensichtlicher Machtmissbrauch. Wäre schon doof, wen man seine Einsatznummer sehen würde. Jemand schreit laut: „3-1-2-0-0!" Der Bulle dreht sich um und klafft: „Macht doch, stellt doch ne Anzeige!" Wieso er sich so sicher ist, dass er davon kommt? Genau, weil in Deutschland Polizeigewalt nur im Promillebereich aufgeklärt wird. Sogar Amnesty International rügt den sonst überkorrekten Polizeistaat dafür:[189]

„Die Staatsanwaltschaft arbeitet ständig eng mit der Polizei zusammen und ist abhängig von ihr. Da kommt es schnell zum Interessenskonflikt. [...] Vielfach ermitteln Polizei und Staatsanwaltschaft bei Anzeigen gegen Polizisten nicht konsequent."[190]

Trotzdem wird der Platz binnen kurzer Zeit zum Miniaturfestival, und als der *Rave gegen den Hass* auf den Platz zieht, wird so vehement getanzt wie vorher durchbrochen. Man muss es den Bullen lassen, sie

---

189 https://t1p.de/m85u (28.5.18)
190 https://t1p.de/dc4p (28.5.18)

haben die Raver immerhin durchgewunken. Auch eine Strategie der Deeskalation. Ausnahmsweise sogar eine, die funktioniert. Denn von den Demoteilnehmern haben die Wenigsten Bock, sich mit Bullen zu prügeln. Besser mit Nazis.

Die Wannen vor der Demo lassen sich Zeit. Zu viel Zeit. Der Tiergarten ist abgesperrt aber die Demo bricht durch. Auf einmal rennen tausende Leute durch die apathisch Sonnenbadenden, die Gassigeher und verschreckten Touristen. Eine Polizeieinheit in voller Montur hechelt hinterher. Die Hammer-und-Sichel-Fahnen, die der Antifa, oder auch einfach nur ein riesiger Mittelfinger flattern voraus, wie in einem revolutionären Braveheartfilm. Alle rennen durch ein Meer von Brennnesseln, aber Adrenalin sticht Schmerz. Die Demo durchbricht den zweiten Zaun auf die Straße des 17. Juni. Die mitgelaufene Einheit versucht, das zu verhindern, es gibt ein paar blutige Nasen. Ein paar Steine und Flaschen fliegen. Aber angesichts der tausenden Demonstranten können die 20 Beamten nichts ausrichten und geben auf. Die Demo strömt auf die Straße, bereit, voll in die Nazis zu dreschen – aber die sind weg. Rechts und links ein paar 100m nichts, dann Reihen aus Wannen und Bullen. An der Siegessäule eine weitere Gegendemo und vor dem Brandenburger Tor, ganz weit weg, sieht man die Deutschlandfähnchen schwingen. Die Demo presst sich an den Zaun zum Brandenburger Tor, aber keine Chance. Sogar eine Pferdestaffel wurde aus einer anderen Stadt herangekarrt. Pferde eignen sich prima zur Demobekämpfung, weil die Reiter sie immer vorzüglich im Griff haben. Wie zuletzt bei Aachen, bei einer Demonstration der Initiative *Ende Gelände*, als ein wildgewordenes Pferd auf einer Frau herumtrampelte. Die Polizei sagte, die Frau habe sich „hysterisch fallengelassen und geschrien". Leider tauchte ein Video auf: Sie lügen wie gedruckt, wir filmen, wie sie lügen."[191] Sicher ein Riesenspaß für die Tiere. „Zuchtunfälle", werden die bei der Berliner Polizei liebevoll genannt.[192] So viel Tier- und Menschenverachtung gönnen wir uns.

Währenddessen schwenkt die Demo ab auf die andere Seite des Tiergartens und wieder durchs Gebüsch, vorbei an Küssenden, Kiffenden und Erschreckten, bis auf einmal eine riesige Deutschlandfahne auftaucht.[193] Endlich Nazis! Die Demo rennt darauf zu, aber auf der

---

191 https://t1p.de/y4xv (Original Video von huffingtonpost.de nicht merh verfügbar)
192 https://t1p.de/i901 (30.5.18)
193 Die Küssenden sind die eigentlich Waghalsigen: Bei einem einzigen Kuss können über 80 Millionen Bakterien übertragen werden! https://t1p.de/2i2k 19.7.18

Fahne steht: „Heimat ist für jeden überall". Es ist eine zweite Gegendemo, die es von der anderen Seite geschafft hat. Scharf nach rechts, bis an die letzte Absperrung vor dem Brandenburger Tor, und da ist sie dann, die Demo der AfD.

Es ist ein trauriger Haufen. So ziemlich jeder erscheint vom obersten Heereskommando eine Fahne bekommen zu haben. Eifrig schwenken sie, damit nicht auffällt, dass der halbe Platz leer ist. Hinter ihnen wohnen die Friedenspanzer des sowjetischen Ehrenmals, vor ihnen die lebensgroße Version der Miniatur vor Bernd Höckes Vorgarten: das Holocaustmahnmal. Nur vereinzelt hört man Alexander Gaulands debiles Gestammel: „Liebe Freunde …" Das muss er anscheinend alle paar Minuten versichern, da die Heimat, für die sie stehen wollen, alles andere als ihr Freund ist.

Immer wenn er anhebt, schreien die Gegendemos aus vollem Hals. Der Bass dröhnt bis in den Brustkorb, eine wütende Deutschtürkin schlägt gegen den Bauzaun, dass es ohrenbetäubend scheppert. Da ist Hussein wieder und schwenkt eine riesige Fahne, als ein anderer eine Pause braucht. Fette Informatiker blasen in Trompeten, die Feministinnen kreischen, bis das Trommelfell springt, eine Oma im Elektrorollstuhl hupt. Sie steht ganz vorne am Zaun. Überhaupt dominiert in der Gegendemo jetzt nicht mehr schwarz, sondern bunt. Eine Rentnerin sagt, das hier sei ihre erste Demo. Ihr Mann trägt ein rosafarbenes Polohemd. Spanierinnen von Podemos schwenken ihre Plakate. „Wir sind friedlich, was seid ihr?", rufen alle, wie es auf dem Leipziger Platz gegen die Polizisten geschmettert wurde. Es bewahrheitet sich, als eine junge Frau in Ohnmacht fällt.

Das ist auch nicht schwer. Es ist laut, fast 30° heiß und enger als in der Erlebnissauna im Swingerclub. U8 zur Stoßzeit, soweit das Auge reicht. Wer auch nur einen Hauch von Klaustrophobie kultiviert, kann sie hier voll ausleben. Dass eine Reihe Bullen einmal direkt hinter den ersten zwei Demonstrantenreihen durchgeht, steigert den Komfort ins Unermessliche. Andauernd brechen die fingerdicken Kabelbinder der Zäune und müssen von den Polizisten ersetzt werden. Die stehen in voller Montur wie Schachbrettfiguren in vier Reihen vor der Demo, um die AfD-Demo zirkulieren immer wieder Hundertschaften wie Monde um einen Gasgiganten.

Auf einmal zwängt sich eine Frau nach vorne durch und schreit: „Sanitäter!" Der Polizist kommt ran, hört zu. „Wie viele, wo liegt sie, was ist passiert?" Auf einmal öffnet sich die Demo wie das Meer vor

Moses. Zwei Polizisten gehen rein, ein Dritter will, aber sein erfahrener Kollege hält ihn zurück. Zu gefährlich. Weiter hinten am Zaun sieht der Rest der Demo zu, man spürt die Anspannung. Aber es bleibt ruhig, bis die leichenblasse Frau rausgetragen wird, schon wieder bei Bewusstsein. Nur die radikal feministische Fraktion kann es sich nicht verkneifen, „Deutsche Polizisten schützen die Faschisten!" zu rufen. Stimmt auch, aber gerade schützen sie vor allen Dingen die Sanitäter. Manchmal muss man die Lautstärke der Ideologie ein bisschen runterdrehen.

Und die der Demo wieder auf. Neben Klassikern wie „A-Anti-Anticapitalista!", „Nie, nie, nie wieder Deutschland!" und „Say it loud, say it clear, refugees are welcome here!" gibt es auch Neues: „Eure Kinder werden so wie wir!" Gaulands letztes „Liebe Freunde ..." verliert sich in Pfiffen. Auch aus den Reihen der Möchtegern-NSDAP werden ein paar Kreislaufkollabierte weggeschleppt, meistens aufgedunsene Walrösser, die aussehen, wie Bitterfeld klingt. Die meisten ziehen wortwörtlich sang- und klanglos Richtung Bundestag ab. Nur einige Bilderbuchnazis, Glatze, Tattoos, kein Hals, posieren fahnenschwenkend vor den Gegendemos. Noch einmal wird es richtig laut, der Zaun wackelt bedrohlich, die Bullen gehen in Alarmbereitschaft. Dann sind sie weg, wie ein böser Traum, in dem die eigene Mutter vergewaltigt wird.

Die Zeit, in der sich die versprengten Demoteilnehmer finden, nutzen die Spitzel, um Kompromat zu sammeln. Diesmal ist es ein durchtrainierter blonder Bauer mit weißem Hemd. Ein blutiger Anfänger. Wo er war? Ach da hinten beim Brandenburger Tor, vage Handbewegung. Schon sein leichtes Sächseln würde ihn verraten, wenn er nicht so dumme Fragen stellen würde, wie, ob noch irgendwo „was geht"? Sächsisch: die einzige Sprache der Welt, die für Gorgonzola und Gurkensalat dasselbe Wort benutzt. Das einzige Bundesland außer Bayern, wo „schwarz" in den Top5-Pornosuchbegriffen auftaucht.[194] In solchen Situationen ist es am besten, den Übermüdeten, Friedlichen, völlig Unwissenden zu spielen. Stell ihm einen Plattitüdenstapel zum Spielen hin. Er sagt tatsächlich noch den Satz: „Ja, das war eine gute Demo, jeder durfte seine Meinung sagen." Exakt die Linie des Polizei-*Twitter*-Accounts. „Das war ja auch gut mit den Beamten aus Sachsen." Beamte? Ehrlich? Wie Eichmann? Niemand nennt Bullen so. Außer Bullen.

---

194 https://t1p.de/7535 (5.9.18)

Jetzt wird nachgetreten. Es geht das Gerücht um, dass einige Nazis noch an der Friedrichstraße sind. Der weiße Finger hat sich gesammelt und zieht skandierend Unter den Linden runter, im Laufschritt. Ein paar Durchgeschwitzte und Besoffene schließen sich an. Kurz vor Dussmann machen die Bullen dicht, und der Finger brüllt noch ein paar: „Nazis raus!" Das ist nicht nur ein schöner Abschiedsgruß, sondern eine Erinnerung, dass, wenn sie versuchen in der Stadt ihren menschenverachtenden Mist an den Mann zu bringen, sofort jemand da ist und ihnen die Gülle wieder zurück ins Gesicht kippt. Am Vormittag haben die Nazis sich schon an einer Spontandemo am Kurfürstendamm versucht. Bei nur zehn Teilnehmern war ihnen das aber wohl zu peinlich.

Natürlich wird der weiße Finger sofort eingekreist. Heute gab es zu wenig zu knuddeln. Wen die Bullen jetzt in die Finger kriegen, der sieht die nächsten 24h kein Licht mehr. Aber sie rufen überraschenderweise eine faire Ansage: „Bitte herhören, die Demo ist jetzt beendet, bitte die Fahnen einrollen und in kleinen Gruppen das Gelände verlassen." Manche widerwärtige Spalter verlassen die Demo, irgendwann ist man zu alt für die Scheiße. Der Oberbulle ist gelassen und lässt sogar noch zwei zur Gruppe Gehörende mit raus. Der unter Strom stehende Wadenbeißer neben ihm bekommt einen Schreikrampf: „Abmarsch und an der Ecke warten!" Die jungen Wilden antworten genau richtig: „Wie, und den Letzten beißen die Hunde? Nicht mit uns." Und mittendrin: Hussein.

Selbst im *Fake News*-Universum der AfD wird sich diese Blamage nicht in einem Sieg umwandeln lassen. Schon vorher wurde auf *Twitter* geheult, was das Zeug hält:

„Deutschland Demokratie? Mit einer Genehmigungswelle [sic] von 13 teilweise gewalttätigen #linken Gegendemonstrationen, die Straßenkampf und Lärm ankündigen, verbündet sich der Staat mit Kriminellen, um die einzige Oppositionspartei #AfD zu unterjochen. #Berlin"

Symptomatisch für die Internetzaffinität der AfD, die natürlich mit Bild, Vollnamen und Berufsbezeichnung kartoffelsplaint. Markus Roscher-Meinel war für die FDP zu rechts und ist jetzt AfD-Anwalt. Er demonstriert anschaulich keine Rechtsfindung, sondern Willkür mit anschließender Begründungsfindung. Eine Berufsanfängerin lehnte trotz ihrer suboptimalen Abschlussnote bei ihm ab, worauf er sich erneut als Opfer stilisieren konnte. Zum Glück war sie nicht aufs Maul gefallen: „Nachdem wir über die polnische Herkunft meiner

Eltern sprachen, äußerte er, dass er zwar traurig sei, dass ehemalige Teile Deutschlands nun zu Polen gehören, er aber jetzt seinen Frieden damit gefunden hat. Hat er das gerade wirklich gesagt? [...] Es geht schließlich um die Menschen, die dahinter stehen. Die unsere Vertreter des Volkes sein sollen. Und da reichte mir ein Kennenlerngespräch mit Herrn Roscher, um mich fragen zu müssen: Wie erstklassig kann bitte eine Partei sein, wenn die Anhänger – zumindest von einem konnte ich mich jetzt schon einmal persönlich überzeugen – selbst keine Klasse besitzen?"[195]

Markus Roscher-Meinel beansprucht – wie die AfD – die gleiche Opferrolle, wie unter anderem die „Genderdiktatoren", die sie immer abhaten. Es ist auch ein hartes Leben, wenn man im Jahr 2006 für den *Deutschen Rock+Pop Preis* nominiert wird, später dessen Bundesvorstandsmitglied wird und beim Euro Video Grand Prix 2006 in Tirana Mitglied der Jury war, jetzt aber absolut niemanden mehr das peinliche Country-Elektro-Geseier interessiert.

Das Gegenkonzept zur AfD-Demo war nicht nur erfolgreich, weil Nazis scheiße sind, sondern weil für jeden was dabei war – und es Spaß gemacht hat. Nicht nur für Krawalltouristen. Bei der AfD war es so sterbenslangweilig wie in einem Bierzelt ohne Bier. Die Stunde zwischendurch auf dem Leipziger Platz raven war hingegen besser, als jede Party im Club. Zu wissen, dass es jeden Moment losgehen kann, dass ein Finger durch eine Passage stürmt, ein Bulle im Hitzewahn durchdreht, oder eine Spaßfraktion Anzugspasten mit Lametta erschießt, gibt genau den Reiz, der den Tanz zu mehr als einem Kinderspielplatz für Erwachsene werden lässt. Ihr erinnert euch: kein Bier auf der Demo. Aber wieso nicht? Dann hat man immerhin was für die Party – und zum Werfen.

PRAKTISCHES

> **Du willst was bewegen? Geh zu den Fingern. Du willst kloppen? Geh zur Antifa. Du willst nur dagegen sein? Mach dir ein Plakat und lauf mit. Je größer und absurder, desto besser. Ganz fein sind auch Tröten, bis dich die Mitdemonstranten vor Ohrenschmerzen lynchen. Und – verdammt nochmal – nimm genug Wasser mit. Bist du bei den Fingern oder der Antifa lass das Handy auf jeden Fall zu Hause. Es sei denn, du willst dich wie ein verkannter Promi fühlen, weil du überall hin verfolgt wirst. Oder, du bist WhatsAppxibitionist und willst, dass all die treuen Staatsdiener deine Nachrichten lesen.**

---

195 https://t1p.de/0ih7 (30.5.18)

Undeutsche Merkel

Eine gut angeheiterte Runde, fette Cocktails kreisen, dann noch fettere Tüten, dann Lines, dann Gerechtigkeit. Ein Musiker, ein Student, ein Musikstudent und ich. Alle rechtschaffend bis illusionär links. Die reden gerne, weil das nichts kostet. Das zeigt sich spätestens, als das Gespräch auf Handwerker kommt. Meiner Meinung nach zu 80 % Arschlöcher, Vollidioten und Nazis. Voll. Das. Drama.

Geht ja gar nicht. Kannst du doch nicht sagen. Wieso? Nicht, weil ich leider in den letzten fünf Jahren mehr mit denen zu tun haben musste, als für zwei Leben reichen würde, sondern weil das nicht gerecht ist. Der Mensch ist gut, basta. Dass Lohndrückerei, Subunternehmertum und Mechanisierung eine Rolle spielen? Egal. Schon mal die Poster vom *Handwerk* gesehen? Wo junge Leute mit Schraubenschlüsseln an Zahnrädern ziehen? „Wieder mal die Welt gerettet"? Am Arsch. Handwerk, das ist die Vergangenheit. Das sollte kein Mensch mehr machen müssen. Dafür gibt es Technik. Klar, die ist noch teurer als Sklavenarbeit, weil Arbeit steuerlich subventioniert wird. Aber das ändert nichts daran, dass jeder, der Dekaden an Scheißerohren rumschraubt, irgendwann selbst scheiße wird. Aber fick Argumente, wer so was sagt, ist ein Sozialverräter, ein Spalter, ein Klassist! Genau wegen dieser Redeverbote geht die Linke am Stock. Und es stellt sich heraus: Der, den es am meisten anpisste, ist Sohn eines Handwerkers. Zufällig Zahntechniker, die ich am wenigsten im Kopf hatte, aber die von 3-D-Druckern jetzt reihenweise obsolet gemacht werden. Ein Hoch auf das Abstrahieren!

Als der Techniker und der Handwerker für die Waschmaschine vorbeikommen, tritt der größte anzunehmende Unfall ein: Dialog. Natürlich will der Handwerker erst mit mir quatschen. Das sinnlose Gelaber, das er versucht, bis er an meiner Wand aus Einsilbigkeit scheitert. Das Gelaber, das heißt: Ich hasse meinen Job, bitte rette mich! Mein Charakter ist zu hässlich, als dass ich mit ihm allein sein will! Stille schmerzt, aber sie muss sein. Smalltalk ist nicht, in der Garantie ist keine Betreuung enthalten.

„Wo isn die her?", fragt er, auf die Waschmaschine zeigend.

„Aus dem Internet."

„Ach so ja, gibt ja in Berlin so wenig Einkaufsmöglichkeiten."

Berliner Humor, mir kommt das Frühstück hoch.

„Ich muss dringend was scannen", will sagen: meinen Kopf gegen die Wand hauen.

„Der Freund hier ist Türke", sagt der Techniker und meint die Waschmaschine.

Handwerker: „Ach wat. Gibts ja nich."

„Ne wirklich. Die ganzen Versandhandel, die zahlen da fuffzich Euro auf eine Million. Wir müssen alles 53 %, Miete, Alarmanlage, Sicherheit."

Dada vom feinsten.

„Nee wa, dis kann ja nich sein. Die tun einfach nichts mea für die Deutschen. Dit deutsche Volk."

Techniker: „Nee, wa, da fasteht man, wenn viele AfD wähln."

Sie tasten sich heran, hier bahnt sich eine politische Romanze an.

„Ja, ick meine, da sind ja ooch Richter und Professoren drin. Die können ja nich alle doof sein."

Nein, denke ich, aber Arschlöcher.

„Weeste," kommt der Handwerker in Fahrt, „die Ausländer, die kommen hea, und aabeiten nich. Die wollen nich aabeiten."

„Gabs bei uns in der DDR auch, Ausländer. Vietnamesen. Die wurden dann Facharbeiter und ab nach Hause. Kein Bleiberecht."

In welcher Parallelwelt leben diese Menschen? Sind die mal S-Bahn gefahren? In Friedrichshain stellt ein Teil der 19.300 Berliner Vietnamesen mit die größte Zuwanderergruppe.[196] Fast alle Blumenläden sind (aus unerfindlichen Gründen?) vietnamesisch. Und was ist mit all den Restaurants? Waren die mal was anderes als Currywurst essen? Dieses urdeutsche Gericht?

„Richtig so. Wer nich aabeiten will, ab nach Hause!"

Ich habe das Bedürfnis mit dem Schreibtisch zu werfen. Wissen die, dass die Bearbeitung eines Asylverfahrens im Schnitt fast ein Jahr dauert – ohne Berufung?[197] Dass von den Berufungen 40 % durchkommen, aber erst nach mehreren Jahren?[198] Dass man in dieser Zeit nicht arbeiten darf und der Staat zwangsweise deswegen zahlen muss? Dass Gesetze dazu laufend geändert werden, sodass Geflüchtete haufenweise ihre Ausbildungsplätze verlieren? Dass Zuwanderer eine höhere Rate von Geschäftsgründungen als die faulen Deutschen

---

196 https://t1p.de/6jj3 (4.4.2019)
197 https://t1p.de/mbmk (14.8.18)
198 https://t1p.de/kiqo (17.9.18)

haben (vielleicht meckern die einfach lieber)?[199] Dass Zuwanderer 22.000.000.000 € mehr ins Sozialsystem zahlen, als sie ausgeschüttet bekommen?[200] Aber es ist kein Wunder, dass die Angst vor Konkurrenz haben. Wenn man so debil und unausgebildet wie diese Handwerker ist, kann einem jeder afghanische Schafhirte nach einem halben Jahr die Arbeit wegnehmen.

„Die bekommen jetze alles bezahlt, Schulbücha und so weiter. Wir mussten früher allet selbst zahln!", ruft der Handwerker.
I call Bullshit. Schon mal was von „Lernmittelfreiheit" gehört? Schulbücher sind für soziale Härtefälle umsonst, nicht nur in der DDR. Sieht man ja, was deine Schulbildung gebracht hat. Was ist denn deine Lösung Sherlock: nur noch käufliche Bildung? Die Welt wird sicher besser, wenn nur noch Pfosten wie du rum laufen. Hat man ja '39 gesehen, was passiert, wenn sich Millionen von euch mitreißen lassen. Davon abgesehen ist die „kostenlose" Bildung der Handvoll Abgeschobenen ein Witz gegen die 287.000.000.000 €, die der Exportweltmeister Deutschland aus neokolonialen Exportdumpinggeschäften einnimmt.[201] Der Brüller: alles unter künstlicher Billighaltung der Währung dank den dafür zahlenden Griechen. [202]

„Das Grundgesetz", versucht der Techniker zu bremsen, „war ja eine gute Idee. Der Kaiser hat das schon flexibel ausgerichtet."
Was soll der ausgerichtet haben? Das Grundgesetz wurde 1949 erarbeitet. Nicht vom Kaiser, sondern im Auftrag der drei westlichen Besatzungsmächte vom Parlamentarischen Rat in Bonn. Die Stimme trieft, während er vom Kaiser (wohl Wilhelm II.) erzählt, vor Bewunderung an einen Diktator, der martialisch, selbstherrlich und bestenfalls unfreiwillig witzig war. Er ließ Sätze von sich wie: „Blut muss fließen, viel Blut", nannte Bismarck „Pygmäe und Handlager", meinte: „Ich glaube an das Pferd. Das Automobil ist eine vorübergehende Erscheinung", und natürlich ganz klassisch: „Die Presse, die Juden und Mücken sind eine Pest, von der sich die Menschheit so oder so befreien muß – am besten mit Gas."[203] Zu allem Überfluss floh er, nachdem er einen hinterhältigen Angriffskrieg verloren hatte, feige in das belgische Spa. Das ist dein Held? Sein Erzieher Georg Hinzpeter

---
199 https://t1p.de/nbe6 (14.8.18)
200 https://t1p.de/h18o (14.8.18)
201 https://t1p.de/2p6e (14.8.18)
202 https://t1p.de/h93s (15.8.18)
203 https://t1p.de/x6k5 (17.8.18)

war prophetisch: "Zum Repräsentanten taugt er, sonst kann er nichts [...] Er hätte Maschinenschlosser werden sollen."

"Aber es is zu alt. Die konnten das ja noch nicht wissen mit Internet und so."

"Genau. Man musset jetzt eben anpassen."

Wie genau?, frage ich mich. Die Menschenwürde raus streichen? Oder nur für Nichtarier?

"Wusstest du, dass die Flüchtlinge für die Arbeit im Knast auch Rente bekommen? Die werden nach Afghanistan abgeschoben und haben Rentenansprüche! Google das mal!"

"Ach wat!", staunt der Handwerker.

Wat, allerdings. Erstens ist das Unsinn. Zweitens ist das im Knast Sklavenarbeit. Die Bezahlung gerade mal 3 €/h.[204] Ein Rentenanspruch ist das mindeste, was folgen sollte. Was wollt ihr? Sklavenarbeit gegen Essen? Selbstfinanzierte Gefängnisse wie bei "Amerikas härtestem Sheriff" Apario in Nevada?[205]

"Die Politiker, die verarschen uns doch alle!", whatabouttiert der Handwerker.

"Berufspolitiker sag ich nur."

"Ja, die haben doch alle nich jearbeitet! Die sollen mal arbeiten!"

Eine Arie an die Redundanz. Man hört förmlich die Kruste in den Arterien. Die betreiben Politik wie Fußball: Nur die Seite und die Lautstärke zählt.[206]

"Ich bezweifel überhaupt, dass die Merkel ne Deutsche is! Ick will mal deren Geburtsurkunde sehen."

Der kenianisch-saudi-arabische Barak Obama lässt grüßen.

"Ich meene, da war doch diesa Wahrsager, im 15. Jahundat, diesa ... Nosferatu?"

"Nostradamus?"

"Jenau. Der sagte, es kommt eine Invasion über das Meer – von Menschen!"

"Es ist doch komisch, früher mussten die Europäer die als Sklaven einfangen, jetzt wollen die hier her."

Die Schmerzen. Nur weil die Sklaverei falsch war, ist das Ersaufenlassen im Mittelmeer jetzt nicht mehr falsch? Jeder Grundschullehrer würde dem für diese Argumentation zu Recht eine mit dem <u>wattierten Rohrstock geben</u>.

204 https://t1p.de/2plb (14.8.18)
205 Selbst der wurde zum Glück verknackt: https://t1p.de/ndiz 2.4. 2019
206 Die Japaner sind ausgenommen, die räumen sogar nach dem verlorenen Spiel die Stadien auf. https://t1p.de/u8wt (5.9.18)

„Die Nahles, die hat doch ooch Dreck am Stecken!", grölt der Handwerker rein. Der spürt gar nichts mehr. „Ick hab drei Kinder, da muss ich Untahalt zahlen, und das jeht alles an die Ausländers!"

„Ich hab auch zwei Kinder", der Reparateur versucht sich in Deeskalation, aber der kommunikative Zug ist abgefahren. Schade, dass die Dummen bevorzugt werden.

„Die U-Bahn-Zündler, die U-Bahn-Treter, die sind schon wieder frei! In den Knast sollten die, zehn Jahre, und dann ab nach Hause!"

Wie schlecht kann deren Informationsfilter sein? Nicht nur, dass der U-Bahn-Treter im Knast sitzt, der wird dort dank der Hassberichterstattung rechter Wischblätter wie der *B.Z.* auch zusammengetreten.[207] Oder ist die *B.Z.* dem Handwerker zu links?

„Ick möcht hier auch nicht tot über dem Zaun hängen", sagt der Techniker und zeigt mit dem Finger aus dem Fenster. Zufälligerweise genau der Satz, den Bullen hier gerne sagen.

Ich möchte auch nicht, dass du hier wohnst. Wenn die ganze Rassismuspropaganda ein Gutes hat, dann, dass die Lobotomierten nicht mitbekommen, wo es sich gut lebt – da wo sie nicht sind.

Endlich ist die Waschmaschine repariert. Zum Abschied sagt er: „Der türkische Freund ist okay."

„Schön", sage ich und denke: Hoffentlich macht er dich arbeitslos.

Kein rassistischer Ausbruch ohne gutes Nachficken. Der alleingelassene Handwerker bellt die nächsten Stunden psychotisch das Radio an. „Ihr habt doch unsere Freiheit genommen!", als die Linke was vom Stapel lässt. Als die CSU massig Stimmen an die AfD verliert, gehässig: „Ha! HAHAHAHA!"

Wo hört Rassismus auf, und wo fängt Geisteskrankheit an? Als der Handwerker fertig ist, lege ich ihm die hier verlinkten Artikel in einen Umschlag. Nicht, dass ich glaube, dass den das ändern würde. Hier geht es nicht um Fakten oder Logik. Hier geht es um Würde, die fehlt. Die wird keiner von den beiden je zurückerlangen, nicht, wenn sie glauben, sie nur durch nach unten Treten herstellen zu können. Die beiden sind Dinosaurier, die werden aussterben.

PRAKTISCHES

Scheiß auf die Alten, die ändern sich nicht mehr. Rede mit den Jungen. Wenn alles nicht hilft: Sarkasmus. Dann fühlst du dich wenigstens besser.

[207] https://t1p.de/7zo9 (14.8.18)

Kommunistenjesus

„Seit einer Woche habe ich den angenehmen Punkt erreicht, wo ich aus Mangel an den im Pfandhaus untergebrachten Röcken nicht mehr ausgehe und aus Mangel an Kredit kein Fleisch mehr essen kann. Das alles ist eine Scheiße, aber ich fürchte, daß der Dreck einmal mit Skandal endet. Die einzig gute Nachricht haben wir von meiner ministeriellen Schwägerin erhalten, die Nachricht von der Krankheit des unverwüstlichen Onkels meiner Frau. Stirbt der Hund jetzt, so bin ich aus der Patsche heraus." – Karl Marx.[208][209]

Es gibt sie noch, die bösen Dinge. Zum Glück. Zum Beispiel, wenn der Netteste, Gerechteste, der, der es am wenigsten verdient hat, abgezogen wird. Natürlich – jubelt der *Bild*-Leser – im Görli.

Die Geschichte ist schon so der Knaller, aber nur, wenn man Alex kennt, wird sie zur Bombe. Alex ist vielleicht um die 40, sieht aber wie Ende 20 aus. Das ist merkwürdig, denn er hat einen guten Teil seines Lebens damit verbracht, sich alles außer Heroin reinzuschießen, woran er seine Finger krallen konnte. Dekaden hat er im Dunkel von Clubs verbracht und getanzt, bis die Kniegelenke knirschten.

Alex ist ein Wikingerbabyface. Groß, lange, blonde Haare zum Zopf gebunden, die Brusthaare winken aus dem zu eng anliegenden T-Shirt. Das schreit: „Ich bin noch auf dem Fleischmarkt", die randlose Brille schreit: „Akademiker", das viel zu oft getragene Stachelhalsband: „Ich bin in den 90ern hängen ... hängen ... hängengeblieben." Für solche Freaks gibt es einen Ort. Die Schule.

Natürlich ist Alex, wie die meisten Gescheiterten, Lehrer. Wir müssen den Kindern ja beibringen, was sie erwartet: eine endlose Aneinanderreihung von Enttäuschungen und Erniedrigungen. Die postet er, wie alle, die zu alt sind, um *hip* zu sein, auf *Facebook*. Jeden Tag. Seitenweise. Hyperkritische Analysen des Kommunistischen Manifests wechseln sich mit Selbstmitleidsorgien ab, weil er wieder einen massiv unterbezahlten Job (nicht) bekommen hat. Echt, Sherlock? Du postest die ganze Zeit, dass das ganze System kaputtgeschlagen

---

[208] https://t1p.de/3rny (8.8.18)
[209] Noch schöner ist, wie selbstgerechte Wessis darauf reagieren: „Genau der gleiche falsche verlogene Menschenschlag wie die Ossis, die wir dummerweise jahrzehntelang mit Material und Geld beschenkt und ihnen Arbeit gegeben haben, damit sie später hinter unserem Rücken Verschwörungen schmieden, uns bestehlen, veruntreuen, erpressen, verleumden, stalken und unsere Familie auslöschen. Ich gelte bis heute noch als Dieb für das Geld, daß ich dem Abschaum überwiesen habe, obwohl ich schwarz auf weiß die Überweisungen habe. Über so viel Abschaum kann man nur kotzen!"

gehört, das alles und jeder dümmer ist als du, und jeder, der in der Hierarchie höher steht, ein fieser Ausbeuter ist. Nicht, dass Letzteres nicht stimmt. Aber man muss es nicht auf *Facebook* posten. Denn selbst die dekadente ausbeuterische Kapitalistenklasse macht sich mittlerweile die Mühe, nachzusehen, was das Prekariat so auf seinem Profil schreibt. Kapitalismuskritik ist nicht unbedingt das, was die lesen wollen. Selbstmordandrohungen schon gar nicht. Die werden zwar ein wenig erleichtert sein, wenn zwei Tage später ein Festival geplant wird, aber nicht begeistert, wenn durch jede Zeile „Drogen! Drogen! DROGEN!" durchschimmert.

Das Deprimierende ist, dass Alex die absolut verrohten, manischen Joggerinnen, die ihn selbst bei der Selbstmordandrohung noch niedermachen, nach allen Regeln der Rhetorik auseinandernimmt. Alex ist vielleicht einsam, ein regelrechter Sozialkrüppel, er ertrinkt in Selbstmitleid – aber er kann was. Er ist zudem sicher einer der besten Lehrer, die man Kindern vorsetzen kann. Nur ist er absolut und vollends lebensuntauglich.

Nicht mal mehr parktauglich. Als Alex mit den Leuten, die vorgeben, seine Freunde zu sein, aber die nur zu verklemmt sind, ihm zu sagen, dass er nervt, dasitzt, nähert sich ein Typ. Nicht irgendein Typ. Er ist schwarz. Und besoffen. Keine gute Kombination für jemanden, der bis zur Groteske gerecht ist.

Der Besoffene setzt sich ungefragt und lallt unzusammenhängend. Soweit nichts Besonderes, klassisches Berlin. Er rückt allen sehr auf die Pelle, legt seine schmalzige Hand auf Alex Schulter, lacht ihm aus 2cm Entfernung ins Gesicht. Alex riecht seinen nach Fischabfall stinkenden Atem, er spürt den feinen Nieselregen auf seiner Iris. Aber was soll er sagen? Das ist nur ein armer Flüchtling, nein Geflüchteter! Niemand will hier diskriminieren! Der hat bestimmt ganz heftige Traumata. Alex kann zwar nichts dafür, aber vielleicht doch. Er profitiert ja von den neokolonialen Ausbeutermechanismen von Weltbank bis zur EU-Agrarpolitik. Ja, gesteht er sich ein, auch er hat die billige *Unfairtrade*-Milch gekauft – aber nur, weil das Hartz sonst nicht reicht!

Hat man wie Alex keinen Arsch in der Hose, dann bleibt nur, verlegen zu lächeln und sich zu wünschen, Sarah Wagenknecht käme wie die Hexe im DDR-Film *Spuk unterm Riesenrad* auf einem Staubsauger angeflogen und würde einen retten. Doch niemand hält die Fassade ewig aufrecht, das Lächeln sinkt um einen Mikrometer nach unten.

Der Besoffene und jetzt regelrecht auf seinem Schoß Sitzende merkt das, der Ton schwingt plötzlich auf aggressiv um. Rassisten seien sie, alle. Er tut so, als würde er Alex eine Flasche über den Kopf ziehen. Dann fällt er, wie es scheint versehentlich, auf ihn. Er sieht sich um, fast verwundert, steht auf, und haut ab.

Wieder eine Erniedrigung überlebt, durchfährt es Alex. Was er erst merken wird, als er wieder zu Hause ist: Sein Portemonnaie ist weg. Jetzt fällt es ihm ein: Der Atem roch zwar nach Fisch, aber nicht wirklich nach Alkohol. Deswegen saß der Fremde, er fühlt sich hier geschmeichelt, weil er an Camus denkt, auf ihm. Deswegen der ganz und gar nicht unabsichtliche Sturz.

Die Potte (hier fühlt er sich jung und urban) ist kein großes Problem, da ist sowieso nie viel Geld drin. Das kann man auf *Facebook* nachlesen, die Kippen spart er sich wortwörtlich vom Mund ab. (Hätte er ohne den Luxus Rauchen nicht die *Fairtrade*-Milch kaufen können?) Doch auch sein Handy ist weg. Das ist eine Tragödie epischen Ausmaßes.

Jetzt sitzt Alex bei einem Grillen und man merkt, wie es ihn innerlich zerreißt. Wie der Antikolonialismus und Kommunismus mit dem Fakt zu kämpfen hat, dass genau einer der maximal Benachteiligten ihn abgezogen, ja kolonialisiert hat. Für viele, die aus guten Absichten ins Dogma gerutscht sind, ist die diffuse Realität härter zu schlucken als das Sonderangebot von *Dildoking*. Genau die, die die meiste Hilfe benötigen, benehmen sich oft wie absolute Arschlöcher. Das hat nichts mit „Rasse", Armut oder Geschlecht zu tun. Das würde jeder von uns so machen. Deutschland galt im 18. Jahrhundert, als es bitterarm war, den Franzosen als zu irrational, als dass man da jemals Geschäfte machen könnte.[210] Nicht Kleider machen Leute, Umstände machen Leute. Deswegen ist es logisch, linke Politik zu unterstützen. Es ist wissenschaftlich erwiesen, dass, wenn eine Gesellschaft gerechter ist, es auch den Reichen besser geht.[211] Aber es macht keinen Sinn mit den Ghettokids vom Kotti abzuhängen, mit den Arbeitslosen Sachsen in der Stammkneipe, mit den besoffenen Tickern im Görli. Die sehen, dass du nicht dazugehörst, und die werden dich ausnehmen.

Das ist besonders tragisch für Alex, der am wenigsten Schuld an ihrer Misere ist. Alex ist der Jesus der Kommunisten. Aber es ist ein

---

210 Ha-Joon Chang ; 23 Things They Don't Tell You About Capitalism; 9.6.18, Penguin 2011, S. 131-147
211 http://www.equalitytrust.org.uk/ (9.6.18)

Spiegel der Einstellung, die ihn scheitern lässt. Wenn du es allen recht machen willst, benutzen die dich als Klopapier. Manchmal ist ein Arschloch sein nicht nur die beste Kur, sondern bringt dich weiter.

Natürlich ist es scheiße, abgezogen zu werden, niemand verzichtet freiwillig auf Handy und Kohle. Aber, und da könnte sogar Alex zustimmen, es hat auch Vorteile. Die Gentrifizierung ist der neue Rassismus. Arme, Ausländer, Studenten haben in den interessanten zentralen Lagen nichts mehr verloren. Kreuzberg ist schon jetzt der teuerste Bezirk für Neuvermietungen. Doch der Ausverkauf wäre noch viel schneller, hätten die wirklich Reichen, die wirklich Weltfremden, nicht immer noch Angst vorm, wie es auf Hipstertaschen steht, Kottbusser Tor. Oder vorm Görlitzer Park.

Die wahllose, ungerichtete Kriminalität ist der Klassenkampf der nicht mehr existierenden Arbeiterklasse, würde Alex sagen. Die Herrschenden haben Überwachung, Repression und die sanfte Gewalt durch Verdrängung, die die meisten Affirmationszombies nicht als Gewalt sehen. Aber, wie Mike Davis in der epochalen Ghettokritik *Planet of Slums* sagt, die Entrechteten haben eine große Vergeltungswaffe, das Chaos: „If the empire can deploy Orwellian technologies of repression, its outcasts have the gods of chaos on their side."[212] Wenn die Ordnung siegt, werden Städte wie New York Postkarten ihrer selbst. Solange das Chaos noch existiert, wird es nicht nur nicht so teuer, sondern bleibt spannend.

Der Görlitzer Park ist nicht gefährlich, aber verschweig das ruhig deinen reichen Verwandten aus München. Natürlich solltest du auch da nicht mit Fuffis um dich werfen, besonders nicht bei Nacht. Viele Frauen sagen, sie fühlen sich da ein bisschen mulmig, aber im Großen und Ganzen regeln die zu 99 % schwarzen Ticker alles unter sich. Klar, die stechen sich manchmal ab. Wenn du dich aber nicht als Held aufführst, hast du nichts zu befürchten. Die tausenden Schwarzen, die im Mittelmeer ertrinken, kümmern dich schließlich auch nicht. Natürlich, wenn jemand ankommt und dich nervt, dann sag ihm, er soll sich verpissen. Das ist wie mit schreienden Kindern in der U-Bahn, man muss sofort den Waggon wechseln, das wird nicht besser. Selbst wenn du zehnmal abgezogen wirst, die niedlichen, bei Dämmerung hervorhoppelnden Kaninchen am Berg gegenüber des *Edelweiss* sind das auf jeden Fall wert.

212 https://t1p.de/k7xp 12.6.17

Deutschland kaputtheiraten

„Zu einer glücklichen Ehe gehören meist mehr als zwei Personen."
– Oscar Wilde.

Capital Bra dröhnt aus der Boombox der Gang, lauter als das Kreischen der U-Bahn. Alle sind maximal 14 und haben, dem Gehabe nach zu urteilen, unfassbar große Genitalien. Sie beschallen die ganze U-Bahn, fahren immer zwischen Hermannstraße und Jannowitzbrücke hin und her. Ein bisschen Koks für die Clubgänger an der Jannowitzbrücke, ein bisschen Gras für die Hippies an der Schönleinstraße, Heroin für die Fertigen an so ziemlich jedem Bahnhof. Man würde denken, da will man unerkannt bleiben. Der Gang kann es aber zurecht völlig egal sein, die sind alle noch nicht strafmündig. Was man eben so mit Verboten erreicht. Der Gesetzgeber könnte, er könnte jetzt natürlich darüber nachdenken, ob Prohibition funktioniert. Schon jemals funktioniert hat. Oder er kann Kinder in den Knast stecken. Wie zurzeit jährlich 200 in Berlin.[213]

Gleichzeitig leben im Containerdorf auf dem Tempelhofer Feld 1.000 Flüchtlinge.[214] Wenn man sich mal wirklich gruseln will und ein originalgetreues Drittes Reich Reenactment erleben will, sollte man bei einbrechender Dunkelheit an die Seite des Flughafengebäudes Tempelhof am Columbiadamm gehen. Da tun sich nicht nur fiese Tunnel auf, sondern auch tiefergelegte Straßen, an deren Ende der Eingang der Flüchtlingsunterkunft klafft. Kein Normalbürger bekommt das hier je zu sehen, die müssten anschließend auch zwei Jahre in psychotherapeutische Behandlung. Der Grind läuft die Plattenwände herab, rostige Gitter vor den Fenstern, Sicherheitsleute blicken jedem missgünstig nach. Zombies schleppen sich schlurfend zum Eingang der Obdachlosenunterkunft, genau neben dem der Flüchtlingsunterkunft. Wenn da morgens die Türen aufgehen, kommen gerade die schreienden Alkoholiker und fertigen Junkies an. Da freuen sich die aus dem Krieg geflüchteten Kinder sicher. Willkommen in Deutschland.

Gegen den Eingang der Flüchtlingsunterkunft wirkt aber selbst die Halle mit den Obdachlosen noch heimelig. Hohe Zäune, wie Jesus gekrönt mit Dornen von Nato-Draht, 10.000-Watt-Scheinwerfer, die

---

213 https://t1p.de/ep2f (16.8.18)
214 https://t1p.de/e8na (16.8.18)

einen direkt anstrahlen, lange Gänge, wie zum Viehtreiben. Absolut gelungen, wenn man alptraumhafte KZ-Assoziationen wecken wollte.

Das Lager sieht nicht nur menschenfeindlich aus. Man muss gar nicht die jahrelang fehlenden Duschen, den Schädlingsbefall, die fehlenden Trennwände erwähnen. Auch nicht, dass vier Leute in einem Baucontainer schlafen müssen. Dass der zwar mit den schönsten Blick Berlins hat, direkt auf das Tempelhofer Feld, aber dass man natürlich nicht herausgehen darf. Man muss erst umständlich durch den Viehgang auf den Columbiadamm und dann wieder zurück. Nein, es reicht eine Zahl: 3.500 €[215]. So viel kostet einer der Container pro Monat. 17.000.000 € Baukosten bei einer geplanten Laufzeit von zwei Jahren. Wenn man das durch vier teilt, kommt man auf 875 € pro Kopf. Davon hätte sich jeder Flüchtling eine Einzimmerwohnung mit Blick auf den Kurfürstendamm oder eine Familie zusammen eine Wohnung mit einer Dachterrasse mit Blick auf den Berliner Dom mieten können. Selbst Politiker geben mittlerweile zu, dass das Projekt nach menschenrechtlichen, praktischen und kostentechnischen Gesichtspunkten eine Missgeburt war. Das hätten sie auch günstiger haben können.

Das Problem ist, dass kaum wer seinen fetten Arsch dorthin bewegt. Man sieht nur die Boomboxkids in der U-Bahn. Das sehen auch die Obdachlosen auf den Bänken, spätestens, wenn sie von Capital Bra aufgeweckt werden:

„*Bargeld, Ganja, Gucci, Prada, Hennessy*
Headshot Kennedy, fick deine Family, ich hab A-Sex im A6 mit Emily"[216]

Dann werfen sie ihrerseits ihre Handys an, *Unsere deutsche Wut* dröhnt über den Bahnsteig:

„*ihr kennt die neue landser schon*
der soundtrack zur arischen revolution [sic]"[217]

Die denken sich: Die kleinen Pisser da, die können alles machen, und wir armen Deutschen? Wir werden von den bösen jüdisch-islamistisch-kommunistischen Echsenmenschen in der Regierung vergessen?

Da hilft sicher nicht, dass die Tafeln in Essen „Ausländern" die Speisung verboten haben. Kleiner Tipp, Menschen zweiter Klasse ist nie eine gute Idee. Außerdem munkelt man ja in linksgrünversifften

---

215 https://t1p.de/e8na (16.8.18)
216 https://myzitate.de/capital-bra/ (16.8.18)
217 http://www.songtextemania.com/deutsche_wut_songtext_landser.html (3.4.19)

Gutmenschenkreisen, dass nicht zu verhungern ein Menschenrecht ist.

Aber nicht alle müssen beschwerlich nach Europa laufen und sich dann einknasten lassen. Nationalitäten sind so 20. Jahrhundert. Heute ist es wurstegal, woher du kommst. Hauptsache du hast Geld. Ein Pass kann übersetzt werden in: katschinggg. In der Gesundheit, beim Verdienst, oder ganz einfach in das, was deine Regierung bereit ist zu bezahlen, wenn ein paar Beduinen dich kidnappen.

Die Summen werden aus gutem Grund geheim gehalten: um den Entführern keine Verhandlungsgrundlage zu liefern. 200.000 € für ein Pärchen ist aber schon mal drin, davon kann man ausgehen. Generell zahlen die USA nicht: Befreien oder Tod. Klappt super, denn 75 % der entführten Amerikaner haben ein „negatives Ergebnis", heißt: sind tot. Außer seinem Anhängsel Großbritannien fährt in der EU Frankreich das schlechteste Ergebnis ein, mit 25 % Toten.[218] Jetzt bemüht sich das Land um eine Nulltoleranzstrategie, die Totenzahlen steigen, die Entführungszahlen sinken nicht. Abschreckung funktioniert immer. Die EU zahlte von 2008 bis 2014 125.000.000$ alleine an al-Kaida.[219] Aber wozu ist Geld sonst da?

Fun Fact: Im Niger wurde die erste islamistische Geiselnahme vorgetäuscht. In Absprache mit der Regierung schüttelten ein paar Beduinen böse ihre Gewehre und fuhren ein paar verängstigte Touristen ein paar Tage durch das Land. Und siehe da, auf einmal bekommt das Militär Sponsoring vom Westen.[220]

Die Vorurteile der U-Bahn-Nazis reichen aber nur 7cm weit. Eindrucksvoll wurde das von einer schwarzen Journalistin bewiesen.[221] Sie hörte von einer Partnerbörse, wo sich Nazis gegenseitig vermitteln. Denn, man glaubt es kaum, es ist für Nazis schwer, eine Frau zu finden. Nicht jeder steht drauf, wenn man auf Schwächlinge eintritt. Wenn man zu blöde ist, geschichtliche Fakten anzuerkennen. Wenn man aussieht wie ein Dildo.

Sie meldete sich bei der Partnerbörse an, ohne Bild. Die Nazis kamen zum Date und ihnen fiel die Kinnlade runter. Aber, wider Erwarten, gingen die Wenigsten. Denn sie sieht gelinde gesagt <u>ziemlich fesch aus</u>. Und siehe da, die rechtsradikalen Einstellungen

218 https://t1p.de/2sxv (17.8.18)
219 https://t1p.de/wj11 (18.6.18)
220 https://t1p.de/i5s1 (16.8.18)
221 https://t1p.de/qwza (24.8.18)

schmolzen im Schein der wahrhaftigen Liebe oder der Vorfreude auf Geschlechtsverkehr dahin. Das „Alle-Ausländer-sind-scheiße-außer-Kemal-vom-Dönermann"-Phänomen.

In den Kreisen der jungen Urbanen, also den Menschen der ersten Klasse, wird Heiraten wieder in. Nicht aus amourösen Gründen, so kitschigem Scheißdreck wie Liebe. Wer das macht, ist ein Psycho und wird beäugt wie ein Albinoschimpanse. Nein, Heiraten ist einfach der billigste Weg, eine Aufenthaltserlaubnis zu bekommen. Malta bietet das als einer der wenigen EU-Staaten, ganz offen an. Für 650.000 € darfst du dich stolz Malteser nennen. Das ist doch einer Tradition von tausenden Jahren Dasein als Krankenhaus des Mittelmeers angemessen.

In Berlin sind es meistens Leute aus Ländern wie dem Iran, Brasilien, Thailand. Nichts was furchtbar am Arsch ist, aber auch nichts, wo Partystimmung aufkommt. In Brasilien zwar schon, aber wahrscheinlich nerven die Schießereien. Es sind meistens Leute, die sowieso schon das Geld und das Wissen haben, denen nur noch die Unterschrift fehlt. Leute, um die sich normalerweise jedes Land reißen würde. Aber der Pauschalrassismus von CSU und Konsorten unterscheidet nicht. Anekdote aus den Untiefen der Unzucht und Volksverhetzung: Sogar eine schwule Heimholheirat kann manchmal dann doch in, wenn nicht Liebe, dann zumindest Stöpseln enden. Gut, wenn die Freundin des anscheinend jetzt bisexuellen Typen tolerant ist und sich einen Toyboy hält.

Natürlich gibt es die härtere Variante. Aus kurdischen Gebieten im Irak, Syrien oder der Türkei werden Mädchen einfach zwangsverheiratet und dann ab nach Deutschland. Das kann gutgehen, viele schmeißen sich aber aus dem Fenster. Die Vietnamesen denken alles mal wieder perfekt durch, bei denen gibt es Geburtstourismus. Schwangere Frauen reisen ein und heiraten hier ihren „Ehemann". Der ist deutsch, meistens irgendein Assi in der Platte, und hat auf keinen Fall von einem Blumenhändlerclan 2.000 € bis 10.000 € zugesteckt bekommen. Er erkennt die Vaterschaft an, auch wenn das Kind so deutsch aussieht wie eine Frühlingsrolle. Die Vaterschaft kann jeder anerkennen, Gentests oder Ähnliches gibt es nicht.

Sobald sie ihre Duldung hat, beginnt die Familie zuhause abzuzahlen, an die Schlepper. Zahlungsverzug wird nicht angeraten. Die merkwürdigen Geschichten aus dem Polizeiticker, bei denen Vietnamesen mit der Axt zerhackt werden? Genau.

Sie bekommt ihr Kind und das ist dann deutsch. Durch den Schutz der Familie darf sie nicht abgeschoben werden. Im nächsten Vietnamurlaub wird sie wieder schwanger, das Kind wird erstaunlich ähnlich aussehen. Diesmal erklärt sie, es sei vom (richtigen) Vater in Vietnam. Der darf nun auch nachgeholt werden. Eine glückliche Patchworkfamilie.

Klingt einfach? Klar, wenn einfach bedeutet, in den Wehen vor der Notaufnahmestelle im Flughafen Tempelhof aus dem Auto geschmissen zu werden. O-Ton Krankenschwester: „Früher hatten die Schlepper wenigstens den Anstand, die schon im sechsten Monat kommen zu lassen." Wieso kommen sie überhaupt? Da sie nur mit Asylantrag krankenversichert sind. „Medizintourismus" nennen das Rassisten. Alle anderen sehen es als eine verzweifelte Reaktion auf die Abschottung einer Elite in einer neofeudalen Wirtschaftsordnung. Was sollen Geflüchtete seit *Dublin III* tun? *Dublin III* bedeutet, dass Asylsuchende in dem Staat Asyl beantragen müssen, den sie zuerst betreten haben. Kommen nicht viele auf Helgoland an. Das Grundrecht auf Asyl ist so de facto zum Krüppel geschlagen. Besonders Vietnam: Das wurde in den 70ern in die Steinzeit zurückgebombt, die sollten sich im Westen überall niederlassen dürfen.

Würde das nicht jeder von uns so machen? Ganz ehrlich, dies das, je mehr Zugewanderte wir haben, desto besser wird es. Desto weniger haben die Grobiane auf dem U-Bahnhof zu sagen. Deren „deutsche Wut" sich zum Glück aktuell nur im Bier exen ausdrückt, aber das muss nicht so bleiben. Wahrscheinlich würden die das „Zersetzung des Volkskörpers" nennen, „Deutschland kaputtheiraten". Andere nennen es Evolution.

Es ist kein Zufall, dass die USA, trotz all ihrer Probleme, die mediale Welt dominieren. Dieser wilde Mix aus Kulturen erzeugt eine wirtschaftliche und gedankliche Dynamik, die ihresgleichen sucht. Vergleiche mal *Rick and Morty* mit dem *Musikantenstadl*. Auch Großbritannien, mit seiner Kultur des schwarzen Humors, des Understatements und der Eleganz, hat seit Generation in den Kolonien nicht nur geschlachtet, sondern auch gelernt. Den Vorteil hatte Deutschland nicht, das kocht seit Jahrhunderten in der eigenen Suppe. Also: Arbeitsvisa für alle, das Asylrecht wieder anwenden und sich nicht mit dem Dublinabkommen[222] von der Bühne stehlen – und den ganzen Vollassis ein Grundeinkommen geben, damit sie sich totsaufen können.

---

222 https://t1p.de/vzfr (17.8.18)

Unglück für Fortgeschrittene

Erleuchtungshorror

> „Geld ist Demut."
> – Yogalehrerin, Resultat von 20-minütigen WhatsApp-Nachrichten,
> die sie bei einer Schülerin hinterließ.

Es mag den geübten Berliner überraschen, es gibt auch andere Möglichkeiten den Freitagabend zu verbringen, als in einer fiesen Spelunke Neurotoxine in sich rein zu kippen. Einen Sonnenuntergang auf dem Dach ansehen zum Beispiel. Ein ganz unschuldiges Vergnügen? Nicht in Berlin. Hier wird selbst das zu einer voll ausgewachsenen Horrorshow.

Für jede Party gilt die Unschuldsvermutung: ein paar Leute am Küchentisch, veganes Essen aus ausgehöhlten halben Ananaten. Die Jungen und Schönen, in den Zwanzigern und Dreißigern, verstörend international, grotesk tolerant. Eine ist schon Professorin, mit Anfang 30. Für kritische Theorie natürlich. Leider musste sie aus Texas vor aufgebrachten „Waffenrechtlern" fliehen, nachdem das Tragen von verdeckten Waffen auf dem Unigelände mit ihrer Zustimmung verboten wurde. Die Betonung liegt auf „verdeckt". Als ob das was nützt, wenn jemand mit einem Maschinengewehr zur Uni rennt und um sich schießt. Der Amoklauf der Schinkenfresse Charles Whitman, bei dem 17 Studenten starben, ist wohl schon zu lange her. Jetzt steht unsere offensichtlich migratonshintergründige (bis auf die paar Genozidnachfahren der Indianer sind alle in den USA Migranten) Professorin auf einer „Hit List" der Uni. Und da geht es nicht um Pop.

Leute also mit echten Problemen, die, sollte man meinen, nach echten Lösungen suchen. Anarchismus, Kommunismus, Transhumanismus? Kein Konversationsthema, uncool. Veganismus, immerhin. Doch vegan reicht nicht. Und da fängt das Problem an. Es muss ayurvedisch ein. Ein kleiner, aber wichtiger Unterschied, wie das eine (fehlende[223]) Molekül mehr, das aus Skorpion-Krustenechse, Zyankali, Witwenspinnen, Hodenextrakt und frischen Eierstöcken

---

[223] https://t1p.de/tobc (23.5.18)

Homöopathie werden lässt.[224] Und die ist über jede Logik erhaben. 1992 strich die WHO Homosexualität aus ihrem Krankheitskatalog, aber der „Der Bund Katholischer Ärzte (BKÄ)" weiß es besser.[225] Er verspricht die Wirksamkeit des homöopathischen Mittels *Globuli* zur sexuellen „Umorientierung" von Schwulen.[226] Oder wie wäre es damit: Kennt ihr den schon? „Esoterik-Anhängerin kauft Ayurveda-Heilmittel von indischer Heilerin? Ergebnis: Geschätzte vier Kilogramm reines Quecksilber gelangten so über Monate in das Kanalsystem. Der verseuchte Klärschlamm wird in Lenzing sicher verwahrt und muss nun fachgerecht entsorgt werden. Die Frau muss sich einer langwierigen Entgiftung unterziehen."[227] Veganes Essen ist sinnvoll, auch wenn das Carnisten im Kopf weh tut, da es immer angenehmer ist, genau das zu tun, was man tun will. Dann bleibt halt bei eurer Bulletproofpaleodiät und verreckt mit 60 an Arschkrebs. Veganer sind gesünder, leben länger, Männer haben mehr Testosteron und weniger Erektionsstörungen[228]. Alles kein Geheimnis, Menschen sind seit 100 Jahren Veganer und die Studien sprechen im Gleichklang mit den größten Ärzteorganisationen der Welt wie der *American Dietetic Association*[229] eine klare Sprache: die der Wissenschaft.

Ayurveda hingegen ist wie Yoga eine Pseudoreligion, die sich Marketinggenies, bevor es den Begriff gab, am Anfang des 20. Jahrhunderts für die westliche Welt ausgedacht haben.[230] Die Gesellschaft zur wissenschaftlichen Untersuchung von Parawissenschaften stellt angeödet fest:

„In Deutschland weit verbreitet ist der Maharishi-Ayurveda, der Praktiken des Ayurveda mit der umstrittenen Transzendentalen Meditation (TM) verbindet. Entwickelt wurde Maharishi-Ayurveda von dem indischen Guru und TM-Erfinder Maharishi Mahesh Yogi Anfang der 1980er Jahre. Fachleute sehen darin eine Marketingstrategie Maharishis zur Vermarktung der TM."[231]

Völlig sinnentleert, außer für den, dessen Seminare besucht und Bücher gekauft werden. Man muss sich ziemlich viel verbieten, kann dafür sein pathologisches Selbstinteresse als „Versenkung" oder

---

224 https://t1p.de/zw4u (23.5.18)
225 https://t1p.de/euud (5.9.18)
226 https://t1p.de/hjfn (10.7.18)
227 https://t1p.de/4kvn (12.7.18)
228 https://t1p.de/cnd1 - https://t1p.de/f9np (23.5.18)
229 https://t1p.de/andp (25.5.18)
230 https://t1p.de/9k5z (30.5.18)
231 https://t1p.de/flsn; (1.6.18)

„Erleuchtung" anrechnen. Aufgrund ausgedachter Menschentypen wie „Vata, Pitta und Kapha" darf Saures und Salziges, Milch und Fleisch usw. nicht kombiniert werden. Koscher? Nein. Das Beste ist, man muss sich nicht blamieren, indem man sagt, man sei religiös – ist es aber strukturell trotzdem. Ob du den willkürlichen Quatsch, an den du glaubst, mit Gott, der Schöpfung oder den Schwingungen in deinem Innenohr begründest, kommt auf das Gleiche raus. Und auf einmal merkt man, dass unter der hübschen, dünnen, zivilisatorischen Maske all der unschuldigen Gesichter der Wahnsinn lauert.

Wie, das zeigen ambitionierte Studien: Amerikaner sehen Gott meist als jung, „kaukasisch", und gütig. Je nachdem, wer du bist und was du denkst, ändert sich dein Gottesbild. „Liberale" sehen Gott femininer, liebender und afroamerikanischer. Das gibt richtig Ärger bei Konservativen. Für die ist Gott ein alter, intelligenter und mächtiger Sack. Für alle ist Gott so alt und attraktiv wie sie. Ein Glück sind Menschen nicht egozentriert und größenwahnsinnig.[232]

Doch zuerst wird es zu voll, wie immer in Berlin. Über eine wacklige Leiter müssen sich auch die Fettis durch die Dachluke zwängen. Man muss viel zu viel Achselhaare und Körpereigenparfüm ertragen. Es lohnt sich, die Aussicht ist zum Kotzen schön. Sogar die bescheuerten *Maientage* lassen ein Feuerwerk steigen, Allah ist uns gnädig. Dann auf einmal, wie aus dem Nichts: „Come on, meditation!" Den einzigen gesunden Reflex, den man darauf haben kann, sind zwei Worte: *Fuck Off*.

Natürlich konversieren wir auf Englisch, ich bitte dich. Und natürlich hat man sich jetzt eine kostenlose Beratungsstunde reserviert: „Was denn los ist mit dir? Wie, du findest Meditation grässlich? Hast du schon mal die totale Harmonie erlebt?" Insofern du nicht fressen, schlafen, ficken und Steven Pinker lesen meinst: Nein, und da habe ich auch überhaupt keinen Bock drauf. Vielleicht ist mein Glück, Harmonie zu zerstören? Vielleicht ist ja genau das Schlechte, das Unvollkommene, der Zweifel der Motor für Kreativität? Vielleicht gibt es so was wie Harmonie nicht? Vielleicht ist es nur eine totalitäre Illusion, mit der du rechtfertigst, wie scheiße du eigentlich bist und wie wenig du die hässliche Welt aushalten kannst? Statt Antworten kommt die Universalkeule, Vulgärfreudianismus. Du hast sicher eine schlechte Kindheit gehabt, sagen sie, und meinen, du willst sicher deinen Vater töten und deine Mutter ficken. Es ist unglaublich, dass im Jahre 1386 nach unserem Herrn Mohammed Leute noch mit

---

[232] https://t1p.de/7p1z (23.9.18)

Freud argumentieren. Wenn sich heute irgendein Kokser versaute Theorien aus dem Arsch zieht, bestimmen die dann auch das Denken der nächsten 100 Jahre? Es ist nicht, weil seine Theorien so wahr wären. Einige Theorien, wie dass Obst im Traum Phalli darstellt, wurden sogar von einem gewieften *Google*-Analysten widerlegt.[233] Es ist der Fakt, dass sie überall passen, der sie so beliebt sein lässt. Jeder, der deinen Neohippiescheiß nicht mitkaspert, muss einen Komplex so groß wie die Achsenmächte haben. Denn sonst würde er doch sicher einsehen, wie unglaublich weise und perfekt ihr seid?

Das Verstörende ist, dass selbst Physikerinnen mittanzen. Eine Promovierende, vielleicht Ende 20, nicht besonders hübsch, dafür unlustig und aufdringlich. Aus darwinistischer Sicht ist aufdringlich mittanzen vollkommen annehmbar, irgendwie muss man Punkten. Wenn du Chiropraktiker oder Yogalehrer bist und an Unsinn glaubst, geschenkt. Du verdienst mit Scheiße dein Geld, du hast eine Motivation, deine *In Group* liebt dich. Aber eine Physikerin? Die jahrelang gelernt hat, wie Gesetzmäßigkeiten der Natur funktionieren, wie Ursache – Wirkung funktioniert, wie man mit Wahrscheinlichkeiten hantiert? Die möchte mir allen Ernstes etwas von „esoterischen Schwingungen" erzählen? So desillusionierend das ist, Darwin gibt wieder die Antwort. Es geht hier nicht um Wissen. Es geht um Grabenkämpfe. Egal, wie schwachsinnig dein Glauben ist, du grenzt dich damit von den anderen ab und bestätigst dich in der Gruppe. Wie der kanadische Neohippie, der Ayahuasca in Peru rauchen wollte, um was ganz besonderes zu sein und die Weltenseele zu fühlen.[234] Als seine Schamanin starb, lynchte ihn der – wohl seelenlose – Mob.[235]

Du bist ein bisschen hässlich, ein bisschen verklemmt, ein bisschen doof? Religion ist aber schrecklich out und du bist da voll Berlin, viel zu cool für? Du bist gerade jung genug, dass du den *New Age*-Quatsch in den 80ern nicht kennst? Deine Eltern in Tuttlingen haben den auch nicht mitgemacht, weil sie damit beschäftigt waren, manisch Karos zu sticken und zu tragen? Dann schnapp dir Esoterik. Yoga, Ayurveda, Bioresonanz, das Internet läuft vor Bullshit über. Da findest du haufenweise Regeln, die zwar völlig schwachsinnig sind, dir aber ein ganz festes moralisches Gerüst geben. Salz und Gewürze? Sünde! Wenn du dich nur lange genug hinsetzt und meditierst, also absolut gar nichts

[233] Everybody Lies: Big Data, New Data, and What the Internet Can Tell Us About Who We Really Are. Seth Stephens-Davidowitz. Dey Street Books; 2017; S. 121-143
[234] Mit Abstand der widerlichste Satz im Buch.
[235] https://t1p.de/216u (10.7.18)

machst, sendet dein Gehirn irgendwann aus Verzweiflung bunte Farben und Bilder und dann kannst du dich erleuchtet fühlen. Du könntest natürlich einfach eine Pappe LSD einwerfen oder zwei Minuten die Luft anhalten, aber das würde in deiner Gruppe wahrscheinlich nicht akzeptiert werden.

Es gibt sie noch, die tragischen Fälle. So, wie man mit Konservativen, *Bild*-Lesenden und Separatorenfleischfressenden befreundet sein kann, kann man auch mit Esoterikern befreundet sein. Die Freundin von mir kommt aus einem der letzten autoritären Staaten Europas. Das bedeutet, für Esoterik so anfällig zu sein, wie ein Gringo für Dengue im Dschungel. Nicht falsch verstehen, meine Freundin ist wahnsinnig clever. So clever, dass sie sich aus ihrer Heimat rausstudiert hat und jetzt in einem Ministerium arbeitet. So clever, dass, wenn der behinderte deutsche Geheimdienst sie klobige Fragen über den weißrussischen Geheimdienst fragt, sie die richtigen Antworten geben kann. So clever, dass sie 40-seitige Abhandlungen schreibt, die direkt die Gesetze in Deutschland beeinflussen. Aber sie ist so einsam, dass es Ayurveda sein muss.

In Großbritannien gibt es jetzt ein Einsamkeitsministerium: staatlich verordnete Nettigkeit, während der Staat zusieht, wie der neoliberale Raubtierkapitalismus die Massen verarmen lässt.[236] In Weißrussland gibt es zwar Bildung, aber keine kritische Bildung. So, wie die Ostdeutschen AfD wählen, weil sie nie gelernt haben, sich kritisch mit Aussagen auseinanderzusetzen. Wenn kritisch, dann nur mit dem Vorschlaghammer – Totalablehnung. Das wird dann zu schwachsinnigen Aussagen wie: „Wissenschaft ist doch auch nur eine Religion."

Ehrlich? Geschichten, die sich irgendwelche besoffenen vor 2.000 Jahren aus dem Arsch gezogen haben, haben die gleiche Wertigkeit wie alle Experimente, Journale mit *Peer Review*, Architektur, Weltraumfahrt, eigentlich alles, was materiell um uns existiert? Ursache, Wirkung und Argumentation sind das Gleiche, wie einfach irgendetwas Ausgedachtes zu behaupten? Platon würde sich erschießen.

Es ist das Gleiche, an den Grenzen der Wissenschaft (jetzt gerade Quantenpartikel und Bewusstsein) anzunehmen, dass es auf jeden Fall Gott ist und nicht einfach eine Frage, die die Wissenschaft noch nicht beantwortet hat. So lange wir zurückdenken können, wurde noch keine ungeklärte Frage durch Gott erklärt, sondern immer durch neue wissenschaftliche Erkenntnisse. Dass dein eigenes Gefühl

---

[236] https://t1p.de/adfy (12.7.18)

mehr wert ist als alle Beweise der Welt und der Geschichte? Wer so was wirklich glaubt, ist schlicht und einfach das, was man auf Latein einen „unwissenden Menschen" nennt: ein Idiot. Rudolf Virchow sagte: „Glaube beginnt, wo Wissenschaft endet und endet dort, wo Wissenschaft beginnt."

Aber so unwissenschaftlich denken die wenigsten. Für die meisten ist das der notwendige Kit für ihre Kohärenzillusion. Für die, die sich nicht im *Matrix* abschießen, ist es das, was ihre Identität bestimmt. Es geht nicht um Argumente, es geht um liebgehabt werden. Alle Irrationalen, alle Esoteriker, schreien einfach nur: Ich bin einsam.

Und das ist okay. Wir sind alle einsam. Und selbst wenn wir es jetzt gerade nicht sind, werden wir einsam verrecken. Niemand von uns lebt durch irgendwas weiter, außer vielleicht durch Kryokonservierung. Die Welt ist kalt, böse und zufällig. *Deal with it*, würden die Engländer sagen. Aber in dem Moment, wo du zwanghaft einen Sinn reininterpretierst, wie die Urmenschen ins Gewitter, setzt du dich eben nicht damit auseinander, sondern rennst davor weg.

Nicht nur das, du machst die Welt aktiv schlechter. Es ist kein Zufall, dass die meisten Verschwörungstheorien irgendwann in Antisemitismus münden. Der Nationalsozialismus war nichts weiter als eine riesige Verschwörungstheorie. Wer zwanghaft das Zufällige, das Schlechte, das Sinnlose aus seinem Weltbild ausklammert, braucht ein Ventil. Da würde sogar Freud zustimmen. Juden sind gerade zumindest in Deutschland noch ein bisschen out, aber dann findest du eben andere. Meistens genau die, die deine Verschwörungstheorie nicht teilen. Mal auf einer Flatearthconvention gewesen? Die kommen sich vor wie die letzten Überlebenden nach der Zombieapokalypse.

Wie sich das gehört, sitzen, saufen und kiffen wir noch ein bisschen. Nein, das heißt, meine Freundin kifft nicht mehr, darf man bei Ayurveda nicht. Ach so – und saufen darf sie auch nicht mehr. „Saufen" hier als ein, zwei Gläser Wein definiert. Einfach gar nichts, Saudi-Arabien. Wie denn auch, wenn man jeden Tag eine Stunde vor Sonnenaufgang aufstehen muss, jetzt also um 04:00 Uhr, um zu meditieren? Ja, sie hat sich von ihrem Freund getrennt, aber das hat natürlich überhaupt nichts mit ihrer Erleuchtung in Indien (wo sonst?) zu tun. Sie hatte Glück, dass sie nicht vergewaltigt, geköpft und im Dschungel aufgehängt wurde, wie es einer Litauerin neulich passiert ist.[237]

[237] https://t1p.de/hiy3 (23.5.18)

Da fragt man sich, ob das nicht Karma ist, wenn man egoabsorbiert in einem Land sitzt, wo die Armen verhungern und auf der Straße verrecken, und nach Erleuchtung sucht. Wenn man Weltbilder bedient, die genau dieses Elend ermöglichen. Das Kastensystem ist nichts weiter als eine Verschwörungstheorie.

Also, wenigstens kann man noch Typen verschleißen? Rumgedruckse. Masturbieren? Und dann sagt sie den Satz: „Die Energien kannst du viel besser in der Meditation kanalisieren." Ich bekomme das Bedürfnis, alle Sonnenauf- und Untergänge für die nächsten 100 Jahre zu verbieten. Wenn es noch einen Beweis brauchte, dass dieser ganze Esoterikscheiß nichts weiter als eine antihumanistische Elendslehre ist, dann war es der. Wieso sich nicht gleich die Klitoris abschneiden?

Man könnte jetzt sagen, gut, sollen die sich doch das Leben versauen. Selbst meine Freunde, mir als Psychopath geht das am Arsch vorbei. Das Problem ist, dass Esoteriker das Leben für alle verschlechtern. Das, was Leute an Berlin früher interessant fanden, war eben genau, dass Leute sich nicht in ihren kleinen, privaten Harmoniekäfig zurückgezogen haben, sondern ihre Umgebung aktiv veränderten. Die '68er haben den Kudamm kurz und klein geschlagen, die Autonomen Häuser besetzt, selbst die beknackten Raver haben noch in Ruinen getanzt. Was wäre Berlin, hätten die alle einfach Vishnu angebetet? München mit ein paar mehr Tempeln. Esoterik ersetzt nicht nur Politik, sie ist eine giftige mentale Infizierung, so, wie Quecksilber durch Ritzen sickert und Generationen vergiftet. Was ist eigentlich aus den guten alten Selbstmordsekten geworden, der *Jonestown* Sekte oder den giftgasmordenden *Ōmu Shinrikyō* aus Tokio? Wenn man überzeugt von seiner Sache ist, soll man die bitte auch durchziehen und nicht nur labern. Wie schon wieder der Engländer sagt: *Put your money where your mouth is.*

Trotz allem werden keine Teller geworfen. Trotz allem ist es irgendwie interessant. Nicht so interessant wie ein Autounfall, obwohl – so kitschig es klingt – andere Standpunkte bringen Menschen weiter. Irgendein berühmter Klugscheißer hat einmal gesagt: Man lernt am besten von seinen Gegnern. Und hey, immerhin war noch eine maximal angeödete Anfang-20-Jährige da, die erfrischend wenig Erwartung an das Leben hatte.

PRAKTISCHES

> Wenn du dich informieren willst, was an Dummheit gerade so in der Stadt geht, fahr nach Kreuzberg 61, an die Gneisenaustraße. Da, wo die Hippies aufgegeben haben, hängen überall Plakate von Gurus und anderen Päderasten. In indischen Restaurants wie dem Yogi Haus nahe Mehringdamm oder dem Tibet Haus (ihr merkt schon, die, mit den leicht senilen Namen) Zossener Straße liegen die Magazine von Verblendeten rum. Gute Comedy, schlechtes Leben.

Der schlechteste Club Berlins

„Der Mensch ist eine Krankheit."
– Agent Smith, Matrix.

Mickrige 1.035.645 Touristen kommen jährlich nach Berlin, um eine Auszeit von dem nervigen und abstoßenden Gebilde zu nehmen, das sie Charakter nennen. Nirgends kann man sich besser zentnerweise MDMA reinfahren und in finsteren Kellerlöchern zu Musik abspacken. Als Techno im *Hardwax*, einem Hinterhof am Paul-Lincke-Ufer, erfunden wurde, war das der Anfang vom Ende des interessanten Berlins.

Aber wenn man nur drauf genug ist, ist einem nicht nur das, sondern alles egal. Und das wird immer einfacher. Koks, Heroin, Ecstasy, Speed und Methadon wurden schließlich alle in Deutschland erfunden.[238] Am deutschen Wesen wird die Welt genesen! Koks wird schneller geliefert als Pizza: 30 % der Befragten des *Global Drug Survey* 2017 sagten in einer weltweiten Studie, ihr Koks sei innerhalb von 30 Minuten da. Berlin ist mit 25,6 % Spitzenreiter in Deutschland bei den Kokstaxis. Die Hälfte der Clubbesucher in der Hauptstadt des totalen Rauschs nimmt Ecstasy oder Amphetamine. Nur Glasgow lässt Berlin wie eine Nonne aussehen, da knallen sich die rothaarigen Monster 16g pro manchmal tagelangem „Abend" rein, und 0,6g MDMA.[239] Das ist nach allen Maßstäben viel zu viel.

Wem es nicht zu peinlich ist auf Spielplätzen für Erwachsene herumzuturnen, dem stehen einige Optionen offen: die *Ipse*, der *Knüppel* und dem, der gegen Klaustrophobie immun ist, sogar der

---

238 https://t1p.de/01xr (10.7.18)
239 https://t1p.de/sdxa (10.5.18)

Farbfernseher. Natürlich alles in Kreuzberg 36, damit man sich auf dem *Lonely Planet* nicht ganz so einsam fühlt. Da kann man dann Stuss reden, herumwackeln, und wenn es ganz gut läuft noch irgendwen vögeln, den man nüchtern nicht mit dem Arsch angesehen hätte. Man kann sich auf jeden Fall absolut sicher sein, dass nichts Neues passiert. Feiern in Zeiten von Merkel.[240]

Aber wieso nicht mal was wagen, die hässliche Fratze der Realität außerhalb von Komfortzonen niederstarren? Warum nicht mal in einen richtig schön beschissenen Club einfallen? Die *Aqua Club & Lounge* im *A10* wurde 2010 euthanasiert, die *Mausefalle* in Tegel 2013 und der dreckige Naziprollclub *Jeton* an der Frankfurter Allee 2011. Da war die Aftershowparty Zecken kloppen und zwar wie Scheißnazis das gerne so tun zwanzig gegen einen. Der hieß Silvio Meier und war dann tot. Noch heute ist eine Gedenktafel am U-Bahnhof Samariterstraße angebracht und eine Straße dort wurde nach ihm benannt. Diese Zeiten sind zum Glück vorbei. Was wäre heute, in Zeiten der Langeweile, das Grässlichste, was einem einfällt? Das *Matrix.*

Klingt nach 90er? Ist es auch. Eine Simulation der Epoche, in der nur eins zählte: *Fun.* Sie haben nicht mal die dreckige Eingangspappverkleidung gewechselt. Die Neonschrift verändert unmerklich die Farben. Der Bass wummert unter den U-Bahn-Brücken, das Regenwasser tropft durch, es stinkt nach Pisse. Willkommen im Zwölffingerdarm Berlins.

Der Eingang zum *Matrix* liegt hinter dem U-Bahnhof Warschauer Straße, konsequent an der Schlagader der Fertigen. Man muss durch den U-Bahnhof, eine Treppe runter und dann rechts in ein trostloses, ungerechtfertigtes Industriegebiet. Keine direkten Anwohner – für Clubs bedeutet das: Zukunft.

Touristen werden eingewiesen: Hier ist das Außengehege, hier die Tanzfläche, da die Toiletten. Jetzt Abmarsch, Spaß haben. Für Villingen-Schwenningen, Castrop-Rauxel und Zittau ist das so urban, wie es im Leben wird. Die können da zu Musik wackeln. Komisch, dass Menschen dieses Bedürfnis haben. Eine verkümmerte, wurmfortsätzige Form des Balzens? Autoaggressive Tendenzen?

Nach dem obligatorischen Flachbildschirm geht es in die backsteinernen U-Bahn-Bögen. Es ist gerammelt voll mit Feierwahnsinnigen, die so laut schreien, dass man sie selbst über die dreckige Chartmukke hört. Es fühlt sich fast an wie bei der armen Frau aus Florida:

---

240 Die feierte übrigens gerade in der Sauna, als die Mauer fiel. https://t1p.de/01xr

„Ich konnte fühlen, wie die Kakerlake immer weiter in mein Ohr eindringen wollte. Es war nicht wirklich der körperliche Schmerz, der so unerträglich war, sondern die psychische Folter. Außerdem hörte ich ständig ein dumpfes Summen, es war bizarr."[241] Der Geruch ist nicht besser. Eine Welle aus Schweiß und Hormonen haut einen aus den Schuhen. Wie ein Schulturnbeutel, den man ins Gesicht geworfen bekommt, tausendmal verstärkt. „Elementar scheußlich, grenzenlos und absolut", würde Thomas Bernhard sagen. Dann um die Ecke und in einem Wackelpudding aus verwachsenen Körpern stehen tatsächlich Käfige. An die konnte ich mich gar nicht mehr erinnern. Die, die sich darin räkeln, als wären sie die wieder auferstandene Rihanna, wären ein Hosenfeuerwerk für jeden Pädophilen. Für alle anderen ist es jenseits von bizarr, fremdschämig bis zum Autokastrationsreflex. Im Flur ist eine merkwürdige Panzertür, die Barfrau sagte Kühlraum. Wahrscheinlich gehen die Angestellten da zum Weinen rein.

Schnell wieder raus, Luft schnappen. Die *VIP Area* ist hier der Bedienstetentisch am Eingang. Zwischen dem Außengehege und den Türstehern. Im Außengehege geht der Wahn ab. Ständig lehnen sich Menschen unkoordiniert gegen den Gitterzaun. Flaschen fallen mittelunabsichtlich runter, die ganze Zeit versuchen Einzelne, zu entwischen. „Wir sterben hier!", ruft einer.

Der rote Teppich ist neben der Tür und nur 2m lang. Er ist auch nicht für die Reichen und Schönen, sondern für die Kreislaufkollabierten und Kotzenden. Gelangweilt starren wuchtige Bauerntöchter im Gehege auf den kleinen blonden Schwächling, dem so viel Blut aus der Nase läuft wie einem Schwein beim Schlachten aus dem Hals.

Die Türsteher halten alles unter Kontrolle, besonders ihre Brustmuskeln. In Skandinavien gibt es Marmeladenwurst, daran erinnern deren Anabolikakörper. Die meisten sind klein, dafür latent aggressiv und mit Blicken so finster wie einmal Hades und zurück. Einer ist sogar ziemlich dick und schiebt sich angeödet einen Schawarma am Stück rein.

Heute sind zwar nur 1.500 Leute da, aber das *Matrix* kann auch mehr. Von den drei Bögen früher hat es mittlerweile auf sieben metastasiert. Es hat ein Restaurant und einen Schwulenclub gefressen und jede Nacht offen. Und ja, ich erinnere mich, wie es hier früher aussah, denn ich war *Matrix*gänger. Ganz einfach, weil man hier mit 16 reinkam, zumindest wenn man noch laufen konnte.

241 https://t1p.de/jz4j (4.4.19)

Ist das *Matrix* ein Bollwerk gegen die Gentrifizierung? Auf eine Art. Es erhält das schlechteste, was Berlin in den 90ern zu bieten hatte: hirnlose, hässliche Konsumaffirmation. Das macht es jetzt schon so lange, dass es unter Berlinern zu einem stehenden Begriff geworden ist. Was, wenn die Miete erhöht wird? Müssen dann Petitionen gestartet werden, um das *Matrix* zu retten? Demoraves mit Shakira? Alkopops werfen auf die Bullen?

Früher war eben nicht alles besser. Wenn das *Matrix* eins lehrt, dann das. Es gibt viel Altes an Berlin, was getrost verrecken kann und konnte: die grundkorrupte CDU, die protofaschistischen Assikneipen, die *Loveparade*. Zwangsstillstand hilft nicht und den Fortschritt darf man nicht Knalltüten wie Christian Lindner überlassen. Für die bedeutet er immer: Ausverkauf und geht sterben ihr armen Schlucker. Die Würde des Menschen ist unantastbar und hat dennoch einen Preis. Es geht beim Erhalten darum, was uns voranbringt oder das Leben angenehmer werden lässt. Wer das ernsthaft beim *Matrix* behauptet, gehört einen Samstagabend mit *Bacardi Breezer* geduscht in den Käfig.

PRAKTISCHES

Du gehst „weg"? Geh verdammt noch mal in einen anderen Club. Aber nicht ins Felix, Spindler & Klatt, in die Renate oder den Kater Blau, wenn du nicht genau die gleiche Scheiße haben willst.

Pfuscherparade

„MAAAAANNNN EY, DIT KOMM DOCH WOHL NICH WAAAHR SCHEIN DIE SCHAIßE HIA!"
– Sonnengruß des Handwerkers.

Im Sommer kann man sich noch einreden, das Duschen auf dem Balkon sei tragikkomisch. Mit der Gießkanne über den Kopf, arschkalt. Die Arabermädchen aus dem Clanhaus am Ende des Hofs haben was zu gucken, manchmal unterbrechen sie sogar ihr Obertongeschrei. Und die Blumen kann man gleichzeitig mit gießen. Das Wasser gurgelt durch die Balkonrinne zu den Nachbarn drunter, Topwohnlage mit Wasserfall. Wie konnte es so weit kommen?

O ihr glücklichen, die ihr da habet eine scheiß Hausverwaltung. Oder verrückte Eigentümer. Eine verstrichene Eigentümergemeinschaft. 30 Nachfahren von enteigneten jüdischstämmigen Brasilianern, die sich nicht mal über die Farbe ihrer Federboa einigen könnten, geschweige denn einen Hausverkauf. Graue Fassade, niedrige Miete, selten, aber so muss das sein. Der Himmel – bis was kaputtgeht.

Mit „kaputtgehen" ist nicht sowas gemeint wie keine Heizung in der Küche, Ofenheizung oder der bedrohlich krachende Gasofen, „Heizung für draußen". Auch nicht der 3 Meter lange und 50 Zentimeter enge Gang bis zum Klo oder die Dusche in der Küche oder in der ehemaligen Speisekammer, wo man sich bücken muss. Nicht mal die aufgebrochenen Briefkästen, die seit 1987 kaputte Klingel oder der Bach durch das Dach.

„Kaputtgehen" im Sinne von, es regnet beim Nachbarn durch die Decke, wenn man duscht. Aus der Lampe. Der Alptraum beginnt: Man muss den Zuständigen erreichen. Das dauert schon mal locker zwei bis drei Wochen. Bis sich jemand herablässt vorbeizukommen noch mal zwei Wochen. Nicht vergessen, bis dahin kann man nicht duschen. Dann muss das Angebot der Firma eingeholt werden, locker nochmal drei Wochen. Wie, du kennst eine Firma, die in einer Woche ein Angebot auf den Tisch knallt, und in der nächsten das Ding fertigmacht? Für ein Viertel des Preises? Nicht schwarz, sondern einfach, weil die fähig sind? Nein, „man darf ja die Handwerker nicht vergraulen." Was? Lustigerweise soll nach der „Sanierung" noch eine Mieterhöhung kommen, am Arsch. Bekommt man mit mittelmäßigem juristischem Angiften weg.

Natürlich ist die Hausverwaltung verrückt. Oder der Eigentümer, das weiß keiner so genau. Manchmal schleicht jemand im Haus herum, offene Missgunst im Gesicht. Wenn er lächelt, sieht es aus, als würde ein Krokodil kotzen. Einen Hausmeister gibt es auch, der immer um wahnsinnige 06:30 Uhr die Treppe wischt. Wenn jemand etwas falsch in Mülleimer sortiert, klebt er Zettel drauf, die regelmäßig bei *Notes of Berlin* landen: „Welches Arschloch schmeißt Plastik in die Papiertonne? Das nächste Mal wird vor die Tür gekippt!"

Nur in einem ist die Hausverwaltung konsequent, keine Ausländer. Maximal etwas polnisch Klingendes. Da ist sie schon weit gekommen: Die deutsche Stadt Bottrop bekam 1900 keine Stadtrechte, weil dort zu viele Polen lebten. Es wurde auch im gesamten Ruhrgebiet verboten, öffentlich Polnisch zu sprechen.[242] Franzosen, Engländer und Amerikaner gehen natürlich. Mit „Ausländer" sind die Schlechten gemeint, die zweite Klasse, die Ausschussware: Araber, Türken, Negerli. Selbst, wenn das halbe Haus seit fünf Jahren, in denen Neukölln hip und überfüllt geworden ist, leersteht, so ein Pack kommt uns hier nicht rein. O-Ton: „Cedrick? Ist das ein deutscher Name?"

Die Eigentümer kennen eine Handwerksfirma, die offensichtlich unfähig ist. Eine Pfuscherparade. Am Anfang fragt man sich, ob die Eigentümer einen verarschen wollen. Dann merkt man, dass sie von der Firma übers Ohr gehauen werden. Das Bad in der kleinen Kammer neu machen? 7.000 €. Dauert mindestens drei Monate. Und wir fangen erst in einem an, ha! Der Chef hat den Namen eines Kinderspielzeugs und das Gebaren eines späten Göring. Sein Hauptgeschäftsfeld scheint nicht Klempnerei, sondern Klugscheißerei zu sein. Aber sie sind deutsch und deshalb lässt sich der Eigentümer weiter verarschen. Wer ist hier am widerwärtigsten?

Wahrscheinlich hat der Chef das herrische Gebaren, um sich von den Vollidioten abzusetzen, die dann wirklich in vier Monaten anrücken. Einer dümmer als der andere, richtig brutale Fressen. Nur am Meckern über Gott und die Welt. AfD-Parteitreffen-Material.

Die wundern sich, wieso ihnen jeder rumänische Hinterzimmerrohrdoktor die Arbeit wegnehmen könnte? Selbstverständlich sind sie grässlich unfähig. Jeder schustert rum, kommuniziert wird nicht. Außer, es wird gelästert. Ganz wichtig ist, morgens um 07:30 Uhr auf der Matte zu stehen, um dann spätestens um 11:00 Uhr wieder weg zu sein. Maximaler Terror für den Mieter. Alles Wichser, denkt man

---

[242] https://t1p.de/01xr (10.7.18)

sich? Schon, aber fast jeder kriegt was ab, das ihm eigentlich nicht gehört. Die kleinen Fische „Eigentümer" gehören nicht von vorne bis hinten vom Handwerkerchef beschissen, und die kleinen Handwerker nicht vom Chef. Die haben nämlich den Fehler gemacht, weil natürlich nie eine Terminabsprache erfolgt, den Mietern die Telefonnummer des Chefs zu geben. Eine Mailboxnachricht genügte, um sie zu feuern. Nur dem Chef steht noch sein Karma aus. Hoffentlich fährt er gegen einen Baum und wird Suppengemüse.

Leider ist dann auch ein Balken abgefault und die Firma muss dringend am Samstag kommen (und eine zweite fette Rechnung stellen). Um 07:00 Uhr. Um 15:00 Uhr sind sie immer noch da, alles ist mit Folie bedeckt, vor der Küche ist ein Vorhang wie aus der Alienquarantänestation. Spiegel werden zerschlagen, Zahnbürsten landen hinter Waschmaschinen, feiner Holzstaub zieht bis in die letzten Ritzen. Der Bürgerkrieg für zu Hause. Ach, und das Klo funktioniert auch nicht mehr. Viel Spaß!

Bei guter Guerillakriegsführung weiß man nie, was als Nächstes kommt. Auf hektische aber ungeplante Arbeit folgt tagelang überhaupt nichts. Dann stehen sie wieder vor der Tür, natürlich morgens um 07:00 Uhr. Ein halbes Jahr und kein Ende in Sicht. Berlin, die Stadt des Handwerks. Und dann haben diese Penner auch noch den Nerv die Stadt mit Werbung zu plakatieren, wo Teenager mit Schraubenschlüsseln an Zahnrädern drehen. Sind wir im tiefsten real existierenden Sozialismus? Schon mal was von Digitalisierung gehört? Handwerk ist keine „Zukunft", Handwerk ist, eine bessere Zange zu sein. Das ist Arbeit, die Roboter machen sollten. Menschenunwürdiger Mist. Wie der Erfinder des Cyberpunk William Gibson sagte: „Die Zukunft ist schon da, sie ist nur ungleich verteilt."[243] Menschen verlieren sowieso ihren Wert, weil sich gerade Intelligenz von Bewusstsein abkoppelt. Klempner? Das bedeutet, in Scheiße zu wühlen, mehr nicht. Und wenn man das 10, 20 Jahre lang macht, hat man anscheinend auch nur noch Scheiße im Kopf.

Wenn man die schon im Handwerkerstübchen darben sieht, wird einem schlecht. Oder die, die behaupten Handwerker zu sein, aber eigentlich hartzen. Die, die ihre Arbeit brauchen, um ihr Sein zu rechtfertigen. Handwerker haben immer die Arroganz eines frisch gekürten Kaisers, nur weil sie ein paar Rohre zusammendrücken können. Ich meine, wenn die Sonne genau jetzt explodieren würde, würdest

---

[243] https://t1p.de/g30v (6.9.18)

du das acht weitere Minuten lang nicht mitbekommen.[244] Wer bist du, Leuten Vorträge zu halten? Sie denken maximal bis zur nächsten Wand. Ist ja auch kein Wunder, wenn Fehler neue Aufträge bedeuten. Außerdem sind fast alle funktionale Alkoholiker, weil Bier und Arbeit, das gehört zusammen, wie Testosteron und Prostatakrebs. Dann fahren sie in ihren berüchtigten weißen Transportern durch die Stadt. Jedes Mal, wenn jemand 2cm an deinem Lenker vorbeibrettert, kannst du dir sicher sein, dass es einer von ihnen war. Carl Benz, der Erfinder des Autos, hielt die Geschwindigkeit von 50 km/h für schnell genug und war gegen Autorennen.[245] Handwerker sind die Personifizierung des sterbenden Kapitalismus. Erschreckend analog, exorbitant überbewertet, lebende Zombies aus dem 19. Jahrhundert.

Deswegen am besten gar nichts sagen. So wie einer der letzten Mieter in Alt-Treptow, der günstig wohnt. 400 € für zwei Zimmer. Preise, für die andere ihren Arsch verkaufen würden. Für alle, die zu lange im Berghain waren: Alt-Treptow, das ist die kleine Ecke Altbauten in der letzten Ecke des A-Tarifs zwischen Neukölln und Kreuzberg. War lange im Windschatten, wurde nicht so hart gentrifiziert wie die Nachbarn. Wahrscheinlich, weil genug stasiversiffte Kleinbürgerschuhschachteln für den gelernten Ostbürger hingeklatscht worden sind, oder weil es schlicht zu langweilig war. Aber an der Karl-Kunger-Straße ist noch so was Ähnliches wie Kiezfeeling. In der lokalen Kneipe der Wahl kann man überteuerten Wein trinken und alternden Junggesellinnen dabei zusehen, wie sie Spaß statt Kinder haben. Dröhnendes, befreiendes Raucherinnenlachen. Natürlich wird in dem Laden von den Kellnern auch geklaut wie sau. 5 € für ein Glas Wein ist so unverschämt, dass das nur ausgleichende Gerechtigkeit ist. Es ist wie bei den Handwerkern: Zahlst du Leuten zu wenig, zahlst du an anderer Stelle.

Der letzte Mieter wohnt standesgemäß im ersten Stock Hinterhof, dunkel wie in Gollums Arsch. Gasaußenwandheizer und Ofenheizung, nützt aber im harten Winter alles nichts. Das scheucht höchstens den feuchten Muff auf. Das Gemütlichste, was man damit rausbekommen kann, ist Federmaushöhle.

Die wirkliche Party steigt im Bad. Das deutsche U-Boot *U-1206* sank, weil der Kommandant das Klo falsch benutzt hatte.[246] Was kann da

---

244 https://t1p.de/2i2k (10.7.18)
245 https://t1p.de/01xr (10.7.18)
246 https://t1p.de/ldye (5.4.19)

schon schiefgehen? Das Bad ist ein langer Schlauch, wie in unsanierten Altbauten üblich. Hinten thront die Toilette auf einem Podest. Hier könnte man noch König sein. Stünde sie nicht aus unerfindlichen Gründen quer, sodass man nicht richtig sitzen kann, ohne sich die Knie zu stoßen. Natürlich kein Problem für den echten Mann von heute, der pinkelt nur im Stehen. Das Schmankerl ist aber die Spülung. Des Nachbarn. Unterbezahlung muss schon vor 100 Jahren ein Thema gewesen sein. Damals haben Handwerker es geschafft, die Leitung so zu verpfuschen, dass jetzt, jedes Mal wenn oben gespült wird, unten die Bratensoße ankommt. Eine distinkte Note verteilt sich in der ganzen Wohnung.

Unmenschlich? Klar, aber günstig. Beides kann man nicht zusammen haben, du dekadenter avocadofressender *Millennial*. Aber auch bei ihm ist es nur eine Frage der Zeit, bis er rausgekauft wird. Zwei Zimmer in der Lage? 30.000 €, mindestens. Ein gutes Geschäft? Denkt man, aber wenn er eine neue Wohnung zum doppelten Preis mieten muss, gehen 5.000 pro Jahr weg. In sechs Jahren hat er das raus. Die Frage ist: Ist einem das ein Jahr Handwerkerkrieg wert? Die Antwort sollte sein: Klar! Das ist unser (sanitäranlagenloses) Haus! Der Kampf gegen die Gentrifizierung fordert Opfer!

PRAKTISCHES

> Sei Deutsch. Wenn das nicht geht, tu so. Ach so, und die ganze Stasispitzelei der Schufa? Informiere dich, was eine Urkundenfälschung ist und was nur eine Ordnungswidrigkeit. Was das mit Originalen und Kopien zu tun hat. Die Moral haben die schon lange verkauft, Wohnraum ist Krieg.

Chemsex

„Baby wants to fuuuuuuuuuuuck!"
— Frank, Blue Velvet[247]

Alle bingen jetzt *Babylon Berlin*. Sie sehnen sich nach Sex, Gewalt und Drogen. Gleichzeitig projektieren sie schön weiter an ihrer Website, wählen olivgrün konservativ und würden ein Reihenhaus in Lankwitz nicht von der Bettkante stoßen. Sie kommen nach Berlin, weil es in ihrem Heimatdorf zu öde, steril und manisch ist und finden es dann hier zu laut, dreckig und ungeordnet. Die wenigsten gestehen sich das ein, was sie wirklich wollen: das Absonderliche. Alle anderen rufen bei Steve an.

Natürlich ist Steve nicht sein richtiger Name, weil ihn die ganzen verlogenen Zombies dann ächten würden. Steve ist ein Stricher. Er bietet das, was *Babylon Berlin* sich nicht einmal mehr zu zeigen traut: Chemsex.

Eine kleine Wohnung in einem Assibunker nahe dem Nollendorfplatz. Nur, weil man sich auf Drogen in den Arsch ficken lässt, heißt das nicht, dass man nicht weiß, wie schädlich pendeln für die Lebensqualität ist.

„Ich habe gelesen, dass man ab 50 Minuten Schlafstörungen bekommt. Davon brauche ich wirklich nicht noch mehr. Erinnerst du dich an den, der den Spiegel des Krankenwagens abtrat, als die Sanitäter gerade ein Kind reanimierten?"[248]

Der Assibunker, ein fieses dreieckiges Monster aus den 60ern, war bis in die frühen 2000er eine sehr schlechte Adresse. Zwar hatten die Wohnungen ganz oben wunderschöne, offene Balkone, aber man sah auf eine sechsspurige Hauptstraße. Vor allem musste man durch das verpisste Treppenhaus, und wenn es ganz schlecht lief, noch über die Obdachlosen in der Angstzone von Eingang steigen.

Jetzt ist alles weiß überpinselt, die Hausverwaltung hat ein Büro im ersten Stock und alle Lebensunwerten sind durch die steigenden Mieten verdrängt worden. Am Nollendorfplatz wird sich zeigen, ob

---

[247] Absolut integral für den fortgeschrittenen Perversen: https://www.youtube.com/watch?v=q78-6E7Y8jo (24.8.18)
[248] https://t1p.de/omj2 (24.8.18)

Prostitution und Gentrifizierung Hand in Hand gehen können. Ein paar Meter weiter an der Kurfürstenstraße werden unter anderem die SCHOENEGARTEN (nur echt mit Deppengroßschreibung) und das *Carré Voltaire* direkt an den Strich gebaut. Auf den Brachen, auf denen gesaftet wurde, stehen jetzt grellweiße Luxusneubauten. Das, was die Eigentümer „ein Stück Stadtrekonstruktion", „Erkermotive" und „intelligent[e] Konzept[e] zur Stadtarchitektur" nennen. „Die architektonische Gestaltungsvielfalt der Fassaden fügt sich harmonisch in das abwechslungsreiche Straßenbild der Umgebung ein." Wer jemals an der Kurfürsten- und Gethiner Straße war, weiß, wie es dort aussieht: Als hätten die 70er sich selbst parodiert. Mann muss zugeben, es gibt hässlichere Neubauten. Bei 314.500 € für zwei Zimmer auf traurigen 47,88m² hätte man sich aber noch einiges mehr leisten können. Sozialverträglichkeit zum Beispiel, die in Kommunistenhochburgen wie Münster, München und Augsburg vorgeschrieben ist.[249]

Stattdessen Werbesprech: „Schöneberg besticht durch Authentizität, trubelige Lebendigkeit sowie die Nähe zu den besten Shoppingmeilen der Stadt. Der innerstädtische Bezirk ist eines der beliebtesten Wohnviertel Berlins." „Authentizität", ist das der Junkie auf dem U-Bahnhof? Gelten die bulgarischen Kindernutten als „trubelige Lebendigkeit?" Oder als 200 Jugendliche die Polizei bei einer Autogrammstunde von Capital Bra vor dem Sozialpalast angriffen?[250]
Auch daran haben die Herren Architekten gedacht: „Die Stauden bieten zusammen mit den Sichtbeton- und Holzelementen einen perfekten Sichtschutz für die Privatsphäre der Terrassen." Privatsphäre, weil man mitten im offenen Schlafzimmer der Nutten wohnt. „Und abends? Vielleicht ein Dinner im Panama oder Facil, bevor man in der Victoria Bar den perfekten Tag ausklingen lässt … Es gibt viele Möglichkeiten zur individuellen Freizeitgestaltung." Mensch, da ist euch natürlich die Prostitution entfallen. Kann ja passieren. Lasst mich raten, ihr zeigt den Kunden die Wohnungen nur Sonntagmittag von der Else-Lasker-Schüler-Straße aus?
„Diverse Ärzte verschiedenster Fachrichtungen befinden sich im näheren Umkreis. Ein gutes Angebot an Kindertagesstätten und Schulen ist ebenfalls gegeben." Schön, wenn statt „da" „ist gegeben" benutzt wird. Ein Glück haben die es nicht nötig, sich wichtig zu machen, wie ein DDR-Bürokrat. Ärzte gibt es, zum Beispiel die

---
249 https://t1p.de/tcwa (24.8.18)
250 https://t1p.de/932m (28.8.18)

Berliner *Aids-Hilfe*, den *Fixpunkt*, all die Infrastruktur, die die Reichen und Schönen brauchen.[251] Die Armen, die können sich ja aussuchen, wo sie hinziehen. Bestimmt ist da auch ein Fixpunkt um die Ecke. Kinderfreizeitgestaltug gibt es en masse, der Spielplatz an der Frobenstraße hat eine schwarze Wand zum Strich gespannt.

„Die Wohnungskäufer werden sich umgucken", höhnt Bianca, die Betreiberin des Bastards aus Kiosk und Stehcafé an der Froben- Ecke Bülowstraße. „Die Investoren werben damit, die Gegend hier liege schön zentral zwischen KaDeWe und Potsdamer Platz."[252]

Da hat sie recht. Doch sie werden trotzdem kommen, weil das Geld im freidrehenden Hyperkapitalismus irgendwo hin muss. Die „intelligenten Konzepte zur Stadtarchitektur" bedeuten vor allem eins. Original von der Website des *Carré Voltaire*:

„WOHNVIERTEL FÜR WOHLHABENDERE SCHICHTEN!"

Die Realität sind Cafés, wie das *Nil*, wo sich die Toilettentüren absperren lassen. Bei allen anderen ist das Schloss ausgebaut – aus Angst, jemand könnte dort an einer Überdosis sterben. Die Realität sind 2.345 Straftaten 2017 rund um die Kurfürstenstraße, 50 schwere Körperverletzungen, 273 Ladendiebstähle, 49 mal Freiheitsberaubung, 50 mal Raub.[253] Die Realität wohnt einen Blick vom Balkon entfernt.

Steves Wohnung wirkt nicht ganz so seelenlos, wie man es erwarten würde, aber fast. Sofas, die aussehen, als würde man sie gut abwischen können. Tische, die aussehen, als würde man sie günstig neu kaufen können, wenn sie zerschlagen werden. Ein kleiner Kühlschrank wird bedrohlich von einem riesigen Tiefkühler angebrummt.

Steve ist seine eigene Sekretärin. Er nimmt einen Anruf an:

„Hi, wie gehts dir? Schön. Ja, na klar. 150 €. Auch. 200 €. Ja, die können mitkommen. Tendenziell Open End, 24h. Okay, gerne. Bis dann."

„Und jetzt?"

„Jetzt muss er überlegen, ob es ihm die extra 50 € wert ist. Er meint, er meldet sich später. Das heißt, glaube ich, nein."

Ein komischer Gedanke, dass man seine Körperöffnungen für so wenig Geld verkauft. Scheint würdelos, aber vielleicht nur für den Zuschauer?

---

251 Fun Fact für AfDler: Beschnittene haben eine 50 % niedrigere HIV-Ansteckungsrate. https://t1pde/qn2m (5.9.18)
252 https://t1p.de/2d05 (24.8.18)
253 https://t1p.de/vxwe (24.8.18)

„Vielleicht, aber nicht unbedingt." Steve greift nach seinem Glas Sprite. Er ist Mitte zwanzig, die Haare kurz geschoren, ein hübsches, aber ein wenig bleiches Gesicht. Augenringe, die er zu der richtigen Gelegenheit wegschminken oder betonen kann. Steve ist nicht muskulös, sondern das, was man in der Branche einen *Twink* nennt. Ein zarter Jüngling, fleischgewordene Unschuld. Nichts könnte weiter von der Wahrheit entfernt sein.

„Ich verdiene an einem Tag so viel wie früher in einer Woche. Manchmal mache ich fast eine Woche durch, dann verdiene ich so viel wie früher im Quartal. Ich werde das auch nicht ewig machen. Das hier," er streicht mit seiner beringten Hand durch die Luft in der Wohnung, „ist nicht für immer."

„Wirst du immer eingeladen?"

„Aber klar. Wir haben nicht viele Standards in der Branche, ab das gehört wirklich dazu."

Jetzt muss er schräg grinsen.

Panzerschokolade nannte man das in Zeiten von *Babylon Berlin*. Crystal Meth. Damals wurde es benutzt, um Hausfrauen wachzuhalten oder Wehrmachtssoldaten eine Woche durchmarschieren zu lassen. Haushalt ist Krieg. Wer eine Woche marschieren kann, erkannte man irgendwann, kann auch eine Woche vögeln. Besonders Crystal Meth lässt einen monotone Tätigkeiten genießen. Es geht nicht mehr um das kommen, sondern nur noch um das stampfen.

„Wie ist das für dich?"

„Ich würde jetzt nicht sagen, dass es nie Spaß macht. Besonders am Anfang war der Reiz da. Wie eine große Party, für die man auch bezahlt wird. Manche Typen sehen sogar gar nicht schlecht aus. Ich komme aus einer ziemlich spießigen Familie, ich habe mich erst sehr spät geoutet. Nicht viele Erfahrungen gemacht. Aber ich habe ganz schön aufgeholt."

„Und wenn sie nicht so schön sind?"

„Dann Augen zu und durch. Ich sage immer, na klar, es ist schon was anderes, als was zu essen, was man nicht mag, aber am Ende ist es auch nur … körperlich. Und schließlich kann ich ja auch Kunden ablehnen."

„Und Drogen?"

„Ja."

„Möchtest du das ein bisschen ausführen?"

„Naja, das gehört eben dazu. Speed, Koks, auch Meth. Man kann das mit der Alkoholkultur vergleichen. Da hast du auch Bier, Wein, Schnaps. Ist natürlich etwas heftiger."

„Kannst du sagen: Stopp, das will ich nicht?"

„Ja. Ich mache nichts mit Fäkalien."

„Auch bei Drogen?"

„Das könnte ich sagen, aber wenn man erst mal dabei ist … Das ist, wie soll man es sagen, schon fast unhöflich. Aber Heroin ist für mich ein rotes Tuch."

„Hast du mal die Kontrolle verloren?"

„Ja, einmal …", er zieht die Augenbrauen zusammen, „… wurden mir K.O.-Tropfen in den Drink gemischt. Kurz danach war alles schwarz. Ich wache auf wie in einem Film, ein Zimmer, fünf Leute, einer nach dem anderen …"

Er schweigt. Der Verkehr dröhnt vorbei, jemand schreit. Der Tiefkühler brummt.

„Das Erstaunlichste war, dass es die gar nicht kümmerte, als ich aufwachte. Die zogen und zogen Lines, ich lag in der Ecke wie ein Sofakissen. Ich stand auf und ging raus. Die versuchten nicht, mich aufzuhalten, die beachteten mich kaum."

„Hast du sie angezeigt?"

Er zieht die Augenbrauen hoch. „Nein. Das macht man bei uns nicht. Ich möchte unter dem Radar bleiben. Viele Sexarbeiter …", seine Hand schwenkt gen Straße, „… zahlen Steuern. Ich nicht. Und die Polizei … da kann man an die Falschen geraten. Mein Ruf in der Branche wäre auch zerstört. Im Grunde war ich auch selbst schuld, ich hätte vorsichtiger sein sollen."

„Hm."

„Ja, aber manchmal ist es wirklich lustig. Ich habe einige Fetischisten, die putzen mir die Wohnung."

„Sieht man."

„Genau. Da spare ich quasi doppelt."

„Die kommen einfach und putzen?"

„Naja, da gehört schon mehr dazu. Ich peitsche die aus, beleidige sie, erniedrige sie. Wenn er böse war, dusche ich ihn kalt. Wenn sein Sack hängt, klatsche ich von hinten mit der Reitpeitsche rauf, das ist ein Schmerz wie direkt aus der Hölle. Meine Oma sagte immer: ‚Ist der Beutel länger als das Seil, beginnt des Lebens zweiter Teil.' Manchmal kippe ich den ganzen Müll wieder über ihm aus und befehle ihm, sich vor mir einen runter zu holen, mit seinem kleinen, traurigen Schwanz. Wenn er es schafft, darf er es zur Belohnung auflecken."

„Was bekommst du dafür?"
„50 €/h."
„Mehr als fair."
Ich überlege.
„Würdest du gerne was anderes tun?"
Wieder schweigen, diesmal länger.

„Ich glaube, jeder von uns hat Träume, die nicht erfüllt werden. Das, was wir mit acht sein wollten: Rockstar, Astronaut, Lottogewinner. Aber so läuft das Leben nicht. Ich tue es auf jeden Fall lieber, als mich für jemand anderes totzuarbeiten. Ich bin mein eigener Chef. Ich verdiene gut. Ich muss nicht lügen. Oder warte, nicht so viel lügen, wie in anderen Berufen. Ich würde mich jetzt nicht als glücklich bezeichnen, aber auch nicht als todtraurig. Ich bin so gut, wie man es in dieser dreckigen Welt sein kann."

Die Perle im Scheißhaufen

„Die Hölle, das sind die andern."
– Jean-Paul Sartre.

Willkommen zur Miniserie, ihr liebt doch massive Lebenszeitverschwendung. Leider gibt es hier keine Cliffhanger, keinen deutschen Wohnzimmerfernsehton, keine Schauspieler auf Golemniveau. Aber ein bisschen Gelegenheit für Hass. Hass vor allem, weil eine Freundin eine Wohnung in Berlin bewohnt, die so viel kostet wie euer Ein-Zimmer-Loch. Sie hat vier Zimmer. Die Bolschewiki werden sie an die Wand stellen. Schlimmer noch, der Hof ist schluchtartig, zwischen zwei Häuserreihen. So weit, so gut, wenigstens bekommt sie kein Licht? Man geht ins Hinterhaus, in die Wohnung, und sieht statt einem zweiten Hinterhof – den Wald. Einen alten Friedhof. Zwei Balkone, drei Zimmer zur grünen Südseite, ein Unding. Nur das verbotene Zimmer geht zum ersten Hof. Hier sollten mindestens 15 Flüchtlinge wohnen, oder im neoliberalen urbanen Luxusalptraum, zumindest zwei *DINKs* (Double Income, No Kids).

Sie hat Geschmack, die Wände sind meerfarben oder taubengrau. Die Tische funktional und elegant. Man hört die Schritte hallen, wie im deutschen Fernsehen. Wie früher, als es in Berlin noch Platz gab. Als Rio Reiser in einer halbillegalen Riesen-WG am Tempelhofer Ufer wohnte. Eichelhäher verstecken Eicheln auf dem Balkon, Eichhörnchen klauen sie wieder. Klingt perfekt? In München vielleicht. In Berlin kann so eine Wohnung dich jagen.

Der geschändete Friedhof

> *„Die Friedhöfe sind voll von Leuten, die sich für unentbehrlich hielten."*
> – Georges Clemenceau.

Was gibt es Schöneres, als einen geschändeten Friedhof? Direkt vor dem Fenster. Selbst früher war er gelinde gesagt nicht der angesagteste aller Friedhöfe, sozusagen *Sub Prime Death Estate*. Er lag direkt an der Einflugschneise, zwischen Flughafen und einer lärmenden Hauptstraße, selbst Reste eines KZs ganz am Ende, flankiert von Mietskasernen voller Assis. Und Assis haben Hunde. Hat man sein eigenes Leben nicht im Griff und ist zu stullig, hässlich, oder charakterlich verwachsen um Freunde zu finden, was bietet sich mehr an, als ein Tier völlig zu entfremden, damit es einen abgöttisch liebt? Und was bietet sich Besseres für ein öffentliches Hundeklo an, als ein alter Friedhof? Respekt war in Berlin schon immer Luxus.

Die letzten Gräber standen noch, die letzten Spaziergänger fielen noch in offene Grüften, als hunderte Hunde jeden Tag den Boden düngten. Es war voll, immerhin übertreffen die Toten die Lebenden zahlenmäßig 15 zu eins.[254] Die Kirche interessierte das nicht. Gott war tot oder auf Mallorca. In einer Gegend, in der mehr als die Hälfte der Bewohner Muslime sind, kann von denen aus der Teufel nackt auf dem Fliesentisch tanzen. Als immer mehr Junkies unter den tiefgrünen Eiben Überdosen erlitten, musste die Stadt handeln.

Sie erklärte den Streifen Elend kurzerhand zum Park. Das passte prima, denn es musste Ausgleichsfläche für die Autobahn geschaffen werden. Man musste keinen Zentimeter neues Grün pflanzen und konnte die Stadt kilometerweise mit Autobahn zerschneiden. Was da in der Ecke grunzt, sind die Konservativen, die sich einen runterholen.

Selbst die meckerpassionierten Berliner müssen zugestehen, dass der Park nicht schlecht geplant wurde. Minimalinvasiv, ein paar Wege, den gröbsten Müll und die Spritzen weggeräumt. Weil man die Scheißerei sowieso nicht eindämmen konnte, hat man den Park kurzerhand zum Hundeauslaufgebiet deklariert. Noch ein paar „Radfahren verboten"-Schilder, weil Radfahrer natürlich der Teufel sind. So haben die Alkis wenigstens wen zum Anschreien. Kann ja nicht angehen, dass jemand umweltfreundlich unterwegs ist.

---

254 https://t1p.de/cua5 (10.7.18)

Alles hätte so perfekt sein können. Die Muttis besetzten ein paar Tische an einem sehr rudimentären Spielplatz. Eigentlich nur krumme Baumstämme, damit sich die Kinder wie in der Steinzeit fühlen können. Eine gute Vorbereitung für das Leben: fressen und gefressen werden. Nachbarschaftsinitiativen von frisch aus Charlottenburg Hergezogenen durchkämmten den Park und räumten ihn mit rührender Naivität auf.

Nach und nach wurden die optimistischen Muttis wieder von den Alkis verdrängt. Der Müll lag eine Woche später wieder da, wie aus Trotz. Diebe flädderten wieder routiniert hinter der Mauer geklaute Taschen aus der U-Bahn. Dann trat eine neue Gruppe auf den Plan: die Kiffer.

Die Kiffer kifften, allerdings waren sie auch arabisch. Natürlich konnte das für die Alkis auf keinen Fall durchgehen. Es gab ganz viel Geschrei, ganz viel Rumgepfaue, ab und zu auch mal ein saftiges „Heil Hitler" und einen ausgestreckten Arm. Zu mehr reicht es nicht, deren korsakowgeschrumpftes Gehirn ist zu keinen koordinierten Bewegungen mehr fähig, die eine Schlägerei erfordern würde. Die Araber lachten nur und suchen sich einen angenehmeren Platz, zum Beispiel unter der Autobahnbrücke oder in einem Hornissennest.

Eine Zeitlang sah es trotzdem aus, als würden sich die Kiffer etablieren, professionell. Erst standen nur ein paar Kids aus dem Kiez am Ende der dunklen Sackgasse, wo die Treppe in den Park geht. „Brauchst du was? Braunes, Grünes?" Wenn du wirklich unausgeschlafen bist, auch: „Weißes?" Meistens rauchten sie aber ihr Zeug selber weg. *Don't get high on your own supply.* Keine Profis. Die fanden es lustiger, „Spastierer" zu fragen, ob sie duschen wollten, wenn sie eine 3l-Flasche Eistee aufgetrieben hatten. Gute Jungs.

Sie kamen sogar auf die Idee, Visitenkarten zu drucken: „Notdienst Omar – Euer Omar und Bobby – Mo.-Do.: 12-24 Uhr Fr.-So.: 12-03 Uhr – Tel.: ..." Genial, dass sie nicht erwähnten, dass es um Gras ging. Völlig unerwartet veranstaltete die Polizei in der nächsten Woche nach einem Anflug von sherlockscher Deduktion eine Razzia im Park. Das wars dann mit den euphorischen Gründern.

Dann kamen die großen Brüder. Tiefere Augenringe, fiesere Blicke, härteres Zeug. Die Alkis, die alte Gang, dachten, sie hätten gewonnen. Aber sie haben nicht mit den *New Kids on the Block* gerechnet. Auf den ersten Blick sehen die aus wie die Kiffer: arabisch. So absolut nicht rassistisch, wie man natürlich ist, ist die zweite Möglichkeit:

Dealer. Und ja, die mischten sich wirklich unter die neue Gruppe. Cappy, Trainingshosen, meistens ein Hoodie und – die Einzigen, bei denen es Sinn macht – kleine Herrentaschen. Bevorzugt von Adidas. Jeder, der die nicht trägt, weil er sie im Falle einer Razzia sofort fallenlassen kann, weil Drogen drin sind, ist eine egozerfressene Schneeflocke und gehört von den „Traditions Meat Craftsmen" notgeschlachtet.

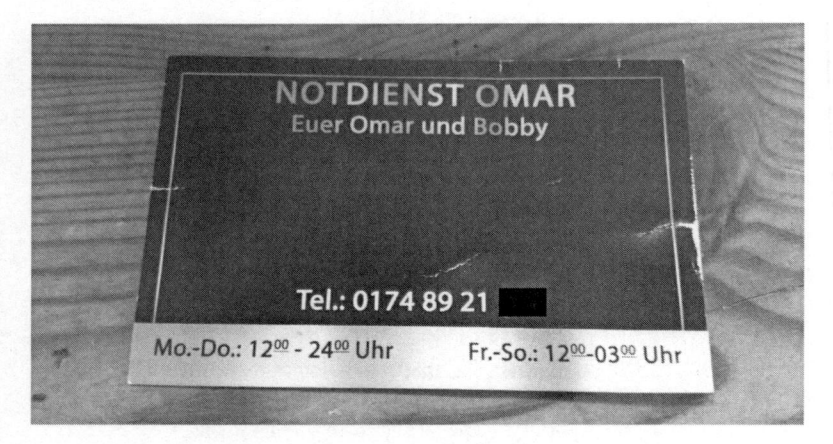

20 Ticker auf einem Haufen? Da läuft was falsch. Dazu laufen sie oft Runden? Auf dem Bürgersteig sieht man sie, im Stechschritt, die Augen so weit auf gerissen, dass sie fast rausfallen. Riesige schwarze Pupillen, wie eine Mondfinsternis. Standesgemäß schreit ihnen einer hinterher: „Ey, was macht ihr, ihr habt den Rolli vergessen!" Tatsächlich, der Rolli steht in einer Sackgasse mitten auf der Straße und starrt vor sich hin. Seine Augen sind mit einem Grauschleier überzogen. Er durfte nicht dran und ist auf Entzug. Sie stehen vor einem Haus, gehen rein, „müssen nur schnell was einwerfen". In Wahrheit ballern sie sich auf dem Dachboden zu. Vielleicht schlafen sie auch mal, alle zehn Tage. Mittlerweile verschließen die Mieter schon die Tür zum Hinterhaus, damit man bei Feuer richtig schön verbrennen kann.

Die neue Gang säuft nicht, kifft zumindest nicht hauptberuflich, sie nimmt Meth. Vor allem aber sind es fast ausschließlich Menschen mit südlichem Migrationshintergrund. Das ist insofern erstaunlich, als für einen gestandenen Türken ein Methjunkie das Gleiche ist, wie ein Kurde: lebensunwert, der letzte Dreck, verschwendete Rotze. Vielleicht sind es die neuen Geflüchteten, vielleicht kommt die Methwelle aus Sachsen jetzt in Berlin an. Noch spricht man in Berlin von „Einzelfällen". Allerdings steigen die Zahlen seit Jahren im Grenzgebiet zu Tschechien, wo warum auch immer ausgerechnet Vietnamesen das Zeug herstellen. Bis jetzt war es ein Problem vom AfD-Kernland, Sachsen, Sachsen-Anhalt, Thüringen. Doch Brandenburg holt auf, 2017 verdoppelte sich die Zahl der Methvergehen.[255] Zwar sind Drogenvergehen Kontrollvergehen, das heißt, wenn mehr kontrolliert wird, wird auch mehr gefunden. Trotzdem ist der Trend offensichtlich. Und auf dem Friedhof die Hölle los.

Schon früh morgens hört man die Schreie. Wie Affen im Urwald rennen aufgeregt Grüppchen durch das dichte Grün. Einer knattert mit dem Roller über die ausgetretenen Pfade. An der Häuserwand, hinter einem Baum, haben sie eine Matratze ausgelegt und gemütlich mit Müll garniert. Für die, die nicht nur ab und zu kommen, sondern die bleiben.

Die Schreie kündigen den Ticker an. Dann stehen zehn bis 20 Leute um die Matratze. Aufregung liegt in der Luft, die meisten können nicht sitzen bleiben und hibbeln nervös herum. Hunter S. Thompson sagte, arabisch klingt schlecht im Ohr des weißen Mannes.[256] Es klingt noch um einiges schlechter, wenn es auf Entzug geschrien wird. Auffällig unauffällig ein paar Handschläge, dann wird gezogen, geraucht, gespritzt. Die Ersten verabschieden sich in strahlenförmigen Linien durch das Gebüsch. Tiere, die ihr Fressen in Sicherheit bringen. Nur ein paar bleiben da, einer schläft ein. Da war wohl Schore drin.

Es ist nicht alles nur trostlos: Manchmal verirrt sich ein junges Mädchen auf den Friedhof. Wasserstoffblond kriecht sie in ein Gebüsch. Ein Junkie/Ticker nach dem anderen schlüpft rein und wieder raus. Wahrscheinlich sagt sie ihnen ihre Zukunft voraus. Lass mich raten: Du wirst Vater.

Natürlich gibt es auch klassische Dramen: Alki gegen Heroinjunkie. Der Vorhang öffnet sich mit den ersten Schreien, die Rollläden gehen hoch, dicke türkische Papis im Unterhemd setzen sich auf den Balkon wie vor den Fernseher. Die Alkoholikerin ist eine Walküre um die 50 und kreischt wie am Spieß. Auf die gutgemeinte Sitz- und Liegefläche der Stadt hat sich verbotenerweise ein Junkiepärchen gesetzt.

„Du Penner, du machst hier den Löwen, mit deinen Tattoos und deinem Heroin! Du bist ein scheiß Junkie! Du wohnst doch in Prenzlauer

---

255 https://t1p.de/24yk (22.6.18)
256 https://t1p.de/0y4s Ha, mich selbst zitiert. Postmoderne Fakt-Fiktionsverschmelzung, alter.

Berg! Das weiß ich! Verpiss dich aus meinem Bezirk! Das ist mein Bezirk! Du Arschloch! Wegen dir war ich nackt vier Stunden im Krankenhaus! Ich hole die Polizei, ich zeige dich an, wegen Mord!"

Das variiert sie kunstvoll, während sie komischerweise mit dem riesigen Köter des Junkies spielt. Sie geht erst zwei Meter weg, kommt wieder zurück, dann 5m, dann 10m, wie ein Jojo. Jedes Mal steigert sie sich weiter rein, wird sie lauter. Der Junkie bleibt cool, der Hund erstaunlicherweise auch. Wie traurig muss dessen Leben sein, wenn so ein Drama seine Instinkte nicht mehr anspricht?

„Und du, ich dachte, du hättest Charakter. Aber du bist eine Lügnerin, eine Verräterin!", schreit sie die punkiggruftige Freundin an. „Du hast doch den Andy gefragt, ob er ihn zusammenschlägt! Und jetzt bist du wieder hier mit deinem Heroin! DU SCHLAMPE!"

Jetzt haut sie dem Junkie die Mütze vom Kopf. Er steht gelangweilt auf und greift sie sich wieder. Sie hebt einen riesigen Ast auf, zwei Meter lang und 20 Zentimeter stark. Sie kreischt wie am Spieß, verpiss dich aus meinem Bezirk! Hundekläffen von hinter den Bäumen. Andere Fertige schreien: „Halt die Fresse, Ruhe jetzt!" Ein paar grölen von den Balkonen. Wer braucht schon Trash-TV oder ein Kolosseum, wenn er den Blick auf den Junkiefriedhof genießen kann?

Sie holt aus, kurz bevor sie ihm das Genick brechen kann, kommen ihre Alkikumpels und halten sie zurück. Wie ein angeleinter Hund kreischt sie jetzt noch schriller. Als sie weggeführt wird und die ersten Rollläden sich wieder senken, steht die Junkiefrau auf und geht ihr hinterher, um alles noch mal „zu klären". Zugabe, noch 20 Minuten Geschrei. Danach murmelt sie zu ihrem Freund: „Sie hätte ja nicht ins Krankenhaus mitgehen müssen, wenn du ihr so scheißegal bist." Recht hat sie.

Das wirkliche Drama ist, dass die Walküre natürlich in den Junkie verknallt ist. Obwohl er 20 Jahre jünger als sie zu sein scheint, sehnen sich ihre extra prall bis unters Kinn gestopften Titten nach Zuneigung. Verbindlichkeit durch Abhängigkeit: Wenn ich mit dir ins Krankenhaus gehe, hast du mich gefälligst auch gern zu haben. Aber ist nicht. Wer scheiße ist, kann kacken gehen.

Manchmal sieht man die Methjunkies auf dem zwangsharmonischen Wochenmarkt schnorren. Haben sie genug, gehen sie ins Hipstercaf und belabern die 20-Jährige hinter dem Tresen, ihnen mehr Münzen in Scheine einzutauschen, als ihr lieb ist. In jedem Wort stecken die lauernde Forderung und die latente Androhung von Gewalt.

Der Entzug kennt keine Gnade. Meth kennt keine Argumente, nur MEHR.

Vielleicht ist es Zufall, dass genau als das Geschrei unerträglich wird, die Rasenmäher der Stadt auffahren. Habitat zerstören, so löst man Probleme. Wie in den geschrumpften Oststädten: Alle Platten abreißen, damit der Restwohnraum teuer bleibt. Oder wie beim Borkenkäfer, den man mit Abholzung bekämpft. Niemand würde sagen, Junkies sind Geschmeiß. Nur denken. Und so handeln.

Bestimmt ist es auch nur Zufall, dass Wannen voller Bullen bedrohlich die Seitenstraßen entlang blubbern. Bestimmt denken die Junkies dann alle: „Stimmt, ich will doch nicht ins Gefängnis, wo kann man sich für Wirtschaftsinformatik einschreiben?" Die Stadt hat jetzt eine innovative Lösung für das Drogenproblem gefunden: Spritzenmülleimer. Wenn man in Deutschland verreckt, dann bitte sauber und ordentlich.

Natürlich ist das alles ein Drama. Menschliches Elend *on the Rocks*. Natürlich sollte man über Drogen aufklären, Geflüchteten die Chance geben zu arbeiten und alles legalisieren und besteuern und zwar dalli und umsonst. Solange das nicht geschieht und solange der Kapitalfaschismus alle Armen entwohnt, kann uns nichts Besseres passieren, als ein Haufen wahnsinniger Methabhängiger. Auch wenn die Muttis in den Cafés vor Angst noch bleicher werden, haben sie immerhin was zu reden. Ihr Kiez bleibt spannend, die armen Studenten, Künstler und Assis bringen das rein, was sie, obwohl sie gebären, vernichten: Leben. Viel wichtiger ist, dass der Kiez dreckig bleibt. Es wird in Autos eingebrochen, in Ecken gepinkelt, ein genereller Vibe von Bürgerkrieg erzeugt. Das, was Investoren hassen. Solange die Wahnsinnigen durch den Busch und die Straßen rennen, kann die Gentrifizierung keinen Endsieg feiern. Natürlich sollte eine Gesellschaft, die sich für westliche Werte rühmt, das auch ohne krasses menschliches Elend schaffen. Aber in Berlin gibt es keine Märchen, Habibi.

PRAKTISCHES

Entspannen ist auf echten Friedhöfen. Da kommt die Spackenparade nicht rein. In den Parks kannst du es vergessen. Parks sind kein Ort der Entspannung, sondern des Schwarzhandels und des Zirkus.

Meth-Nachbarin

„It [Meth] was the hardest boyfriend I ever had to break up with."
– Fergie, Sängerin.

Die Zermürbung kommt über das Ohr. Selbst, wenn die Junkies nicht heulen, hört man entfernt die Sirenen der Polizei und Feuerwehr. Eine Erinnerung, dass der friedliche Schein eine Lüge ist. Selbst das Eichhörnchen hat Blut an den Zähnen: Es ist ein Nesträuber. Mit blankem Entsetzen müssen Küken mit ansehen, wie es erst die ungeborenen Geschwister frisst, dann sie selbst.
 Also, alle Fenster zu, Harmonie jetzt. Und dann fängt es an. Das Staubsaugen. Erst nur sonntags, am Mittag. Dann auch an anderen Tagen. Dann jeden Tag. Dann jeden Tag zweimal. Dann manchmal wieder nicht. Dann zehnmal am Tag. Stundenlang. Kein schönes Neubau-Staubsaugen auf dicken Flokatis. Keine schöne, grässliche 80er-Jahre-Drogendealer-Wohnung mit Spiegelschränken vor dem Bett und einem Teppich, der alle Schreie erstickt. Nein, brutales Altbau-über-die-Dielen-kratzen-Gewalt-Staubsaugen. Gegen die Leisten knallen, volle Kanne, 2.000 Watt, alle Möbel umstellen. Vielleicht ist der Nachbar nur sehr reinlich? Bestimmt verbirgt sich da nichts absolut Krankes, keine menschliche Tragödie hinter? Bestimmt, viel Spaß in Schwabing.

 Die Nachbarin oben ist noch relativ neu im Haus, vielleicht seit ein, zwei Jahren entwurzelt. Sie kam an, wie ein typischer *Airbnb*-Tourist. Breites Grinsen, ehrlicher Blick, viel zu nett. Erstaunlicherweise blieb sie. Die schlechteste Entscheidung, die sie je in ihrem Leben getroffen hat.
 Anfangs war sie straßenköterblond und man konnte sie fast ansehen. Ansehen, so wie man einen Menschen ansah, nicht einen Unfall. Sie lackierte sich die Tapete, ging weg, das sterbensöde *„Berlyn-is-so-great"*-Programm eben. Anfangs kam sie brav um 05:00 Uhr, 06:00 Uhr nach Hause. Das, was man mit Alkohol und maximal ein bisschen Speed schaffen kann. Dann feierte sie auch mal bis zum nächsten Abend. Und bis zum Übernächsten. Irgendwann war sie entweder wochenlang weg, oder im Koma.
 Die Staubmilben übernehmen die Macht, zumindest in ihrem Kopf. Wie ein Vergewaltigungsopfer sich in der Dusche manisch wäscht,

staubsaugt sie die Wohnung. Natürlich könnte das eine einfache Zwangsstörung sein. Es könnte aber auch eine Zwangsstörung mit Meth sein. Oder einfach nur Meth.

Irgendwann stand sie im Treppenhaus, ohne Hose. Die Bekannte fragte sie, ob alles okay sei. „Ja", lange Pause. „Ich wollte nur runter zu den Mülltonnen", sagte sie mit starrem Blick. Sie bewegte sich nicht. Irgendwann war sie weg, eine Dose Suppe stand auf der Treppe.

Den fortgeschrittenen Abhängigen erkennt man daran, dass er niemanden mit nach Hause nimmt. Wieso sollte man teilen? Schlauchen muss sie (noch) nicht, sonst könnte sie sich die Wohnung in dieser Lage nicht leisten. Beziehungsweise ihre Eltern. Bei dem Soll an Staubsaugen bleibt kein Platz für einen Job. Man muss Prioritäten setzen im Leben.

Nur manchmal wird es zu einsam, dann braucht ihre Tragödie ein Publikum. Dann heult sie los, natürlich erst, wenn jemand die Treppe runter kommt. „Jemand hat mein Fahrradschloss gestohlen!" Aha? Das Rad nicht? Lange Pause. Sehr lange Pause.

Einen anderen, an sich schönen Tag versaute sie mit dem, was ab und an als ihr Freund durchgeht. Eine Schreierei von epischen Ausmaßen, so richtig schön mit Vasen (eher Wurstdosen) werfen und Hassflennen. Emotionen, so echt sie nur sein können. Wahrscheinlich war der Stoff alle. Während vorne die Junkies kreischten, belagerte ihr „Freund" schreiend das Treppenhaus: *Ghetto Surround Sound*. Im Erdgeschoss traf er auf den Hausgnom Borgolte. Wie immer hatte der nichts zu tun und investierte seine Lebenszeit gerne in eine Schreitirade. Vielleicht wollte er sich auch bei der Nachbarin von oben profilieren, ein Affenschrei.

Die einzige Frage ist: Wie lange macht sie es noch? Man kann die Uhr danach stellen: Erst müllt der Balkon voll, dann kommen die Schreie in der Nacht, dann die Herren in Blau und dann die in Weiß, mit der Zwangsjacke. Dann wird saniert und *DINK*s ziehen ein, oder ein weiteres verlorenes Mädchen mit reichen Eltern.

Sie kommt aus der Haustür. In einer Hand Erdnüsse, in der anderen dreht sie imaginäre chinesische Qigongkugeln. Jetzt sieht sie aus wie ein Unfall mit viel Blut. Sie hat sich im Wahn Pickel aufgekratzt. Auf ihrer hart überschminkten weißen Geishamaske ziehen sich Kratzer wie Grinsemünder über ihr Gesicht. Es ist, als würde der Joker einen kopfüber und seitlich ansehen. Es ist unheimlich, das Adrenalin schießt ein. Vielleicht ist sie der Jesus der Drogen, sie opfert sich, auf das wir alle körpereigene Drogen erhalten? Sie ist gewachsen, in die Breite. Nicht fett, sondern aufgedunsen. Ihre Bewegungen sind bestenfalls fahrig, schlechtestenfalls wie *30.000 Meilen unter dem Meer*. Sie erkennt uns wie Jesus seine Jünger: „Könnt ihr Mal ...", die Erdnüsse regnen auf den Boden, ihr Blick wird unscharf, „... halten? Ich will mir ...", sie sieht sich nach den Erdnüssen oder einem Geist um, „... eine Kippe drehen". Ihre Motorik ist die eines Schaufelbaggers, keiner von uns hat Bock auf eine lange fremdschämige Szene, in der sie versucht, sich eine zu drehen. Wir geben ihr eine, zünden sie an. „Danke", sagt sie abwesend und stolpert die Straße runter.

Hätten wir ihr helfen sollen? Vielleicht. Hätte das was gebracht? Wahrscheinlich nicht. Klar, man sollte es trotzdem versuchen, ein Mensch ist ein Mensch. Aber nicht mein Mensch. Sie ist alt genug um es besser zu wissen. Was sollen wir ihr sagen? „Meth ruiniert dein Leben"? Weisheiten, die nach *Sat1* klingen, sollte man sich verkneifen. „Du siehst aus wie der Tod, wenn er seine Latschen vergessen hat"? Das weiß sie. Studien belegen: Wer Drogenerfahrung hat, ist intelligenter.[257] Natürlich ist das keine Kausalität, sondern Korrelation. Intelligenten Leuten wird Saufen wahrscheinlich einfach zu öde. Intelligent zu sein bedeutet, sinnvolles Neues früh mitzunehmen. Aber ein paar Abstürzler sind eben der Preis einer Partystadt. So, wie man keine Freiheit mit perfekter Sicherheit haben kann. Außerdem schlägt das Sicherheitsparadoxon zu: Je mehr Sicherheit man hat, desto mehr steigt das Sicherheitsbedürfnis. Vor allem aber ist sie kein Einzelfall. Jede U-Bahnfahrt würde zehn Krisengespräche erfordern, jeder Gang zu *Aldi* fünf, sogar im verdammten eigenen Haus müsste man bei den Nachbarn hausieren gehen. Berlin hat haufenweise Möglichkeiten für Suchtis, clean zu werden: Fixpunkte, Drogenbusse, Ausstiegshilfen, betreutes Wohnen. Zumindest wenn sie deutsch sind. Ausländer können ruhig verrecken.

So hart es ist, es gibt zu viele Probleme. Ganz frühe Berliner Rapper, die MOR-Crew, stotterten: „Wieso fragst du mich ‚wieso' und kriegst eh keine Antwort? Frag mich nicht, Nigger, ich sitz selbst bis zum Hals in der Scheiße und weiß weder, weswegen noch wozu. Du und ich ham nichts gemeinsam. Sieh, ich bin nicht Jesus. Geh und such ne Lösung und lass mich damit in Ruh." Das ist die Kehrseite der Medaille Anonymität. Du kannst nicht erwarten, geil abzufeiern und

---

257 https://t1p.de/mnu8 (3.12.18)

dich durch die Weltgeschichte zu vögeln, so, dass in deinem Dorf der Pfarrer einen Herzinfarkt bekommen würde, gleichzeitig aber, wenn es dir schlecht geht, bei Fremden wie bei dem zu Kreuze zu kriechen. Werd eine Schneeflocke, ein Sternchen, oder zerschell am Boden. Es ist scheißegal.

Apropos Sternchen: Bestimmt stöhnen jetzt die besseren Menschen. Aber wisst ihr was? Wegen dem Leid, dem Dreck und dem Bösen kommt ihr doch in die Stadt. Mehr noch, deswegen seht ihr Tatort, deswegen fahrt ihr langsamer, wenn wieder ein Haufen Blut und Blech auf der Autobahn liegt. Deswegen lest ihr das hier. Ihr seid sensationsgeil. Und wisst ihr was? Das ist okay. Je mehr man im Leben mitbekommt, desto besser das Urteil. Deswegen sind Städte der Motor der Innovation, was hat das Land seit dem Ackerbau Bedeutendes erfunden? Klar, wenn du wie ein japanischer *Hikikomori* dein Zimmer nie verlässt, wirst du nie umgefahren. Aber dein Leben ist so spannend wie Leberwurstsuppe. Der Autor Steven Johnson stellt in *Everything Bad Is Good for You* sogar die These auf: „Alles Schlechte ist gut für dich".[258] Deswegen ist die Stadt die Stadt: Weil die Menschen hier kein hermetisches Harmonieuniversum haben – und brauchen. Allein das verbessert das Leben von so vielen so extrem, dass selbst, wenn man kalter Utilitarist ist, ein gefallenes Sternchen nicht ins Gewicht fällt. Sie opfert sich für eure Unterhaltung. Außerdem: Ihr sucht doch alle händeringend eine Wohnung?

PRAKTISCHES

> Entscheide dich: Bist du Jesus? Dann klingel bei allen Nachbarn und rette sie. Bis dir einer die Fresse poliert. Falls du nicht Jesus bist, ruf rechtzeitig Bekannte an, bevor der Gerichtsvollzieher anrückt.

---

258 https://t1p.de/ce04 (3.7.18)

Borgolte

„UUUUUUUUAAAAAAAAHHHHHHHHH!"
– Borgolte an einem Sonntag, 04:00 Uhr morgens.

Wenn die Cracknachbarin die Vorspeise ist, ist der Borgolte der Hauptgang. Die fetttriefende, doppelt frittierte, mit Chemikalien gerade so zusammengehaltene Ladung Industrieabfall, die du dir nach einem langen Tag reinklopfst, um endlich schlafen zu können. Die dich mindestens zehn Stunden deines Lebens kostet. Aber hey, denk positiv. Immerhin musst du diese Zeit nicht mit Borgolte verbringen.

„Borgolte" ist keine Berufsbezeichnung, sondern ein Name, fast sein Spitzname. Das, was *Autocorrect* aus ihm macht. Tonal zwischen „Kobold" und „Borg", den seelenlosen Außerirdischen, die einen Quadratmaschinenplaneten bewohnen. Der Borgolte legt nie Hand an, er macht die Leute nur verrückt. In Guantanamo werden Islamisten mit *Hells Bells* von ACDC, *White America* von Eminem und dem Titelsong aus der *Sesamstraße* beschallt, bis sie zusammenbrechen.[259] Borgolte geht noch eine Stufe weiter: Er bombardiert alle mit 80er-Jahre-Schnulzen. Der Borgolte ist von einem ganz besonderen Schlag Berliner, einer, den es in jedem Block gibt. Man könnte ihn DJ nennen, aber er hat nie mehr Publikum als Hände. Zumindest kein Freiwilliges. Er ist im wahrsten Sinne des Wortes Alleinunterhalter.

---

259 https://t1p.de/h7sv (3.7.18)

Die gibt es vielleicht auch in München, Köln, oder Drewitz. Aber nur in Berlin bekommt man das volle Psychopathenprogramn im *Supersize*-Format. Wir reden hier nicht von ein paar Stunden lauter Musik, sondern von voller Kanne, eine von Freitag bis Montag dauernde Orgie des schlechten Geschmacks. Wir reden von lauter, Schreien, lauter, Schreien, noch lauter, und dann mit dem Kopf durch die Glastür. Wir reden von Bässen, bei denen nicht nur der Boden darüber, sondern auch der zwei Stockwerke darunter vibriert. Wir reden von Gesprächen, die man durch das ganze Treppenhaus hören kann, Rauch, der durch die Ritzen der Dielen aufsteigt, Gestöhne, das dich bis in die Alpträume verfolgt.

Das Publikum besteht oft aus Volker. Daran wird man spätestens alle zehn Minuten erinnert, wenn Borgolte „Volkaaaaa" schreit, oder Volker schreit. Außerhalb ihrer rauschenden Feste sieht man sie nur ganz selten. Einmal stand Volker unten im Treppenhaus, vor Borgoltes Tür, standesgemäß Hinterhaus, Erdgeschoss. Ein netter Typ mit dem Format einer Schrankwand und einer schicken Narbe quer über dem Gesicht. „Ist Borgolte da? Hast du vielleicht was zu ziehen? Nein? Scheiße! Mann, ey!" Er tritt gegen die Tür. Aggressionsbewältigung für fortgeschrittene Vorschüler.

Der Rest seines Fanclubs besteht aus seiner Freundin. Die hat immer den Gesichtsausdruck stupider Angepisstheit. Ihr sucht das wahre Berlin? Genau so sieht es aus. Und aufgequollen, was denn sonst? Man fragt sich oft, ob sie behindert ist, aber die Entschuldigung hat sie wahrscheinlich nicht. Wenigstens zieht sie körperbetont enge Sachen an, damit man jede schwitzige Ritze zwischen den Röllchen sehen kann.

Manchmal sieht man sie im Garten, wenn sie Plastikstühle von A nach B und wieder zurück stellt. Ganz richtig, ein Garten, im zweiten Hinterhof. Die Nachbarn pflanzen Bäume, legen Beete an, graben Teiche. Das schwule Pärchen hat ein grünes Disneyland gezaubert. Bei Borgolte sieht es aus wie auf einem Panzerübungsplatz. Das Einzige, was er pflegt, sind seine kläglichen Hanfpflanzen. Er schafft es sogar, dass seine Katze armselig aussieht. Dreckig weiß, viel zu kleiner Schrumpfkopf, wahrscheinlich von der Dauerberauchung. Die Nachbarskatze gibt ihr immer Respektschelle, während seine Freundin danebensitzt und apathisch raucht.

An sich kein Problem, jeder hat das Recht, hässlich und scheiße zu sein. Es wird dann zum Problem, wenn Borgolte seinem Namen wieder alle Ehre macht. Nach 10h, 20h, 40h Party kommt unweigerlich der Zeitpunkt, wo beide versuchen, so was Ähnliches wie Sex zu „machen". Natürlich sind sie dazu nicht mehr in der Lage und meistens endet es nach dem, was klingt, als würde sie ihm einen blasen – und er dabei ersticken. Man hört erst ein Gestöhne, wie von einem brünftigen Elch, das in einen Raucherhusten übergeht, der selbst Bonnie Tylor ekeln würde. Schließlich fängt er an zu würgen, laut und ausgiebig. Dann ein ganz kurzer Moment der Stille. Und dann wird die Anlage wieder hochgedreht, die Party geht weiter.

Natürlich schafft man das nur mit Drogen. Als die Nachbarin oben abgestützt ist, konnte der Borgolte nur müde lächeln. Schon seit den 90ern zieht er alles, was er Leuten ablabern kann. Natürlich säuft er auch und kifft, aber nur mit Amphetaminen kann er die Kondition für seinen auditiven Terrorfeldzug aufrechterhalten. Jetzt bringt er ihr Dosensuppe für eine Allianz des Terrors. Zum Glück vergisst sie die auf der Treppe.

Vielleicht ist Borgolte ein ganz netter Typ, nur ein wenig exzessiv? Genau, Jesus war weiß, die AfD hilft den Armen und Lachs ist gesund. Die Bars, in denen er herumlosert, machen regelmäßig dicht: zu laut, zu geschmacklos, (seit er da ist) zu widerlich. Wenn man das Pech hat, ihm zu begegnen, labert er einen ohne Punkt und Komma voll. Kulturpessimisten beklagen sich ja immer, dass die Jugend vor lauter Internetz nicht mehr kommunizieren kann? Borgolte hingegen lädt seit Dekaden als „digital foreigner" seinen kommunikativen Müll einfach analog bei anderen ab. Er hat überhaupt kein Gespür dafür, wann er sich wo dazusetzen kann, was Leute interessiert, ob er stinkt wie ein Zombie. Begeht man den Fehler ihm zuzuhören, möchte man sein Gehirn fressen. Das ist nebenbei auch der Ursprung der Zombielegende: Kannibalismus und besonders Hirnfressen kann einen mit der Kuru-Krankheit infizieren. Das ist eine Variante des Hirnschwamms der Creutzfeldt-Jakob-Krankheit.[260] Es folgen Schlaflosigkeit, Apathie, Tod: Zombietum.

Borgolte ist als Kind aus Jordanien ausgewandert. Ist er deswegen solidarisch mit Flüchtlingen? Organisiert er sich? Hat er eine Meinung zu irgendetwas außer sich? Am Arsch. Borgolte ist das perfekte Produkt der Generation X, individualisiert und konsumgeplättet bis zur Unkenntlichkeit.

---

260 https://t1p.de/ct9k (12.7.18)

Nicht nur das, sein stärkster Charakterzug ist Hinterhältigkeit. Er wird kommen, dir die Hand auf die Schulter legen, sich hart einschleimen, und dann, wenn der Moment richtig ist, lügen, betrügen, klauen. Selbst friedfertige Informatikstudenten, die nie außer mit Nerdwitzen aufgefallen sind, schlagen Borgolte manchmal eins in die Fresse. Denn, und das ist sein einziger Vorteil, er ist ein Hänfling. Außer in seinem Reich. Er geht nach Hause und dreht die Stalinorgel von Anlage auf.

Lenin fragt: „Was tun?" Andauernd die Bullen rufen? Die freuen sich sicher über die Antifaaufkleber im Treppenhaus. Außerdem ist Neukölln genau der Ort, wo man keine Bullen haben will. Was tun die anderen Nachbarn? Die Oma nebenan ist so dement, dass sie sofort vergisst, worüber sie sich ärgert. Die fragt im Flur immer nur nach Kippen. Der Türke auf der anderen Seite stand früher mit blutverschmiertem Oberkörper auf der Kreuzung, bevor er ein paar Jahre in den Bau wanderte. Der würde Borgolte natürlich am liebsten die Kniescheiben raustreten, kifft sich aber stattdessen ins Koma. Also muss die Bekannte nachts um zwei in die Höhle hinab steigen. Das freut den Borgolte, Frischfleisch.

Aerosmith dröhnt, sie muss zehn Minuten klingeln und gegen die Tür hämmern. Aus den Spalten riecht man schon den alten Rauch, schäbiger als in jeder Eckkneipe. Der Ranz, der an ganz harten Tagen auch oben durch die Dielen sifft. Borgolte öffnet. Sie haut ihm keins in die Fresse, was nach vier Jahren Dauerbeschallung als Friedensangebot durchgeht. Borgolte sieht in zwei verschiedene Richtungen, Gesichtsfarbe wie Beton, seine Haare wie einen Sack Drähte nach hinten gebunden. Klar stellt er die Musik leiser. Für 15 Minuten, dann wird sie wieder stufenweise lauter. Mindestens ein Auge schaut ihr nonstop auf die Titten. „Willst du nicht reinkommen? Hab voll die geile Anlage."

Sie überlegt einen Moment. Reinkommen, ins Netz? Da, wo es nach Tod und Verdammung stinkt? Wo im Dunklen gebückte Gestalten rumlurchen? Zu dir, der du was genau kannst? Gitarre spielen, Schlagzeug – oder wenigstens nett sein oder einen letzten Rest von Geschmack haben? Nein, du kannst nur den Knopf an einer Musikanlage aufdrehen?

Sie sagt eine Reihe von Wörtern, die bei Wiederholung die Apokalypse auslösen würden. Klingt hart? Genau die Situation hat sich schon 50 Mal abgespielt. Aber Borgolte ist ein Gentleman, er schenkt ihr eine fette Knolle Gras. Obwohl sie nicht kifft.

Borgolte hat eine interessante Strategie entwickelt, um damit klarzukommen, dass er sein Leben in den Abfluss pisst: Er hält sich für einen Star. Ein Star, der sich in den Bars bedienen kann, der die 20 Jahre jüngere Nachbarin mit nach Hause nimmt, der die geilste Disco der Stadt in seinem Wohnzimmer hat. Dem auch kiloweise *Panzerschokolade* das Gehirn nicht wegfräsen können. Er ist mental emigriert, auf den Mond.

So widerlich der Typ ist, er ist immerhin kein für die *Kreditbank für Wiederaufbau* („Bank aus Verantwortung") Atomwaffen handelndes (ja, wirklich[261]) Bankerehepaar. Klar, er terrorisiert alle, aber die Siffigkeit seiner Bude zieht den Wert des ganzen Hauses runter. Seine andauernden Ruhestörungen sind das beste Mittel gegen hyperarische Familien mit Kindern, die viel Ruhe brauchen, weil sie auf die Privatschule gehen. Die verrückten Junkies, die bei ihm ein und aus gehen, schrecken jeden Investor auf 500m ab.

Kein Wunder also, dass der Vermieter eine Entwohnungsfirma schickte, um ihn loszuwerden. Sicher, er hatte irgendwas mit dem Amt verkackt, aber die Struktur des Arbeitsamtes bedingt, dass sie ab und zu irrational Leistungen entziehen, einfach um die Empfänger zu piesacken. Ist die Kündigung einmal raus, kann man nichts mehr machen, tut uns ehrlich und ganz herzlich leid. Ein Mann von der Firma klingelte bei ihm, stellte den Fuß in die Tür, und versuchte, ihn aus der Wohnung zu drängen. Ganz einfach, Bürgerrechte in Zeiten des privatisierten Wohnungsmarkts. Einmal in seinem Leben stand Borgolte für etwas auf, für sich. Er stemmte sich mit aller Kraft gegen die Tür und schlug sie zu. Das war dem Vermieter wohl so peinlich, dass Borgolte bis heute in seinem Loch wohnen darf. Und, so furchtbar es ist, das zu sagen, hoffentlich noch lange dort wohnt. In seinen eigenen Worten: „Ich gehe hier nur mit den Füßen voran raus." Wahrscheinlich wird nächstes Jahr eine Wohnung frei.

PRAKTISCHES

Wenn du einen Nachbarn wie Borgolte hast, mach ihm so früh wie möglich klar, dass er dich in Ruhe lassen soll. Gerne auch mit viel zu viel Nachdruck, Berlin eben. Aber dann lass ihn krakeelen, saufen, seine traurige Privatdisco steigen lassen. Denn so ein Typ im Haus ist Gold wert. Nichts hassen Investoren und Bankerpärchen mehr. Ein guter Assi ist die beste Versicherung gegen die Gentrifizierung.

261 https://t1p.de/eent (12.7.18)

Unkunst

Wilmersdorfer Vulvakunst

„Die Schlampe an der Theke sacht: ‚Dieset Modell hat ne Pussi aus Gummi für langsam und schnell'. Doch nach zweimal anal war der Arsch ab. Ich zurück zur Erosbude und die frächt wat ich hab. ‚Sorry, an der Puppe ham die Löcher gefehlt, aber is ja auch egal: Nur die Liebe zählt."'
— Eisenpimmel, Nur die Liebe zählt.

Wäre die Wilmersdorfer ein Körperteil, wäre sie der Damm. Der finstere Grat zwischen Genitalien und Arschloch, der aussieht, als wären wir dort zusammengenäht worden. Ein tragisches kleines Stück Mensch, das niemand, der dich nicht sehr gut kennt, sehen sollte. Ein Schambereich.

Konsequent, wie in Berlin üblich, liegt die Wilmersdorfer Straße in Charlottenburg. Das kommt, weil sie, als Charlottenburg noch eine Kleinstadt war, in das Dorf Wilmersdorf führte. *Wilmersdorf* bedeutet rein gar nichts, außer dass das Dorf der „Uradelsfamilie von Wilmersdorff" gehörte. Der Komplex war also schon angelegt.

Ganz im Norden der Wilmersdorfer kann man die Anfänge noch erahnen. Alte Mietskasernen, kleine zweigeschossige Stadthäuser, in denen jetzt natürlich die *Weinschule Weinlust* haust.

Da gibt es laut Kundenbewertungen „Degustationsmenüs" und natürlich literweise Alk. „Weil Genuss auch Kenntnis braucht", ist das Motto des Ladens.[262] Ach ja? Schmeckt einem Kind ein Eis deswegen schlechter? Sind wir Banausen, weil wir nicht, wie in Kambodscha üblich, gebratene Vogelspinnen degustieren? Das Motiv ist edel: „Der Ansatz war es, die snobistische Weinwelt ein Stück weit zu entzaubern …", und dann:"… und den Besuchern der Seminare in unterhaltsamen und kurzweiligen Abenden die Seele des Weines näher zu bringen." Die „Seele"? Was ist denn das für ein Schmarren? Ihr wollt Saufen nicht so brutal klingen lassen, wie es ist. Fragt euch mal, wenn Wein keinen Alkohol hätte, würdet ihr dann so ein Tamtam drum machen? Ihr sagt doch selber:"Dabei verzichten wir völlig auf abgehobene Fachbezeichnungen und sinnfreie Weinbeschreibungen, hinter denen sich meist nichts anderes verbirgt als Unsicherheit und

---
[262] https://www.weinseminar.de (4.7.18)

Inkompetenz." Sinnfreie Beschreibungen, so wie „Seele"? Genau wie *The Subtle Art of not Giving a F*ck* versucht, ein als Antiselbsthilfebuch getarntes Selbsthilfebuch zu sein, ist die Weinschule eine als bodenständig getarnte Snobokalypse. Das entsprechend lobotomierte Publikum finden sie auch:

„Michael Kott
Local Guide · 681 Rezensionen · 515 Fotos
vor einem Monat
Wer mal etwas wirklich Ausgefallenes machen will der sollte hier die Weinschule mitmachen. Voranmeldung kann nicht schaden und Parkplätze sind wirklich sehr rar!"[263]

Ja, ach was Michael, der du mit deinem Klarnamen bei *Google* kommentierst: Du sollst auch nicht mit der Karre kommen. Die Weinschule schreibt sogar auf die eigene Website:

„Damit Ihre Genuss-Schulung nicht mit einem verlorenen Führerschein endet, bitten wir Sie, mit öffentlichen Verkehrsmitteln zu uns zu kommen! Aus diesem Grund haben wir unser Schulungszentrum auch in der Nähe der U-Bahn angesiedelt."[264]

(Als ob, ihr habt 2004 einfach die letzte Bruchbude billig abgegriffen.) Bevor du dich also durch die Fußgängerzone mähdreschst, lieber Michael, nimm bitte, auch wenn das Meilen unter deinem Status ist, mit dem Pöbel die U-Bahn.

Es wäre nicht Charlottenburg, wenn es nicht Snobismus bis zur geplatzten Schlagader wäre. Trotzdem, hier gibt es noch ein paar Cafés, Bars und kleine Läden, in denen man tatsächlich „Dinge des täglichen Bedarfs" zum Bunkern im Keller bis zur Apokalypse kaufen kann. Man hat fast das Gefühl, als wäre man nicht im vergreisten, übersättigten Zombieland. Aber ansehen ist besser als reingehen. Der Japaner zum Beispiel ist annehmbar und günstig, man kann sich sogar hinter Schiebewänden verschanzen. Das muss man auch, denn auf das Essen wartet man über eine Stunde. Wer nicht das gedankenleere Gestammel der radikal kleinbürgerlichen Familien mitbekommen will, bestellt sich lieber noch einen Liter Sake. Vor dem Essen

---

263 https://goo.gl/maps/fT4cM6VwDiR2 (4.7.18)
264 https://www.weinseminar.de/philosophie/ (4.7.18

einfach noch ein bisschen Wissen über Sake reinfahren: „Es wird angenommen, dass die Herstellung mit der Einführung des Nassreisanbaus im dritten Jahrhundert v. Chr. begann. Überliefert sind Riten des Shintō, bei denen Reis zerkaut und anschließend in Gefäße gespuckt wurde. Der in den Gefäßen vergorene Reis hatte nur geringen Alkoholgehalt und wurde wie Brei verzehrt. Das Ankauen wurde ab dem fünften Jahrhundert mit der Verwendung von Pilzkulturen, die vermutlich über Korea aus China importiert wurden, überflüssig."[265] Jetzt ist es vielleicht widerlich, aber kein Saufen mehr, sondern Genuss!

Der Kiez gilt unter weltfremden Charlottenburgern als studentisch, wahrscheinlich für solche, die aus Dubai finanziert werden. Die einzigen, wirklich günstigen Wohnungen gibt es noch in der Sophie-Charlotte-Straße. Das hat damit zu tun, dass die nach hinten raus freien Blick haben, auf die Autobahn. Teilweise stehen sie buchstäblich direkt an der Leitplanke. Wer richtig Glück hat, findet noch eine Butze mit Außenklo. Diese verwöhnten *Millennials* mit ihren Smartphones und Avocados, die können sich, wenn sie sich die Miete leisten wollen, ruhig auch mal das exkrementieren verkneifen. Wir hatten es früher auch nicht leicht.

Am anderen Ende der Wilmersdorfer lauert der Stuttgarter Platz. Der Schandfleck Charlottenburgs beherbergt immer noch eine Handvoll ekelerregender Sexshops und Stundenhotels. Der *Bon Bon Tabledance Club* oder das Sex-Kino *Monte Carlo* sind nicht nur abstoßend, weil hier Provinzschönheiten mit schweren Brüsten verkauft werden, sondern weil sie so erschreckend analog sind. Wer geht denn heutzutage noch in einen Puff? Schon mal was vom Internet gehört? Wenn man schon ein kalkulierender Unmensch ist, dann doch bitte die beste Qualität für möglichst wenig Geld. Du bezahlst für menschliche Weichteile, nicht für Miete, durchgelegene Betten und grantige Angestellte. Da gehen wahrscheinlich Leute hin, die ihre Einrichtung bei *Möbel Hübner* statt *Ikea* kaufen. „Ich darf sie schön grüßen", wirbt Möbel Hübner völlig unironisch. Sagen das die alternden wampenbehängten Männer auch, nachdem sie mit der so was von nicht 18-Jährigen und so was von nicht gekidnappten moldawischen Nutte fertig sind?

Nicht nur Nobelalkoholiker sind so blöde ihren Namen bei *Google*-Bewertungen zu benutzen, auch der russische Berlintourist Lakov Lyashenko:

---

[265] https://de.wikipedia.org/wiki/Sake (4.7.18)

„(Übersetzt von Google) [sic] Der Eintritt kostet 20 Euro. Für dieses Geld werden Ihnen 0,33 Biere und 2 Stück Papier angeboten, improvisierte Dollars, die Sie auf klassische Weise an Stripperinnen befestigen müssen. Wenn das Papier ausläuft, beginnen sie aktiv anzubieten, so dass Sie noch solche Papiere kaufen. Infolgedessen wird es teuer sein, es hat keinen Sinn darin. Im Allgemeinen für einen Amateur."[266]

Schlecht, wenn das Geld ausläuft. Aber mit „es hat keinen Sinn darin" fasst der Ausbeutungsprofi Lakov im Chor mit der *Google*-Übersetzung das Sexgewerbe perfekt zusammen.

Abstoßendes ist immerhin individuell. Während am Stuttgarter Platz das Flair mehr und mehr weggentrifiziert wird, geht am U-Bahnhof Wilmersdorfer Straße noch richtig schön die Post ab. Junkies, Besoffene und Diebe liefern sich eine 24h-Performance. Sie stammeln, betteln, schreien. Sie zeigen ihre blutigen angefaulten Beinstümpfe. Sie reden mit dem Blumenkasten. Falls es lange dauert, bis die U-Bahn kommt, kann man in den richtigen Ecken Berlins ein Spiel spielen: Mehr Spritzen oder Mäuse? Hat merkwürdigerweise den *Spiel des Jahres*-Preis noch nicht bekommen. An der Wilmersdorfer liegen auf jeden Fall um einiges mehr Spritzen. Für die Kinder sind die seit neuestem sehr farbenfroh, gelb, grün, sogar rosa, für die Mädchen. Aber wir sind ja nicht so, jetzt können auch Mädchen die anderen Farben benutzen. Für den Dealer seid ihr alle gleichberechtigt. Wieder ein Fall, wo das Genderparadigma das Problem restlos gelöst hat.

Abends sammelt sich die konsumgeile Teenagercrowd zur Selfieparty. Die, die für den Kudamm nicht genug Geld haben, die sich schämen, weil sie nur den *Gucci*-Abklatsch von Daunenfederjacke tragen. Die sich einen Eimer Gel auf die Haare kippen und sich prollig abchecken. Die nur darauf warten, dass jemand schräg guckt, damit man ihm einen Stuhl in die Fresse hauen kann. Die Polizei sagt zwar, es gäbe mittlerweile weniger Einsätze an der Wilmersdorfer Straße.[267] Die Atmosphäre ist aber immer noch irgendwas zwischen Haifischbecken und Jugendknast.

Eingeengt zwischen Kantstraße und der beschaulich sechsspurigen Bismarckstraße will die Mitte der Wilmersdorfer Straße Shoppingmeile sein. Das hätte Bismarck gefallen, dem Monarchisten, dem

---
266 https://t1p.de/541e (4.7.18)
267 https://t1p.de/vdum (4.7.18)

der schlaue Rudolf Virchow das Duell verwehrte, weil er absurderweise meinte, in Zeiten von Parlamentarismus sollte man reden und nicht schießen.[268] Bismarcks Anhänger waren wegen seiner Schießkünste eher froh. Viele Worte muss man über die Shoppingmeile nicht verlieren. Eine Auswahl: öde, kleinstädtisch, Retorte, grau, planiert, *Franchise*-Konvois, pennerabweisende Sitzgelegenheiten, Überwachungskameras. Kein Ort, den man nicht in Braunschweig, Zweibrücken und Sindelfingen vergessen würde. Aber ein Ort, der zeigen soll, dass es hier bergauf geht. Es ist immerhin Westberlin. Benno Ohnesorg wurde ein paar 100m von hier, in der Krumme Straße 66, nicht erschossen, damit wir jetzt im Kommunismus leben müssen!

Der Größenwahn kulminiert in den *Wilmersdorfer Arcaden*. Ein gesichtsloser Klotz, aber noch ein Stückchen größer als die nebenan. Erst 2007 wurde er fertiggestellt, heute ist er ein unfreiwilliges Museum. Nein, nicht das Museum des Kapitalismus, das an so coolen Orten wie Rixdorf oder Kreuzberg aufpoppt.[269] Das den Kapitalismus behandelt, als wäre er schon lange vergangen. Nein, hier kann man ihm live beim Sterben zusehen.

Dem geschulten Charlottenburger oder Wilmersdorfer ist es mittlerweile peinlich, in die *Arcaden* zu gehen. Nicht nur, dass sich standesgemäße Läden wie *Butter Lindner*, *Mitte Meer* und ganz zur Not noch *Tchibo* zurückgezogen haben. Nicht nur, weil jetzt alles voll ist von *Nanu-Nana*, *Aldi* und Ramschläden. Nein, mindestens die Hälfte des riesigen Bunkers ist leer. Weil wir als gute Kapitalisten wissen, dass das Elend anzieht, muss man es natürlich verstecken. Das haben die *Arcaden* vom G8-Gipfel in Irland gelernt. Dort sind ganze Landstriche von der neoliberalen Pest verwüstet worden, zum nächsten Bäcker muss man 20Km weit fahren. Und was machte die irische Regierung? Sie klebte einfach Plakate von Bäckern auf die leeren Schaufenster.[270] Nicht nur von Bäckern, sondern von einladenden Auslagen, geöffneten Türen, glücklichen Kunden. Merkwürdig, dass die Einheimischen sich beim Versuch, Brot zu kaufen, nicht die Nase gebrochen haben.

Ja, Hergottszeiten, denkt da der gute Deutsche, die Iren, das kann bei uns nicht passieren. Die sind ja auch das einzige EU-Land ohne Brandschutz. Wie kann man nur?

---

268 https://t1p.de/r5el Download: https://t1p.de/cicy (4.9.18)
269 http://www.museumdeskapitalismus.de (4.7.18)
270 https://t1p.de/cwp2 (4.7.18)

Na, mal in Mecklenburg-Vorpommern gewesen? Dem Land, wo die Leute aus Verzweiflung über die Entvölkerung nach „Sex", „Öffentlich" und „Solo" googeln?[271] Da ist nicht nur kein Internet, da ist kein Essen. Wortwörtlich. Die ganzen Läden in den Dörfern machen zu, teilweise ist im Radius von ebenfalls 20 km kein Lebensmittelladen mehr. Das bedeutet nicht nur kein *Tante Emma*-Laden, sondern kein Discounter, kein Bauernmarkt, nichts. Es liegt in der Natur des Kapitalismus, dass er monopolisiert. Dass er sich nur um die Wichtigsten kümmert, nur um die Zentren. Doch so hart es ist, die Wilmersdorfer Straße ist kein Zentrum (mehr). Schon in Westberlin lag sie ein wenig außerhalb, jetzt ist sie Peripherie des A-Tarifs. Omistan. So verdammt uncool, dass möchtegernhippe Hutläden in der Gegend mit „Mode wie in Mitte" werben.

Die *Arcaden* sterben, na und? Ist das schlecht? Es wird uns ja immer erzählt, dass wir das BIP steigern müssten, mehr kaufen, mehr Kinder kriegen für die Wirtschaft. Dass wir unbedingt im Prenzlauer Berg wohnen müssen, in München, New York. Aber das ist alles Quatsch. Das wirkliche Leben findet nicht in der Einkaufsstraße statt, nicht in den Hipstercafés, nicht am Broadway. Deswegen gentrifizieren Stadtteile, weil sie genau abseits des Mainstreams lagen, weil sie interessant waren. Kreuzberg, Neukölln, Wedding? Vor 30, 20 und zehn Jahren konnte das den Leuten, die jetzt dort für eine halbe Million Eigentumswohnungen kaufen, nicht weiter am Arsch vorbeigehen.

Wie Fadenwürmer an Unterwasservulkanen, taucht auch in den *Wilmersdorf Arcaden* Leben an Stellen auf, an denen man es am wenigsten erwartet. Im Erdgeschoss ist ein Jugendtreff und Tanzstudio. Hier bewegen sich Jugendliche und interagieren. Völlig krank. Normalerweise sollten die hier isoliert herumlaufen, Zucker fressen und Statussymbole kaufen, die ihre Isolation kompensieren. Ein paar Läden weiter das *KaDeTe*: das *Kaufhaus des Testens*.

Hier kann man Produkte kaufen und bewerten, die es noch nicht auf dem Markt gibt. Klar, kapitalistische Hipsterscheiße, aber immerhin eine neue Idee. Und nein, die Welt braucht mit Weihrauch geräucherte Grillen zum Naschen nicht. Der wirkliche Hammer kommt aber im ersten Stock, neben der Postbank. Erstmal muss man dreimal durch den verdammten Bunker laufen, zehnmal googeln, zweimal anrufen. Während alle Läden nach Aufmerksamkeit schreien, versteckt sich der hier hinter einem fast ganz runtergelassenen Rollo. Drinnen rauchen Leute …?

---

271 https://t1p.de/7535 (5.9.18)

Noch mal, ganz langsam.

Da stehen Leute und konsumieren Nikotinstängel mit offenem Feuer. In einer Einkaufspassage. „Es wird immer klarer, dass wir in einen Realitätsarm abgebogen sind, der nicht für die Produktivnutzung gedacht war."[272] Zwar gibt es wenig Bescheuerteres, als nach einer Droge süchtig zu werden, die fast nichts bringt, die im Schnitt acht Jahre des Lebens raubt und teuer ist wie sau, aber hirnloses Shoppingunvergnügen gehört dazu. Selbst Karl Marx erlitt durch das Kettenrauchen „Eiterbeulen und chronischen Fisteln in den Achselhöhlen und Leistenbeugen sowie um den After herum."[273] Es riecht nicht nur nach Rauch, sondern nach Spraydosen. Und, alhamdulillah, rechts an der Wand sprayen wirklich Dilettanten Zeichnungen an die Wand. Von Vulvas.

Da sind wir endlich, in der Ausstellung. Der Beschreibungstext ist so großartig, dass er keine Kürzung zulässt:

„tl;dr Celebrrrration ahead! Bing({'})h invulviert sich und könnte nicht begeisterter sein von den fotzüglichen #Artcaden & einer ebensolchen KünstlerInnen-Community.

Höchste Zeit, das zu feiern! Was wäre da treffender als der Tag des Sex [seks] am 9.6. (USA: 69, versteht ihr, ne ♥)

Wertestes Gemöse, Ihr seid geladen zu Cocktails, Popkorn, Pornogami, feucht-fröhlichem und weiterem Fotzüglichem! Vielleicht sogar zu dem ein oder anderen Hand anlegen an Dosen*. More to cum.

Wir kommen alle aus einer Vagina. Vulvahr. Vulvahr.

Also kommt. Und kommt rum!

We cunt on you ♥."[274]

Ein kleiner Rundgang, der kreativ über Vulvas informiert. Besonders lustig ist, wie gehemmt Vulva in anderen Sprachen umschrieben wird: Traube, na gut. Boot, eher nicht. Straße? Wieso? Dazu viel *Streetart*, Mitmachkunst und ein käsiger DJ. Es gibt nicht nur freies Popcorn, sondern verdammt noch mal auch Freibier. Freibier in Berlin? Das führt schon mal zu Aufläufen und Barrikadenkämpfen. Wie verzweifelt müssen die sein?

Nicht die Künstler, die haben Spaß. Die bekommen ihr Atelier hier sogar umsonst, damit die *Arcaden* sich mit dem Hashtag *#Artcaden*

---

272 https://t1p.de/q4qj (7.4.18)
273 https://t1p.de/hkpo (10.7.18)
274 https://www.facebook.com/events/986234334873511 (7.4.18)

schmücken können (nur echt in großgeschrieben, da merkt man, dass der Ideengeber über 50 ist). In Neukölln zahlt man mittlerweile für ein Wandschrankatelier so viel wie für einmal mit alles im *Bon Bon*. Verzweifelt müssen die Investoren sein. Kapitalisten lieben Planbares. Deswegen wählen sie ja auch alle konservativ. Sie hassen Intuitives, Kreatives, nicht Befehle Befolgendes. Trotzdem lassen sie genau das mitten in ihren Tempel. Und wisst ihr was? Das ist eine super Idee.

Die *Arcaden* absolvieren gerade den Salto Mortale der Gentrifizierung, ein Downgraden in der Hoffnung alles noch einmal anzustoßen. Künstler übersetzen für die in: Bald kommen echte Menschen mit echtem Geld. Doch erst, wenn Neukölln komplett an Münchner verkauft ist, die nächste Generation im Prenzlauer Berg ihre eigenen Clubs eröffnet und Studenten Reinickendorf ernsthaft als Alternative ins Auge fassen, hat Charlottenburg wieder zarte Chancen cool zu werden.

Aber macht ruhig weiter. In Amerika gibt es ja mittlerweile einen *Mall*-Tourismus, Touren durch verlassene Einkaufslandschaften. Bevor das bei uns kommt, werden im besten Fall immer mehr Galerien einziehen, bis das ganze Ding aussieht wie ein Hausprojekt. Vielleicht ist das ja die neue Form von Besetzen? Vielleicht lebt sich so die postmaterialistische Gesellschaft aus, in der die Leute langsam verstehen, dass sie den ganzen Ramsch nicht mehr brauchen. Noch cleverer wäre es nur, keine riesigen Gewerbeblöcke mehr zu bauen, sondern Wohnungen. Aber die bringen nicht halb so viel Mieteinnahmen.

PRAKTISCHES

Komm ruhig mal raus aus deinem Hipsterkiez. Geh bei Rogacki was essen und sieh dir die erfrischend uncoolen Menschen an. Lass dich von den Türstehern anlabern und dir einen Schauer über den Rücken laufen lassen bei dem Gedanken, was da unten in den Souterrains alles schmatzt.

Fashionweektims

„Zu den schlimmsten Fehlern in meinem Leben zählen Haarschnitte."
– Jim Morrison, The Doors.

Mitten im chronisch wiederkehrenden Sommer tauchen sie auf. Laufende Eitelkeiten: Typen in den Zwanzigern mit 80er-Jahre-Dauerwelle und riesigen Oprah-Ohrringen. Spindeldürre Vogelscheuchen mit runden Brillen und lustigem 90er-Jahre chaotisch gemustertem Tanktop. Wer kein Chaos in sich trägt, kann keinen Stern gebären? Und natürlich die Standardausführung, Mädels mit viel zu hochgezogenen, sackigen, kurzen Jeanshosen. So hoch, dass einen die äußeren Schamlippen schon fast anwinken. *Jeopardy!*: Sachen, die man nicht sehen will, für 800 bitte. Es darf auch gerne mal die rosa Hose, das grüne gepunktete Hemd und marineblaue Jackett sein, aber nur original mit Islamistenbart und viel zu großer, runder, goldener *Woody Allen*-Brille. Natürlich darf der Jutebeutel nicht fehlen. „Das kannste schon so machen, aber dann isses halt kacke"? „Lieblingsmensch [Herzchen]"? „Wer hat Angst vorm Hermannplatz?"? Du sicher nicht, zumindest bis dich endlich ein paar Halbstarke Bordstein beißen lassen.

Ah, und tätowiert muss man natürlich sein. Arme, Beine, bis hoch an den Hals. Setz dich im Hallenbad verrenkt mit den Armunterseiten nach oben hin, damit jeder sehen kann, wie gottverdammt kreativ du bist. So, wie einen der Besitz eines Picasso zum Ästheten werden lässt. Häng im Tätowierladen ab, sei *best buddy* mit dem Tätowierer, bewerte den Tätowierladen auf *Yelp*. Kann es ein erfüllteres und sinnvolleres Leben geben? Früher waren Tattoos nur was für Seefahrer, Knastologen oder völlige Aussteiger. Heute bedeuten sie das genaue das Gegenteil: völliger Mitläufer. Geistiger Unterschichtenstempel. Aber hey, wenigstens hast du was um das Geld deiner Eltern auszugeben und dann in 20 Jahren nochmal, um dein Erbe darin zu investieren, die wieder entfernen zu lassen.

Bärte dürfen natürlich auch nicht fehlen. Vom kleinen Pornoschnauzer bis zum gezwirbelten Kaiserreichsbart. Dem Abstoßenden sind keine Grenzen gesetzt. Wir kennen das doch alle, das Leben ist viel zu lang, man verreckt irgendwann elendig, und man muss seine Zeit totschlagen. Schnipo *(Schnitzel Pommes)* Schranke, eine Band, die das Musikmagazin *Intro* als „Hip-Hop-Chanson-Fuck" bezeichnete, sangen: *"Ich hasse mein Leben, denn es stiehlt mir die Zeit."*[275] Dafür ist ein Bart Spitze geeignet. Du musst ihn nicht mal mehr beim Friseur machen lassen, du kannst in extra Barbierläden gehen, die aus amerikanischen Schulbussen *"pop-uppen"*. Du kannst auf deinen alten Mercedes dann schöne, doppelpostironische Bartaufkleber patschen, alles in der vagen unterbewussten Hoffnung, dass du nicht wie das kleine Kind wirkst, dass du eigentlich bist.

Sie überschwemmen die Stadt wie ein Tsunami aus Scheiße. Eine Woche lang wird Berlin unfassbarerweise noch hässlicher, als es schon ist. Aber was ist los?

Einmal im Jahr wird Berlin von einer Seuche heimgesucht: der *Fashion Week*. Wieso nicht Mailand, London oder wenigstens Düsseldorf? Was ist an Berlin so besonders modisch? Die krapfigen Prolls in ihren *Limited*-Hemden mit aufgestellten Krägen? Die Handwerker mit Thailandschirmmütze, der zu Schau gestellte Stolz auf Pädophilie? Fette Väter im *Muscleshirt* über ihrem medizinballgroßen Bierbauch? Hier, in einer Stadt, in der wenn nicht die Notwendigkeit, dann doch die Dummheit regiert, will die *Fashion Week* punkten? Wenn man drüber nachdenkt, hat sie recht. Mode ist was für Idioten.

Nein, Clementine-Salome, hier nichts verwechseln. Gut auszusehen ist nichts Verwerfliches. Es gibt bei Allah mehr als genug Hässlichkeit in der Stadt. Es geht darum, aus Mode einen Lifestyle zu kreieren. Genau, wie Autowerbungen ebenso gut für *iPods* oder Extremklettern sein könnten, weil es in ihnen nicht mehr um das Auto geht, sondern ein Lebensgefühl. Gefühl deswegen, weil sich das am besten manipulieren lässt.

Mode ist viel mehr als nur Klamotten, Schuhe, Anhängsel. Es ist Egogewichse. Es geht nur um dich. Es ist wie *Instagram*, nur in echt. Schnipo Schranke: *"Nichts turnt mich an, was man nicht posten kann."* Wie gemacht, für eine Generation, der scheißegal ist, wie viele Neger im Mittelmeer ersaufen. Die zum größten Teil schon jetzt CDU wählt.[276] Die traurigen Reste, die vom verlorenen Klassenkampf und der totalen Kapitalisierung übriggeblieben sind. Nietzsche stellte sich die Welt der letzten Menschen als absoluten Status Quo vor. Rasender Stillstand macht sich breit, trotz Finanzkrisen, Wirtschaftskrisen, Revolten und Katastrophen aller Art. Aber es ändert sich einfach nichts mehr an der Grundstruktur der westlichen Gesellschaft.

---

275 https://t1p.de/joyj ; https://t1p.de/otsl (29.3.19)
276 https://t1p.de/w8o9 (24.8.18)

Man hat keine andere Wahl, als sich anzupassen. Das Einzige, was man noch verändert, sind – klar – Äußerlichkeiten. Man ist Fachmensch ohne Geist, Genussmensch ohne Herz, wie Peter Sloterdijk sagte. Freiwillige Knechte in einer autonomen Herde. Fröhlich konsumierende Roboter. Max Weber wird noch direkter: Klugheit bedeute, seine Bequemlichkeit zu erhalten, obwohl alles untergeht. Der letzte Mensch wird nicht erwachsen. Er bleibt ein ewiges Kind, das sich ewig neu kostümiert.[277] Nur einen Fehler machte Nietzsche: Er unterstellte dem letzten Menschen, dass er zynisch und blasiert sei. Zynisch vielleicht maximal passiv, unintendiert. Die letzten Menschen wollen gar nichts Böses, sie wollen nur sich. Die letzten Menschen sind *Fashion Victims*.

PRAKTISCHES

> Sei Normcore. Das ist die von der VICE erfundene Moderichtung, in der sich alle radikal kleiden. Wer durch Klamotten Charakter ausgleichen muss, ist niemand, den man, wenn es noch andere Menschen auf der Welt gibt, ansprechen sollte. Eine Ausnahme gibt es: den Palästinenserweihnachtsmann. Nachts leuchtet er wie ein Weihnachtsbaum auf seinem Roller, Tags sieht man, dass der Roller und er von oben bis unten voll mit Palästinafähnchen sind. Understatement ist nicht sein zweiter Vorname.

---

277 https://t1p.de/x6pv (29.3.19)

RKOL

„Für alle Rich Kids on Instagram, die sie selbst sind, ohne sich jemals dafür zu entschuldigen."
— The Rich Kids of Literature

Schon geil, wenn man sich selbst sein kann. Da gehört viel dazu: „In einer Welt, in der wenige so laut leben, zeigt ihr, was es heißt, Eier zu haben. Und dafür verdient ihr Bewunderung", heißt es in der Danksagung des Romans *Rich Kids on Instagram* an die Berliner Literatengruppe *Rich Kids of Literature*, kurz und hässlich *RKOL*. Ach ja? Es gehört viel dazu, zu prollen? Aber nicht so Hermannstaße-Goldketten-Bombe, sondern im Nobelkreuzberg und in Wilmersdorfer Salons? Mit altem, gebildetem Geld? Es gehört viel dazu, Teil dieser Kreise zu sein, in die man einzig und allein strahlungslos hineingeboren werden kann? Du bist Hipster und hast keinen Bock mehr auf das ganze Kommunistenpack, aber dafür um so mehr auf Geschwafel? Dann ist die „Ultraromantik" was für dich.

Die haben die *RKOL* erfunden, ganz alleine. In ihrem Manifest. Natürlich kannst du das wie jedes gute Manifest kaufen, bei ihrem eigenen Verlag. Todschick minimalistisches Cover, sieht aus wie das *ZEITmagazin*. Natürlich sind die *RKOL* keine Werbeveranstaltung. So wäre sicher auch der zapatistische Kampf, die Russische Revolution und die Erklärung der Menschenrechte was geworden: als Bezahlmodell. Ein echtes Manifest sagt erstmal eins: Kauf mich. Bei den *RKOL* sagt es nicht viel mehr.

Selbstverständlich sitzen sie im guten Kreuzberg, am Erkelenzdamm. Auf *Facebook* hantieren latte-macciato-farbene, *non-threatening* Migratioshintergründler an imaginären Turntables. Im Hintergrund Pflanzen, die wie Hanf aussehen, es aber nicht sind, hihi. Man beglückwünscht den neuen Autor, im jetzt hippen T-Shirt mit Außennähten. Er hat ganz verwuscheltes Haar, wie ein Küken, süß. Einer, der niemandem was zuleide tut, aber ganz bestimmt eine ganz tiefe „Seele" hat. Nicht mal den Arsch für vollen Snobismus haben sie in der Hose, wenn dann müssten sie nach Charlottenburg. Die totkommerzialisierten Lebenssphären dort sind die Fehlgeburt von Einstellungen wie ihrer *Laissez Faire*-Arroganz. Aber nein, man will lieber von den hippen Armen profitieren. Wahrscheinlich werden die Einbände von Kindersklaven in Bangladesch einzeln mundgeklebt.

Mit geistigen Proletariern vom anderen Atlantikufer wollt ihr euch auch nicht gemeinmachen: Die „Amerikaner gehören verscheucht auf diesem Gelände bei einer solchen Lyrik!"[278] Aaaah, die gute alte eurozentristische Überlegenheit. „Wenn man sich ein paar der wenigen übriggebliebenen us-amerikanischen Rockbands anschaut, die das Romantische vertreten (z.B. die ‚Deftones') ..." Die Deftones? Weichgespülte, managergeschriebene, überproduzierte Formatpopmusik? Das ist romanisch? Das würde Blixa Bargeld sicher freuen. Schön, dass ihr euch als hippe Berliner Literaturkiddies auch an Berliner Vorbildern orientiert.

In eurem Ästhetikuniversum merkt ihr auch nicht, dass der Erkelenzdamm nicht nur siech klingt, sondern dass er der heißeste Sozialäquator Berlins ist. Die *RKOL* schauen vom Frappuccino-Altbauparadies direkt auf fiese Assiplatten. Obdachlose schlafen vor der überfüllten Unterkunft, fäkalieren im Park. Und worüber schreibt ihr? „Ultraromantik"? Meint ihr, die Welt hat keine anderen Probleme?

Die „Ultraromantik" ist ein „Appell für mehr Lebendigkeit, Action, Poesie, Fun und Wagnisse" oder eine „romantische Variante des Cyberpunk".[279] Aha? Eine romantische Variante des Punk? Der unromantischsten Subkultur, die man sich vorstellen kann? Wie soll das gehen? Romantisches Saufen bis zum Koma, romantisches Steinewerfen, romantisches Verkloppen von Nazis? Ach so, ihr haltet euch für unpolitisch? Reine Ästheten? Endlich gibt es ein richtiges Leben im Falschen. Schön, dass so was noch möglich ist. Nicht ist unmöglich. Toyota.

Man muss sich selbst zentnerweise unfaire Nachsicht abtrotzen, um euren Stil nicht schon nach dem dritten Satz als Gehabe abzutun. Ihr schreibt, ihr wollt „eine neue literarische Bewegung" lancieren, die „die zeitgenössische deutschsprachige Literatur retten"[280] soll? Gute Idee. Die deutsche Literatur verdient zwar eher einen Genickschuss als Rettung, aber irgendwohin müsst ihr ja mit eurer Zeit, wenn Papi euch die Eigentumswohnung in Berlin geschenkt hat. Die deutsche Literatur ist im Vergleich zu so ziemlich allen anderen eine Blamage. Eine dröge, engstirnige, unkreative Soße. Kein Wunder, dass hier immer weniger junge Leute lesen.

Da wird die analytische Schärfe abrupt stumpf. Die „Ultraromantik" will gegen das „inoffizielle Ekstaseverbot" vorgehen, „das es hier

---

278 http://motor.de/ms-romantik (20.7.18)
279 https://t1p.de/iaj7 (20.7.18)
280 https://www.zeit.de/thema/gegenwartsliteratur (20.7.18)

irgendwie schon immer gegeben hat."[281] „Irgendwie"? Irgendwie wird deine Mutter gefickt. Ihr schimpft euch Literaten und verfettet euer Manifest mit Füllwörtern? Was soll das werden, ein Manifest an die Zeitverschwendung? Ein Manifest an die Belanglosigkeit?

Ihr wollt Ekstase, Gefühle, Pathos, Leidenschaft – den ganzen nietzscheanisch, rauschhaft dionysischen, ehrlichen Affekt. Denn Gefühle sind immer wahr, nicht wahr? Ihr wollt „Todessehnsucht beim Anblick von Meteorstürmen, neue Situationen und Hypothesen und Räume, die stilisierte und schwärmerische Beschreibung eines fotometrischen Doppelsterns"?[282]

Wer bei solchen Sätzen an verkappte Nazischwadronierereien von Ernst Jünger denkt, hat recht:

„Ein Mann, dessen innerer Wert nicht über jeden Zweifel erhaben ist, muß bis zum Stumpfsinn gehorchen lernen, damit seine Triebe auch in den schrecklichsten Momenten durch den geistigen Zwang des Führers gezügelt werden können."[283]

Ein Glück ist dieser heillos überschätzte Sack endlich verreckt. Aber kaum ist er nach Walhalla aufgefahren, schicken sich mentale Dreikäsehochs an, ihn zu beerben. „Lange Spaziergänge durch alte Wälder bedeuten Rechtschaffenheit", faselt ein *RKOL, Simon Strauß. Die Taz* fragte zurecht:

„Macht Strauß rechte und nationalistische Positionen im deutschen Literaturbetrieb (wieder) salonfähig? Man könnte auf die Idee kommen, diese Frage voreilig zu bejahen. Da ist der Schriftsteller Strauß, dessen gegenwartsmüder Erzähler sich in ein heroisches Zeitalter zurücksehnt, in dem Männer mit Argumenten wie mit Schwertern fochten, ihr Steak blutig aßen und für eine Sache brannten. Der in seinen Roman Sätze einstreut wie: ‚Oben über dem alten Backsteingebäude weht die Deutschlandfahne im Wind und fragt sich, wofür. Warum sich jeden Tag aufs Neue hochziehen lassen, wenn doch keiner zu ihr aufschaut.'"[284]

Wer bei so viel Manneszucht und Opferkult nicht im Strahl kotzt, dem ist nicht mehr zu helfen. Natürlich hat die *Taz* wie seit 20 Jahren nicht mehr den Biss, Nazis verbal zu vermöbeln. „Den

281 Ebd.
282 http://luecke-blog.org/ultraromantik-manifest (10.7.18)
283 https://t1p.de/ogqf (12.02.19)
284 http://www.taz.de/!5475631 (20.7.18

Faschismusverdacht sollte man aber zurückstellen. Damit tut man den Rechten nur einen großen Gefallen"?[285] Der will ja nur seinen *Safe Space*, die Erinnerung an das Dritte Reich *triggert* den eben, nicht wahr? Mit so einer Weichspültaktik und falscher Toleranz vor der Intoleranz wird rechter Dreck wieder salonfähig. Wilmersdorfer salonfähig: „Dort der Kreis um Strauß, der der Sohn von Botho Strauß ist, dessen ‚Junger Salon' sich bei Weißwein in Berlin-Wilmersdorf zum privaten Gespräch trifft. Mit den Bezugspunkten Deutsche Klassik und Romantik, dem Ruch des Elitären, irgendwie bildungsbürgerlich, sich auf einen vorgeblich unpolitischen, reinen Ästhetizismus berufend."[286]

Zwar haben sich die *RKOL* von Strauß distanziert, aber das wirkt wie das ungelenke Wegrennen eines dreibeinigen indischen Müllkippenhundes nach dem Vögeln. Ihr beruft euch auf eure Identität, Trend unter denen, die nicht mit der Komplexität der Welt klarkommen. Nicht umsonst heißt eine rechte Kleinstgruppe *Die Identitären*. „Das ist in Zeiten von identity politics konsequent modern", so der „Theaterphilosoph" des Theaters Leipzig, Guillaume Paoli.[287] hr könnt so viele linke Zeitungen liken, wie ihr wollt, es zeigt trotzdem, dass euer Denken – Vorsicht Taz! – dem Faschismus den Boden bereitet. Ihr preist die Dummheit.

Fakt ist: Romantik ist Idiotie. Romantik ist das, was Begriffe wie Ehre, Stolz, Liebe, Helden und Heldentod begründet. Alles Shit, den Nietzsche liebte. Der war kein Nazi, aber eben auch kein besonders guter Philosoph. Ein Spitzenstilist, aber wenn der noch gesehen hätte, wie die Nazis sein Werk frontal vergewaltigt haben, wäre ihm das Würgen gekommen. Es ist ganz einfach: Du bekommst kein naives Anhimmeln ohne Kollateralschaden. Das ist wie auf der Hermannstraße, die Reviermentalität. „Wallah, isch hab ja nischts gegen ihn, aber wenn er kommt, dann kriegt er Bombe!" Wenn man sonst nichts hat, hat man seinen Namen. Seine Straßenecke. Seine Goldkette. Oder seine „Ultraromantik". Seine Waldeinsamkeit, seine Erhabenheit, seinen Pathos. Die Straße ist wenigstens ehrlich. Auf der würde niemand behaupten, in den geistigen Oberklassen zu verkehren. Da gilt Geld als Stärke, weil es so ist. Dumm? Scheiß drauf. Mein Beamer, mein Koks und meine Nutten reichen mir, „isch brauch kein Bussi vom Hurensohn

---

285 Ebd.
286 Ebd.
287 https://t1p.de/9yha (25.2.18)

Feuilleton." Meine Eltern in Westdeutschland profitieren nicht vom Treuhandmassaker am Osten, die freuen sich, wenn ich für mich selbst sorgen kann.

Romantik, reiner Ästhetizismus? Das klappt prima, alles ganz unschuldig. Absolut möglich, nicht politisch zu sein. Wie ein Mittelmeerurlaub, aber bitte da, wo nicht die Leichen angeschwemmt werden. Und sich dann wundern, wo die (literarischen) Heulkrämpfe herkommen.

Romantik ist das Gegenteil von Logik. Exakt das, was wir in dieser Welt nicht noch mehr brauchen. Was sind denn unsere Probleme? Umweltverschmutzung wird vom größten Verpester USA nicht anerkannt, weil die Menschen seit Generationen von der tief romantischen Christenlehre verblendet sind. Wie läuft es denn in den anderen romantisch-religiösen Staaten, Saudi-Arabien, Kirgisistan und Somalia? „Der Autor muss an seine Fiktionen glauben", schreibt ihr?[288] Sehr schön. So was nennt man Schizophrenie. Den Verlag bezeichnet ihr auf *Facebook*, hihi, als „Religiöse Gemeinschaft". Was ist denn mit Salafisten oder der homophoben katholischen *Opus Dei* Sekte?[289] Sind die auch auf eurer Linie? Nein, das ist was ganz anderes. Aber man kann es nicht begründen? Schade. Ich bin sicher, euer „Gefühl" gibt euch die Antwort.

Aber komm, Pepe, das mit den Salafisten hätte nicht sein müssen. Nicht? Einer deren modernen Vordenker, Sayyid Qutb, sprach in seinem kreativen benannten Werk *Verwestgiftung* von „Okzidentose" wie von Tuberkulose.[290] Es ist die Gleiche weltflüchtige Gegenwartsverachtung einer selbstausgerufenen Elite: todessehnsüchtig, konservativ, antimodern. Qutb bezog sich auf Heidegger, der auch bei den *RKOL* und Schätzchen wie Strauß Jr. durch die Zeilen trieft. Sein Rezept: Berge verklausulierter Scheiße auftürmen und sich für intelligent halten lassen. Dass Heidegger ein strammer Nazi war, passt wie Arsch auf Eimer. Dekaden versuchte das edle Literatentum seinen mitschwingenden Rassenwahn als ästhetisches Spiel zu leugnen, aber selbst den stursten war es peinlich, als herauskam, dass er dem Nationalsozialismus eine „innere Wahrheit und Größe" bescheinigte und Hitler als charismatischen Retter und Überwinder der

---

288 http://luecke-blog.org/ultraromantik-manifest (17.7.18)
289 Dependance übrigens in Grunewald, Bismarckallee 2, 14193 Berlin, falls jemand Satan eine Ziege opfern will.
290 https://t1p.de/8wh0 (20.7.18)

„Seinsvergessenheit" abfeierte.[291] Wer sein ganzes Leben lang romantisches Antidenken übt, kommt eben zu den falschen Schlüssen. Als wäre das alles noch nicht verquer genug, lehren die Ayatollahs bis heute Heidegger im Iran![292] Vielleicht bald noch ein bisschen „Ultraromantik"? Das ist das Problem: Mit Romantik, auch sprachlicher, lässt sich jedes System rechtfertigen. Du hast Fragen? Knie nieder vor der Erhabenheit, du Wurm!

Der gleiche verschwurbelte Mist hierzulande. Ernst Jünger glaubte, es könne keine Moral ohne „spirituellen" (=geistergläubigen) Unterbau geben. Christus hat die Barbaren gerettet, die Maschinen klauen uns unsere Seelen, total übergeschnappt. Denkt man, bis man Gauland darauf anspricht: „Es ist normal, dass wenn die geistigen [=spirituellen] Kräfte in einem Land nachlassen, dass sich andere Kräfte an die Macht bringen [...] das erleben wir mit den Moscheegemeinden, die mehr gefüllt sind als die Kirchen." Da ist sie wieder, die romantische Sehnsucht nach Genozid.

Selbst wenn man es auf die Literatur runterbricht: Wenn die deutsche Literatur eins nicht braucht, dann ist es Romantik. Die Deutschen gehen mit Gefühlen um wie mit Schweinen in der Küche. Unsere „Liebe" geht in jedem anderen Land der Welt als „Kassler" durch. Der Restaurantkritiker und ernsthafte Hedonist Wolfram Siebeck sagte: „Schlecht kochen kann jeder, aber nur die deutsche Hausfrau schafft es, darauf noch stolz zu sein."[293] Ein Literaturagent sagte einmal: „Die einzigen, die lesen, sind alte Leute. Wenn du was werden willst, schreib für die. Und Porno. Alt-Leute-Porno, so wie 50 Shades of Grey." Knüppeldicke Bahnhofsromantik schwemmt 80 % des Buchmarkts auf, eskapistische *SciFi*-Weltflucht und pseudosachbuchliches Gurugehabe à la *Keine Zeit für Arschlöcher!: ... hör auf dein Herz* ersticken den relevanten Rest.

Wenn es eine literarische Bewegung braucht, dann eine RAF der Literatur. Wenn eine Emotion gebraucht wird, dann ist es Zorn. Zorn gegen die Ungerechtigkeit, gegen die Gleichgültigkeit, aber auch gegen die ästhetizistische Weltflucht. Macht euch mal nicht so wichtig, es sind verdammt nochmal nur Worte! Damit bringt ihr höchstens cybergebullyte *Millennials* zum Weinen.[294][295] Hier ertrinken tau-

---

291 https://t1p.de/j365 (25.2.18)
292 https://t1p.de/8wh0 (20.7.18)
293 https://beruhmte-zitate.de/autoren/wolfram-siebeck (26.7.18)
294 Wenn die sich nicht gleich selbst cyberbullien, wie 6 % der Jugendlichen! Die RKOL der nächsten Generation?
295 https://t1p.de/vksj (25.7.18)

sende Menschen, hier ficken Autokonzerne die Umwelt, hier werden in und um Bayern fundamentale demokratische Rechte abgeschafft. Und was sagt ihr? „Ein Baum muss aus Metall sein und Blitze sind immer nur scheinbar Blitze. Lichter generell sind in der Ultraromantik keine normalen Lichter"[296]? Ich hoffe, ihr werdet von einem Baum erschlagen.

Ach nein, werden die sicher jetzt sagen, das ist doch alles ironisch! Postmoderne, haha! Einfache Ausrede, wenn man von vorne bis hinten nur Schwachsinn produziert hat, nicht wahr? Leider habt ihr euch die verbaut. Ihr seid ganz offen Anti-Postmoderne, denn wie sollen Affekte und Pathos greifen, wenn alles nur ein Zeichenspiel ist? Ihr wollt, dass Affekte wieder zählen sollen und nicht ironisiert werden müssen. Dann ist es leider so, dass wenn ihr in eurem Ästhetikuniversum rechte Scheiße fühlt, dass die echt ist. Das Problem ist nicht so sehr die ästhetische Weltflucht wie der Gefühlswahn. Wie bei den passionierten Opfertümlern: Wenn Gefühle zu Begründungen werden, geht die Zivilisation baden. Genau die Rückstellung der Gefühle war die Errungenschaft der Aufklärung, des Stadtmenschen Citoyen, der eine zivile Bürgergesellschaft erst möglich gemacht hat. Aber ihr habt ja eher was für Wälder und voll existente „Natur" übrig als für Städte. Bei euch bedeutet das auch: Mehr fühlen. Richard Sennett vermerkt dazu: „Es besteht ein enger Zusammenhang zwischen Zivilisiertheit und Urbanität. Zivilisiertheit bedeutet, mit dem anderen so umzugehen, als seien sie Fremde, und über die Distanz hinweg eine gesellschaftliche Beziehung zu ihnen aufzunehmen."[297]

Ihr seid voll im Trend, Denken ist nicht *en vogue,* Fühlen um so mehr. Es vermarktet sich eben besser, wenn man den Leuten verkauft, dass sie alle ihre kleine Wahrheit haben, egal wie dumm und hässlich die ist. „Wahrheit kann nicht gefunden werden, indem man einen Stift nimmt und versucht, ehrlich zu sein", schreibt ihr.[298] Na klar! Wahrheit kann nur durch Lügen gefunden werden! Das beschreibt euer Programm perfekt. Ihr seid Opium nicht für das Volk, sondern für die gefühlte Elite. Wäre ja noch schöner, wenn man die schnöde Welt beschreiben würde. Was bliebe denn da an Poesie? Schade, dass es euch 1940 noch nicht gab. Eure Holocaustberichterstattung wäre sicher voller Stilblüten gewesen.

---

[296] http://luecke-blog.org/ultraromantik-manifest (25.7.18)
[297] https://t1p.de/4oxx (8.7.18)
[298] Ebd.

Euer pathologischer Drang ins Außenseitertum ist die Blaupause für das vollends kommerzialisierte Hipstertum. Von Tattoos über *Limited Edition-Fixies* bis zu der persönlichen Ausgabe des „‚Ultraromatik' Maifests": Ihr seid schon was Besonderes. Nicht so wie die ertrinkenden Massen im Mittelmeer, wie die gesichtslosen chinesischen Dissidenten in Todeszellen, ach wisst ihr, sogar wie die Obdachlosen vor eurer Tür. Individualität muss man sich leisten können.

Die Gebrüder Grimm waren übrigens große Gegner der Großschreibung von Substantiven. Jacob Grimm fand sie „peinlich und unnütz".[299] Ihr seid eigentlich nichts anderes als eine selbstverordnete Großschreibung eurer Gefühle. Aber ich will nicht so sein. Ästhetisch sind Zeichenregime immer dann am produktivsten, wenn sie untergehen. Dann wünsche ich viel Produktivität, ich hoffe, ihr geht in die Geschichtsbücher ein und werden in 70 Jahren von Übergeschnappten geleugnet.

PRAKTISCHES

> **Fallt nicht auf jeden Marketingdreck rein. Nur weil es einen schönen Umschlag hat, ist es noch keine Kunst. Und Finger weg von Wohlfühl-, Stolz- und Hipsterliteratur. Wenn ihr nicht wisst, was ihr lesen sollt, checkt die Schwarze Risse in den Mehringhöfen oder den Buchhafen in Neukölln.**

---

[299] https://t1p.de/z0jr (29.3.19)

Verschwendete Jugend

Ghettoschulen

„Erziehen heißt vorleben. Alles andere ist höchstens Dressur."
– Oswald Bumke, Psychiater.

„Unvollkommene Welt!", murmelt er. Pro Abend ungefähr 200 Mal. Dazwischen auch so Kracher wie: „Ein Mückenstich ist kein Elefantentritt!" Er trägt einen stasigrauen Cowboyhut und die obligatorische Lederweste. Obligatorisch für alle Berliner über 40, die nicht mehr gebraucht werden und damit nicht klarkommen. Die jederzeit bereit sein wollen, ein Rohr zu wechseln, ein Auto zu reparieren, Rapunzel aus dem Turm zu retten. Nur können sie das nicht. Sie können gar nichts. Die Anzahl ihrer Taschen ist reziprok proportional zu ihren Fähigkeiten. Würde man die an die Rohre lassen, würde die Scheißewelle die ganze Bar wegspülen, das Auto würde explodieren und Rapunzel würde lesbisch werden.

Wenn er nicht so eine verdammte Nervensäge wäre, wäre er ein tragischer Fall. Wenigsten ist er ein Kiezausländerdetektor: Nur die, die ihn noch nicht kennen, begehen den Fehler, und integrieren ihn. Trinken ein Bier mit ihm, spielen Karten. Nach spätestens zehn Minuten hat er jeden mit seinen redundanten Bemerkungen fertiggemacht. Er redet nicht, er stellt kommunikative Blöcke hin. Schwachsinn statt schweigen, arienhaft wiederholt, Thomas Bernhard liest sich gradlinig dagegen. Ein typischer Alkoholiker? Im Nebenjob. Na klar, er trinkt fast jeden Tag, aber schon nach zwei, drei Bier geht die Drehorgel an. Seine wie auch immer geartete geistige Störung behandelt er mit dem schlechtesten aller Medikamente, Bier. Soweit noch nichts Besonderes, das gibt es in Neukölln in jeder Kneipe im Dutzend. Das wirkliche Drama ist sein Beruf: Er ist Kindergärtner.

Szenenwechsel, eine WG. Im Bergmannkiez, dem Charlottenburg von Kreuzberg. Kreuzberg, für Leute, die nicht in Kreuzberg wohnen wollen. Denen es wohlig im Bauch kribbelt, wenn im *ZEITmagazin* wieder ihr Bezirk erwähnt wird. Die aber Angst bekommen, sobald sie im 500m-Radius des Kottbusser Tors sind. Die nie U-Bahn fahren und wenn, sich von den „Braunen" wegsetzen. Kreuzberg ohne Absturzkneipen, ohne Ausländer, ohne Leben.

In der WG leben zwei Mädels um die 30 und ein 40-Jähriger, Pflegestufe drei. Das ist nie offiziell festgestellt worden, aber de facto das, was die Mädels leisten müssen. Er zog in den Bergmannkiez, als der noch erschwinglich war, im Spätmittelalter. Dann sollte es richtig losgehen, doch sein Leben war ein Rohrkrepierer. Schuld sind wie immer die anderen. Blick über den Vier-Meter-Balkon, man hat es schon schwer als weißer Mann in der Ersten Welt. Zum Glück gibt es Bier. Zum Frühstück.

Und zum Glück gibt es Mitbewohnerinnen, die sich nicht wehren können, wenn man ihnen Redeblöcke hinstellt. Sicher hat der eine affektive Störung, ist manisch-depressiv, bipolar und ganz bestimmt kein Wichser. Und die Mitbewohnerinnen? Genau, das sind die Leute, die um 10:00 Uhr morgens mit dem Besen aus dem Club gefegt werden müssen, weil jede Zombieparty freudvoller ist als das Zuhause.

Aber er hartzt nicht, dafür ist er zu stolz. Oder hat zu wenig Identität, um ohne Bestätigung durch den Job klarzukommen. Ja, der Mann hat Arbeit. Er ist Kindergärrtner.

Ist es nicht schön, wenn eine Gesellschaft ihren Kindern die bestmöglichen Vorbilder liefert? Die Genderdebatte erübrigt sich gleich mit, wenn alle Männer so fertig sind, dass das geschlechtliche Profil ein Kandinsky ist? Da wundern sich die Bayern, dass die Berliner Schüler ihren eigenen Namen nur mit der Faust schreiben können?

Aber so ist das in einer Gesellschaft, wo die Wichtigkeit eines Berufs umgekehrt reziprok zur Bezahlung steht. Was sollen denn die Armen Automobilvorstände, Fondsmanager und Profifußballer tun, wenn die gierigen Kindergärtner, Krankenschwestern und Altenpfleger menschenwürdig bezahlt werden würden? Etwa auf den zweiten Benz verzichten? Da riskieren die eher die Zombieapokalypse. Nein wirklich. Der Dozent Douglas Rushkoff wurde kürzlich von Superreichen eingeladen, „das Ereignis" zu diskutieren. Den Zusammenbruch der Ökologie und der Gesellschaften. Die Vorschläge der Superreichen? Tresore für Essen mit nur ihnen bekannten Codes. Elektrische Halsbänder. Alles, was in einem dystopischen 70er-Jahre-*SciFi*-Film vorkommt. Rushkoff sagte, vielleicht sollte man die Leute schon jetzt zumindest ansatzweise menschlich behandeln? Da lachten sie, lang und laut.[300]

---

300 https://t1p.de/bhwd (17.7.18) Wieso Erzkonservative jemanden einluden, der Bücher wie „Stoned Free" schrieb, oder kurzzeitig Keyboarder bei „Psychic TV" war, bleibt ein Geheimnis.

Kindergärtner sind erst der Anfang. Was wird aus dem verkorksten Gnom, wenn er in die Schule muss? Die Schule in der Nachbarschaft kommt natürlich nicht infrage. So wie bei Neuköllnern, die gerne in Neukölln wohnen, um nicht in Neukölln zu wohnen. Der kleine Siegfried soll mit die Ausländers in eine Klasse? Gehts noch?

Nicht dass die Schulen sich keine Mühe geben würden. Der *Rütli Campus* ist von außen imposant. Gut, innen hängen die Drähte von der Decke, aber was erwartet man nach fünf Jahren von einer Stadt, bei der der Flughafen wahrscheinlich ein Vierteljahrhundert dauert? Ehemals als Ghettogrundschulen verschriene, wie die *Karl-Weise-Grundschule*, bemühen sich. Schüler führen Eltern herum, die Klassen werden kleiner, man versucht, das Beste aus dem zuplanierten Hof zu machen. Die *Karlsgarten-Grundschule* liegt halb in der Hasenheide. Ein schöner Wald für die Kinder. Und Exhibitionisten stecken gar nicht mehr so oft ihre Schwänze durch den Zaun. Die *Konrad-Agahd-Grundschule* in der Thomasstraße? Auf keinen Fall. Fast nur Schwarzköpfe, außerdem wohnten da diese bösen Münzräuber. Da bekommen Kinder garantiert nur Panzerknacken beigebracht. *Google* hat in weiser Voraussicht alle Bewertungen für Schulen in Berlin deaktiviert.

Was unternehmen verantwortliche Eltern? Sie klagen sich in die Schule. Sie retten die eigene Haut, nach ihnen die Ausländerflut. So, wie das in einem gut funktionierenden Staat sein muss. Sie klagen so lange, bis der kleine Siegfried mit anderen blonden Kindern in einer Schule spielen kann, in der die Geschwister Scholl sitzenbleiben würden. Sie fahren ihre Kinder in fetten Geländewägen durch die halbe Stadt und kapieren nicht, dass die armen Bastarde durch den Feinstaub der Karren das Äquivalent zu einem Jahr Schulbildung verlieren.[301]

So richtig ghetto wird es in der *Hans-Fallada-Grundschule*, passenderweise in der Harzer Straße. Sie ist (noch) nicht in den Nachrichten, wie die Schulen von der unteren Sonnenallee oder dem Nollendorfplatz. Sie liegt hinter dem Giftmüllkanal zwischen Neukölln und Treptow auf einer ehemaligen Halbinsel Westberlins im Osten. Da wollte kein Schwanz wohnen, und man hätte seinem ärgsten Klassenfeind nicht gewünscht, seine Kinder dort in der Schule verklappen zu müssen. Spätestens seit den 90ern schmierte die Schule im Senkrechtflug ab.

---

301 https://t1p.de/dthi (30.8.18)

Eine idealistische, als Lehrerin angestellte Bundesausländerin musste an ihrem ersten Tag auf dem Schulhof den Atem anhalten. So etwas hatte sie nicht nur noch nie gesehen. So etwas ging in ihrem Kopf bisher unter Bürgerkrieg durch, nicht unter Grundschule. Kinder beschimpften sich aufs übelste, schlugen sich, warfen mit Steinen. *We don't need no education.* Sie war kurz davor, sich umzudrehen und für immer zu gehen.

Aber aus irgendeinem Grund gibt es Leute, meistens Frauen, die, obwohl sie grottenschlecht bezahlt werden, der Gesellschaft helfen wollen. Sie hielt jahrelang durch. Aber es zehrt an den Nerven, bald ist sie fertig. Selbst, wenn man mit einem Kind an der Hand über den Hof geht, kann es sich sofort losreißen und auf einen Mitschüler einstürzen. Der Unterricht ist bestenfalls ein Reden gegen die Wand, schlechtestenfalls ein babylonisches Sprachgewirr. Hier werden Kinder bestenfalls als Hartzer, wahrscheinlich aber Spielothekangestellter oder Ticker ausgebildet. Hier wächst die Dystopie von morgen heran.

Die Verantwortlichen müssen leider nicht in die Schule, da waren sie wahrscheinlich auch nie. „Das Problem sind immer die Eltern", sagt die Informantin. Die kommen aus den arabischen Ländern, der Türkei, Serbien, Albanien und Russland. Vor allem aber aus Rumänien und Bulgarien. Gleich um die Ecke ist eine Romasiedlung. Die Bauten wurden vor einigen Jahren mit ganz viel Tamtam von der katholischen Kirche saniert. Ein Vertrauensvorschuss, der gut aussieht, von außen. Von innen ist es leider immer noch die gleiche Chose: absolute Vernachlässigung. Alles steht voll mit Kram, es stinkt faulig. Balkone werden zu Müllplätzen. Die Fernseher plärren, die Erwachsenen saufen schon ab mittags. Mittendrin die Kinder.

Die Misshandlungen sind gar nicht das Gravierendste. Selten sieht man, wie ein Kind frontal eins in die Fresse bekommt. Obwohl es sicher passiert. Wirklich zerschmetternd ist die Ignoranz. Die Erwachsenen tun, was sie tun, die Kinder wuseln hinterher. Niemand interessiert sich wirklich dafür, was sie anstellen, solange sie nicht nerven. Sie werden gefüttert, angezogen, und das wars dann auch. Das ist bei fünf bis zehn Kindern ziemlich Arbeit. Die Informantin aus der Schule fragte sich nach den viel zu langen Tagen im Ghetto: Wieso bekommen die überhaupt Kinder, wenn die sie so offensichtlich nicht interessieren?

Die Antwort ist erschreckend einfach: weil man es immer schon so gemacht hat. Weil Menschen konservativ sind, das heißt: nicht denken. Und weil viele Kinder in vielen Ländern Reichtum bedeuten. Als kleines Schmankerl kommt noch hinzu, dass manche von steinzeitlichen Religionen (wie etwa dem Katholizismus) mental kastriert sind, sodass sie Verhütung ablehnen. Unbildung gebiert Unbildung. Und das zehnmal mehr als Bildung Bildung.

Was aus den Kindern in zehn Jahren wird, kann man bei der *P.U.K. a malta gGmbH* sehen. Das ist ein „Bildungszentrum", in dem Flüchtlinge ausgebildet werden und die, die es in keiner andern Schule geschafft haben. Klingt nach einem prima Integrationskonzept. Sie hofiert in der lieblichen Drontheimer Straße im Wedding. Lieblich, weil dort der Verkehrslärm wie die Niagarafälle dröhnt, weil fette Ratten einen im Sommer dort aus Sperrmüllbergen anspringen, weil das Kokosgel der Halbstarken über die Straße stinkt. Der Kiez ist zwar im Wandel, Parks werden in Baulücken geklatscht, verkehrsberuhigte Zonen eingeführt, Studenten ziehen ein. Doch das sieht man in der Schule noch nicht.

„Die haben sich da mehr Geld bar in der Hofpause rübergereicht, als ich im Jahr verdiene", stöhnt ein junger Lehrer. Einer meinte zu mir: „Isch brauch Abschluz, Alter. Mein Vater schenkt mir dann Hotelkette. Er hat Geld gemacht mit ...", er tippte sich mit dem Finger an die Nase. Andere fahren mit Nobelkarossen vor, BMW, Mercedes, dies das. Die drängenden Probleme des Alltags: „Isch muss meinen Namen ändern lassen, die Bullen halten mich immer an, wegen Familie und so." Genau die Connections, die Geflüchtete aus dem arabischen Raum brauchen.

Es ist schwer vorstellbar, was für eine Disziplin dazugehört, das Geld für eine annehmbare Abschlussnote nicht anzunehmen. Nicht nur „Schulen" wie die *P.U.K.* stellen mittlerweile zu zwei Dritteln völlig ungelernte Quereinsteiger ein, ein Hoch auf den Lehrermangel. Die Ausbildung dauert sieben Tage.[302] Wenn wir als Gesellschaft weiter so Lehrer ausbilden, können wir das eingesparte Geld bald wieder in Metalldetektoren investieren.

Doch an der Hans-Fallada-Grundschule beginnt zaghafte Veränderung. „Wir haben jetzt sieben deutsche Kinder da", sagt die Informantin. Einer der ganz wenigen Kontexte, in denen man diesen Satz sagen kann, ohne ein rassistisches Arschloch zu sein. Diversität bedeutet Durchmischung, nicht Homogenität von Zugezogenen. Studien belegen, dass bei durchmischten Klassen die Stärkeren die Schwächeren nach oben ziehen. Homogene Klassen bleiben gleich dumpf. Die Gentrifizierung kommt in den Schuhen immer ein paar

---

302 https://t1p.de/pay0 (25.8.18)

Jahre später an, als im Kiez. Die *P.U.K.* im Wedding muss noch ein wenig länger warten. Dort klopft sie erst ganz vorsichtig am Bahnhof *Gesundbrunnen* an, unendliche zwei U-Bahnstationen entfernt.

Klar, ist es Mist, wenn 90 % der Kinder in der ersten Klasse kein Deutsch sprechen. Wenn Gruppendynamiken entstehen, bei denen Kinder fasten, obwohl sie es nicht müssen. Im Hochsommer. Wenn Kinder gehänselt werden, wenn sie den *Ramadan* nicht einhalten – als Christen. Es ist nicht so übel, wie das Boulevardaltpapier glauben machen will, trotzdem. Da muss der Staat handeln, bevor widerliche Privatschulen nach amerikanischem Muster en vogue werden. Eine einfache Strategie: Mach die größten Gangster zu „Mediatoren", die Gewalt sinkt um ein Drittel.[303] Und da fragt man sich, woher Polizeigewalt kommt.

Schon jetzt gibt es mit der Pinzette benannte „Bildungsträger", aber das ist meistens was für Vollhippies. Die Oberschule in den *Mehringhöfen*, wo man nicht gehorchen lernt. Aber das ziemlich gut. Oder die Grundschule im Hippieparadies der *UfaFabrik*. Die Zottel da sind ganz ehrlich: „Man muss schon damit klarkommen, dass das Kind die ersten drei Jahre nichts lernt." Ach ja, und die restlichen drei ist dann Kadavergehorsam wie in einer chinesischen Kaderschmiede angesagt? Wohl eher nicht. Wie Waldorf, bei manchen klappt es super, andere können statt einem Abitur nur ihren Namen tanzen. Viel charaktervernichtender als die Kaiserreichsdisziplinerziehung der normalen Schulen ist es aber meistens nicht. Wenn man das Leben schon in den Abfluss kippt, dann soll es bitte Spaß machen.

Wisst ihr was? Berlin ist einfach keine Stadt für Kinder. Politik und die neuen Reichen versuchen zwar, sie dahin zu biegen, aber es klappt nicht. Du wirst nicht alle Drogendealer wegbekommen, die deinem Kind was verkaufen wollen, du wirst nicht alle Spritzen aus dem Sandkasten bekommen, du wirst nicht alle Todesstreifen von Straßen befrieden können. Schlimmer noch, du machst die Stadt langweiliger. Wer sind denn die Leute, die sich im Bergmannkiez beschweren, weil die Handvoll Methadonis am U-Bahnhof prokrastinieren?[304] Wer

---

[303] https://t1p.de/tejv (4.9.18)
[304] https://t1p.de/x74q (17.7.18) Das ist noch zynischer, weil Methadon oder Heroin nicht das Problem ist, sondern das soziale Umfeld. Ein anonymer Arzt, der „Gebrauchern" Diamorphin, also reines Heroin verabreicht dazu: „Methadon verhindert nur körperliche Entzugserscheinungen. Die Realität zeigt aber, dass Drogensucht nicht rein körperlich ist. Der reine Heroinentzug dauert im Schnitt eine Woche. Trotzdem sind die Konsumenten zum Teil über Jahrzehnte hinweg abhängig, nehmen Ausgrenzung und Kriminalität in Kauf. Und das Ganze nur, weil sie eine Woche körperliche Schmerzen nicht aushalten können? Wer das denkt, weiß nicht, was Sucht ist und wie sie entsteht." https://t1p.de/3fey (5.9.18)

sind die, die mit Lärmklagen Clubs wie das *Knaack* in die Knie zwingen? Die, die romantische Autowracks beim Ordnungsamt melden? Das sind Eltern, die sich um ihre Antoinette-Wikipedia ängstigen.

Kinder sind die Pest, Eltern AIDS. Nicht so offensichtlich, aber viel hinterhältiger. Und mit viel mehr Macht, deine Stadt zu zerstören. Sobald Leute Nachwuchs werfen, haben sie dieses irre Gefühl, Anspruch auf ihr Fleckchen Erde zu haben. Auf einmal gibt es eine „Heimat", die satt, sicher und sauber sein soll. Auf einmal stinkt es ganz fürchterlich, auf einmal sind die Kopftuchträgerinnen ein Problem, auf einmal sind 12,99 € für ein Stück Blauschimmelkäse okay. Auf einmal scheint Köpenick nicht mehr Sterben auf Raten zu sein. Wisst ihr was? Dann geht doch dahin. Und wenn ihr schon dabei seid, zieht gleich weiter nach Görlitz. Da soll es billige Häuser und keine Menschen geben.

Außerdem terrorisiert nichts mehr, als die schreienden Akademikerkinder. Nicht die guten, alten Ghettokids. Die waren zwar zu zehnt, aber trauten sich bei Erwachsenen gar nichts. Die siezen dich bis 20. Das hat einen Grund: Die haben, wenn sie nerven, von ihren Prolloeltern mit Schmackes in die Fresse bekommen. Die neuen goldblonden Miniatur-CEOs? Die dürfen schreien. Nicht nur auf dem Spielplatz, auch bei *Aldi*, der *Bio Company*, genau hinter dir im Restaurant. Pädagogendaddy säuselt, wie zu einem Erwachsenen: „Sieh mal, Charlotte-Shaniqua, die Nudeln, die sind ganz lecker." Charlotte-Shaniqua sagt: „ICH HASSE NUDELN! ICH HASSE EUCH ALLE! ICH WILL EISEISEISEIS!" Nach Hause gehen ist nicht, das zieht sich seelenruhig eine halbe Stunde. Wie ein Pestbannkreis, leeren sich die anliegenden Tische. Bis noch mehr Pädagogeneltern kommen, noch mehr krakeelende Drecksbalgen. Gentrifizierung in Miniatur.

Natürlich gibt es Ausnahmen. Die Hippieeltern, die, die mit dem Bus um die Welt fahren, die Sadisten, die ihr Kind ohne Helm auf den Spielplatz lassen. Die, die sich ganz einfach nicht einreden, dass man alles kontrollieren kann. Frauen sind von Natur aus ängstlicher als Männer, das ist ein Fakt. Das lässt sich auch durch Genderpolitik nicht bereinigen. Männer sind aggressiver und mehr zu den Naturwissenschaften geneigt. Das zeigt sich in Ländern wie Schweden, die Geschlechtergleichheit aufs höchste getrieben haben. Nach den Gendertheoretikern sollte es gleich viele Ingenieure bei Männern und Frauen geben. Die Wahrheit ist das genaue Gegenteil: Es gibt sogar weniger Frauen.[305] Je weniger man durch Geld angewiesen

---
305 https://t1p.de/h2we (17.7.18)

ist, einen Beruf zu nehmen, desto mehr wählen Männer und Frauen genderstereotype Berufe. Doof, wenn eine Ideologie nicht zur Realität passt, aber zum Glück ist Realität seit der Postmoderne ja dekonstruierbar! Wer braucht schon Fakten, wenn er Meinungen hat?

Die Natur hat den Frauen Angst eingeimpft, und das ist auch gut so. Sonst hätten wir uns wahrscheinlich schon längst ausgerottet. Wie viele Kriege wurden von Frauen begonnen, wie viele Atomwaffen entwickelt, wie viele Kinderfickersekten gegründet? Genau. Sobald Kinder ins Spiel kommen, steigert sich die Angst allerdings ins Unermessliche. Erschwerend kommt hinzu, dass die meisten Leute, wenn sie geworfen haben, nichts mehr zu tun haben. Werfen ist die einfachste Art, sich vor dem Sinn des Lebens (oder Unsinn des Todes) zu drücken. Wie der Spießer, der in Lichtenrade seinen Rasen mit der Nagelschere schneidet und bei jedem fallenden Blättchen das Ordnungsamt ruft, füllen Eltern ihre Leere mit in Missgunst umgewandelte Angst. Nicht nur ihre Leere, auch ihre Qual. Kinder sind der Horror, besonders im ersten Jahr. Studien zeigen, dass die meisten Eltern mental schon abgetrieben haben. Sie würden nicht nochmal Kinder bekommen.[306] Das Leben ist dann ungefähr so freudvoll wie im Güllebecken zu tauchen. Natürlich kann das nicht die eigene Schuld sein. Natürlich muss die Gesellschaft verantwortlich sein. Die Ausländer, der Partymob, das letzte Punkermädchen vom Prenzlauer Berg, das auf dem Flohmarkt keinen Stand haben darf, weil es keine Kinder hat.

Leider spielt die Zeit den Eltern in die Hände. Denn was Eltern mögen, mag der Markt auch: berechenbare Langeweile. Postkartenleben. München. Wie Quecksilber zersetzen Eltern langsam die Stadt, bis sie bis zur Unkenntlichkeit verödet ist. Die einzige Chance ist, dass ihre Kinder die totalen Ausraster werden. Am besten jetzt schon eine Wohnung im Prenzlauer Berg sichern, das wird der Partybezirk der 2020er.

WAS TUN?

Such dir einen Hippiekindergarten. Genau bei Kindern ist naive Hippienettigkeit richtig. Alles andere sind nur Kinderverarbeitungs- und Alkiarbeitsbeschaffungsmaßnahmen. Besser noch: Bekomm keine Kinder oder wenigstens nicht in Berlin.

---

306 https://t1p.de/b9ih (17.7.18)

Flaschensammelhipster

"Flaschen aufn Tisch – Ich zahle gar nix!
– Haftbefehl und Xatar

Es gibt einen Inder an der Hermannstraße, der ist so grottig, dass er ein Erlebnis ist. Für 4 € pro Mittagsmenü (mit Suppe) bekommt man die Aussicht auf den Dauerstau mit Hupkonzert und periodischen Schlägereien umsonst dazu. Egal was, es schmeckt gleich: ölige Currysuppe. Die Zielgruppe interessiert das nicht, sie will und sie bekommt: viel. Der geistig leicht abwesende indische Besitzer, um die 50, begrüßt einen wie ein(en) fetten Truthahn. Er schludert mit dem Besteck, wirft es auf den Tisch. Garniert ist alles mit Haaren, die immer wie aus der Scham aussehen. Alles klebt. Die Einrichtung ist das, was sich Indien in den 80ern unter *"fancy"* vorstellte. Wenn man nicht mindestens drei komplett Verrückte vorbeigehen sieht, bekommt man sein Geld zurück.

Das ist noch nie passiert. Deutsche Ärzte behandelten psychisch kranke Menschen mit wochenlangen Vollbädern – noch bis zum Zweiten Weltkrieg.[307] Heute verschreiben sie sich die Medikamente selbst. Der Standard sind die Junkies vom S-Bahnhof Hermannstraße: viel zu schnell unterwegs (Meth), Klamotten aus der 90er-Grabbelkiste der Obdachlosenunterkunft, alles sagt: „Du musst raven und dich, wenn der große Krieg (endlich!) kommt, tarnen können." Andere schlurfen graublau durch ihre Heroinwolke. Die biegen oft zum Wagenburgplatz um die Ecke ab. Neuerdings hängen auch viele Geflüchtete herum, die ihren Verstand im Syrienkrieg gelassen haben. Brabbelnd, wirr mit den Armen fuchtelnd, stinkend: perfekt assimilierte Berliner. Natürlich noch die obligatorischen Bettler. Kopftuchmuttis, aber nicht die Alpträume der AfD, sondern gute Christenmenschen: Roma. Sonnengegerbte Gesichter, die verhärmt sind durch zwei unmenschliche Systeme und ein Leben außerhalb jeder Zieldemografie, andauerndes Murmelbitten. Die ganz Harten werfen sich immer wieder auf den Boden. Dazu ausgemergelte alte Männchen, humpelnd und mit Hüten wie aus einem Zeichentrickfilm. Ein akutes Defizit an Sprachkenntnissen und Zähnen. Er kommt an den Tisch, bittet.

---

307 https://d-nb.info/1060673118/34 (4.4.19)

Das war sein Fehler, denn ich sitze hier. Mit einem älteren Typ. Den haben 30 Jahre Westberlin so verhärtet, dass er sofort total ausrastet. „Was willstn du? Jaja, erzähl mal, verpiss dich! Los komm, zieh ab! Verarsch wen anders!" (Mittelfinger unter Zuhilfenahme des gebeugten zweiten Arms.) „Komm, sonst gibts eine!" Der Bettler deutet nur auf das Essen. Kurze Pause. Dann bekommt er es hingeschoben: „Ja, klar, hier!", mit schwer ironischem Unterton. Der Bettler fängt ganz unironisch an, den Curryschleim und die paar Reiskörner mit der Gabel aufzusabbern.

Der Typ am Tisch verfällt ins Gespräch. Wahrscheinlich vermutet er immer noch, dass der Bettler eine Show abzieht. Denn so war das oft. Viele der Bettler waren in Syndikaten organisiert, manche sind es immer noch. In der Okerstraße um die Ecke wohnten die zu vierzigst in den Zimmern, kackten in den Hof und schmissen sich auch mal gegenseitig aus dem Fenster. Ein von seinen Eltern vermietetes Kind bringt auf den Straßen Londons 100.000£ pro Jahr.[308] Natürlich müssen die alles abdrücken. In Rumänien gibt es ganze Dörfer wie Buzescu, in denen obszöner, auf Kinderarbeit fußender Reichtum zur Schau gestellt wird.[309] Manche Bettler klauen auch, oder nehmen Drogen. Der gelernte Berliner ist von der generellen Unmenschlichkeit so hart abgestumpft, dass er in jedem das abgründigste Szenario sieht. Dass das nicht immer stimmt, fällt auch dem Typen neben mir auf. „Der hat ja wirklich Hunger. Jetzt muss ich mich ja schlecht fühlen?" Er reicht ihm eine Hand Münzen rüber, mehr als der Bettler sonst an einem Tag verdient hätte. Gerecht oder ein echt guter Trick? Wie abgefuckt sind wir denn heute, geneigter Leser?

Das neoliberale Luftschlosskonzept *Trickle Down* beschreibt, wie, wenn die Reichen nur schön steuerfrei scheffeln können, der Wohlstand wie Wasser auf alle heruntertropft. Leider spielt die Realität da nicht mit. Bei Grausamkeit funktioniert es besser: Je unmenschlicher eine Gesellschaft ist, desto härter wird es auf individueller Ebene. Es ist einfacher einen Bettler zu beschimpfen als ein System zu ändern. Andersherum ist es einfacher, als Politiker auf Arme einzuhacken, als Millionären die Schlupflöcher und sich selbst die Diäten wegzukastrieren. Man merkt es in den Elendsvierteln Berlins: Es werden mehr Bettler. Wer früher noch am Späti saß, weil er sich die Kneipe nicht leisten konnte, sitzt jetzt in der Wärmestube der Caritas. Die Leute können sich nichts mehr leisten außer Miete.

---

308 https://t1p.de/ykvd (10.7.18)
309 https://t1p.de/g0pf (10.7.18)

Beim Inder kann man nicht nur als Sadist Spaß haben, dafür sorgen die Flaschensammler. Sie sind nach bürgerlicher Lesart keine Verrückten. Sie sind das, was man früher „Ich-AG" nannte: gute Marktwirtschaftler. Der Markt gleicht alle an: Flaschensammler erkennt man nicht mehr. Es ist eine Überraschung, ob der fertigste Junkie in die Tonne greift, ein Türke oder eine rüstige Omi. Wieso auch nicht? Würde ist ein Luxus, den man sich nicht leisten kann, wenn Geiz geil ist. Das System fordert eben Menschenopfer, wäre ja noch schöner, wenn das System den Menschen dienen würde. Wie könnte VW-Chef Matthias Müller dann die von VW bei dem Rekordgewinn 2018 inmitten des größten Industriebetrugs der Nachkriegsgeschichte selbst gesetzte, äußerst bescheidene Marke von 10.000.000 € Verdienst im Jahr überschreiten?[310] Das ist keine Hybris, der ist einfach 516 mal so viel wert wie das untere Ende der Einkommensskala: eine Putzfrau mit durchschnittlich 19.373 € Jahresgehalt. Wir sind schon so weit, dass in Reinickendorf einer erwischt wurde, der Pfandflaschenetikette fälschte.[311] Endlich, die Geburtsstunde einer neuen Abmahnindustrie! Der wird bestimmt mit der gleichen Vehemenz verfolgt wie diese Raubmordkopierer. Gut, er fälschte in seinem Berliner Größenwahn auch seine Umweltplakette, seinen Anwohnerparkausweis und weitere Etiketten, das war vielleicht minimal überambitioniert.

Bis hier hin freuen sich nur die Sadisten, aber es gibt eine Gruppe Flaschensammler, die es verdient haben: Hipster. Die ewigen Jugendlichen, die zwanghafte, zwangsläufige Folge einer Erziehung, die jedem sagt, er sei eine Schneeflocke, egal wie faul, asozial und oberflächlich er ist. Die Evolution der Hipster geht nicht nur in Richtung Aristokratie. Manche schaffen es erstaunlicherweise nicht, sich mit „Projekten" und Grafikdesign den Lebensstil zu finanzieren, den man in der mentalen *Upper East Side* braucht. Geht eben ins Geld, wenn man von *Apple* kaufen muss, was es von chinesischen Firmen für ein Zehntel des Preises gibt. Oder, wenn man direkt an der Weserstraße wohnen muss, im Erkerzimmer. Deine Tattoos bei *Valentin Hirsch* waren auch nicht gerade billig, und was die Entfernung erst kostet! Wenn irgendwann die Eltern aus Schwabmünchen keinen Bock mehr haben wegen der Eskapade, die du so Leben nennst, auf das neue Daimler-Cabrio zu verzichten (Sie fahren *Daimler* in Bayern und nennen ihn auch so, weil sie als bayerische Schwaben von jedem gehasst werden und das jetzt ihr Punk ist), bist du am Arsch. Unerklärlicherweise will

---

310 https://t1p.de/pw7w (10.7.18)
311 https://t1p.de/9cy2 (10.7.18)

niemand deine 90er-Jahre-*Seventh-Hand*-Garderobe auch nur für ein Zehntel des Preises kaufen, den du gezahlt hast. Die Welt ist eben noch nicht reif für deinen Genius. Also tust du das, was auch Nietzsche getan hätte (oder Hitler), du greifst in den Mülleimer.

Ein Glück hast du dich nie politisch engagiert, oder auch nur einen müden Gedanken daran verschwendet, dass das soziale Netz zerreißt, zurückschnappt, und die Schwächsten umhaut wie ein Schiffstau. Mutti/Angie macht das schon, nicht wahr? Irgendwann erbst du ja die Doppelhaushälfte und das Cabrio (du weißt nicht, dass deine Eltern alles bei einem „spirituellen Heiler" auf Gran Canaria auf den Kopf hauen und dir nichts als rubinrote Schulden hinterlassen werden). Niemand von deinem polyunamourösen Freundeskreis hat Arbeitszeiten. Du bist immer auf der Bühne, du wirst jemanden treffen, den du kennst. Der wird fragen, wieso du Mayonnaise am Arm hast. Du rechtfertigst das vor ihm und dir als „Erfahrung". So voll Berlin. Das ist das Leben. Wie in den Bierwerbungen. Nur ohne Würde eben. Das wirst du so lange durchhalten, bis du doch in die Heimat zurückkehrst und Bürokaufmann wirst, Fachgebiet lebensverschwendende Maßnahmen. „Zuhause ist es doch am schönsten", wirst du dann sagen, und es fast glauben. Du wirst AfD wählen und sagen, du hättest das gesehen, da in Berlin, das geht so nicht. Du wirst dich gut fühlen. Nur ab und zu wirst du noch auf dem Stillen Örtlichen von Heulkrämpfen geschüttelt. Vielleicht legst du dir ein Hobby zu, Modellbau, oder Pädophilie.

Eine Stufe weiter treiben es nur die Junkies selbst. Denn wenn man genau hinsieht, entdeckt man Reste eines Undercuts. Die Brusttasche war mal Begleiter auf Festivals, als alles noch Spaß war. Der Rucksack ist noch von *Bench*, hat er seiner Freundin geklaut. Das kommt davon, wenn man als Hipster Krampfindividualismus im Konsum sucht – das passt auf die Jobbeschreibung eines Junkies wie die Faust aufs Auge. Der einzig logische Schritt: Substitutionsprogramme wie bei Drogenabhängigen üblich, aber für Hipster. Ausgabe von *Apple*-Aufklebern, um sie über die peinlichen Firmennamen rationaler Rechner und Smartphones zu kleben. Schrittweise Reduzierung der Frisuren auf dem Kopf auf maximal zwei. Musikschulunterricht in der Grundschule, um zu merken, dass *Minimal* nur Störgeräusch ist. Und natürlich Wandertage im *Schwarzen Block*, ganz vorne. Da bekommen sie zwar aktiv in die Fresse, aber das ist noch 20.000 Mal weniger erniedrigend, als von der passiven Gewalt des Elendsstaats gezwungen zu werden, Flaschen zu sammeln.

PRAKTISCHES

> Der beste Aussichtspunkt auf das Elend:
> India Palace 2, Hermannstraße 93, 12051 Berlin.

You are amazing

Erkstraße, tiefstes, dreckigstes Neukölln, Freitagnachmittag. Die Hitze verdummt alle, die Stadt oszilliert zwischen Hass, Hupen, Selbstmordsprints und leergefegten Bürgersteigen. Sieben Tschetschenen stecken sich spielerisch in einen Ford Ka, umgekehrter Clownsketch. Araber berühren jeden Tisch des Grillrestaurants im Vorbeigehen. Ein bewusst deutscher Rentner schreit auf dem Ampelstreifen wen an. Alles riecht nach lauerndem Wochenende, herannahenden Ferien. Man könnte glücklich sein.

Ein mittelaltes Ehepaar sitzt vor einer Bäckerei und unterhält sich:
Er: „Ich arbeite immer nur' – Immer dieses Rumgeheule. Ich kann das echt nicht mehr hören. Freie Tage, oder nicht arbeiten, oder, oder, oder. Wenn du mal aufhörst, immer den anderen die Schuld zu geben …"
Seine Frau: „Jaja."
Er: „… dann siehst du auch, dass es geht."
Er meckert sich in Rage, der kleine Mann. Mit seiner kleinen Frau, ein bisschen breiter. Nicht so abgefuckt, dass es seine Bitterkeit rechtfertigen würde. Nicht so alt, dass man dem Hirnkalk die Schuld geben könnte. Einer, der es als weißer Mann in einem der reichsten Länder der Welt wirklich am harten Ende hat. Der denen, die in der Sklavenhalterökonomie nicht arbeiten wollen, die Schuld geben muss, dass er in seiner Freizeit nichts zu reden hat.
Die kleine Frau, *sekundierend:* „Ja, auch dass du das gemacht hast für dich. Ja, das hast du für deine Würde gemacht. Sonst ist das würdelos."
Bei ihr fällt der weinerliche Ton nicht so auf, der bei ihm wohl als Rechtschaffenheit durchgehen soll. Sie spielt die zweite Geige. Sekundiert sein geschundenes Ego. Ein Stockholmsyndrom der Belanglosigkeit.

Der kleine Mann: „Wenn du da nicht arbeiten willst, wenn du da nicht wirklich arbeiten willst, dann kündige doch einfach."

Stimmt, die 360 € reichen ja locker zum Leben. Sich dann vom Jobcenter durchleuchten lassen, wie es in den feuchtesten Träumen der Stasi nicht möglich war? Gerne. Da regen wir uns über Privatsphärenverletzungen in der Schweiz auf, wo das Arbeitsamt deine Konten prüfen darf. Hier stehen die vor der Tür und prüfen, mit wem du lebst. Dein Arsch gehört dem Amt.

Die kleine Frau, *resignierend:* „Das ist was vom Gefühl her. Du steckst ja nicht in den Menschen. Du weißt es ja nicht. Was in denen vorgeht."

Es ist hart, wenn man so fleißig und klug ist und die Welt so dumm, faul und schlecht. Die Qualen, da können die 4.000.000 Flüchtlinge in der Campstadt in Spe Zaatari in Jordanien noch von Glück reden![312] Die müssen den ganzen Tag nicht arbeiten und haben kostenlos Wasser und Brot!

„DANN SEHN WER UNS JA JAR NISCH MEHR, WA? NICH IN DEN MUND TAREK!", schreit eine Assimutti die Bäckereifachfrauhilfsazubiene an. Morbid übergewichtig, schwarze Schlabberklamotten, die aber die Quarktaschen betonen, das Kind eine wandelnde Türkeifahne. Die Azubine ist so nett und kommunikativ, dass sie wie ein Agent wirkt.

Assimutter: „So Schatzi, lass uns mal langsam …"
Tarek: „NJMNJAMNJAMNJAM."
Assimutter: „Iss ja alles nicht so schlimm."
Die Azubine: „Wenn es so einfach wäre, hahaha."
Assimutter: „Aber trotzdem ist Freitag. Klingt jetzt total bescheuert, aber dieses Wochenende ist anders."
Die Azubine: „Ab dem Wochenende arbeite ich nicht mehr hier …"
Das kleine Ehepaar: „Wir haben jetzt Urlaub drei Wochen."
Azubine: „Es ist krass wie schnell man sich an alles gewöhnt. Man wartet auf die Kunden, wenn sie dann kommen, wie Sie, dann ist es total schön."
Die kleine Frau: „Was machst du jetzt?"
„Ich mach jetzt ein Praktikum."
Der kleine Mann: „Das ist immer hart. Nachher siehst du aber zurück und sagst, das ist Kindergeburtstag."

Denn ja, es wird immer härter. Wenigstens hat man dann was zum Meckern. Das sind auch die Leute, die sagen, die Schule war das Beste. Klar, wenn du dir danach ein Leben wie aus einer dickenschen

---

[312] https://t1p.de/h8p6 (7.8.18)

Dystopie zusammenstellst.

Die kleine Frau: „Vielleicht sieht man sich ja mal!"

Der kleine Mann: „Ja, würde mich freuen!"

Lüge. Dich freut gar nichts mehr. Obwohl du dir ein Lächeln bei so viel unverhoffter Freundlichkeit nicht verkneifen kannst.

Die Azubine: „Schöne Ferien."

Assimutter: „ES REICHT JETZT, OKAY! DU KIPPST DAS NICHT AUS, DAS GEHT NICHT WEGEN DEM TEPPICH."

Tarek: „GUCK MAMA! ES GEHT!"

Tarek ist ein Macher. Der hat keinen Bock, so zu enden wie der kleine Mann. Der wird entweder „Biznizman" oder mit 20 erschossen. So oder so, er wird ein sinnvolleres Leben haben.

Ein Verrückter schleicht in den Laden. Die Azubine geht rein, kommt wieder raus, setzt sich zu den anderen an den Tisch.

Die kleine Frau: „Was war denn das für einer?"

Die Azubine: „Ach, der redet nur, macht mir keine Angst. Er sagt, er spielt mit seiner Frau in den Serien. Er will, dass Jugendliche in den Serien spielen. Er hat mich gefragt: ‚Will du meinen Apfel essen?' Nein, danke."

Die kleine Frau: „Eklig oder was?"

Die Azubine: „Nein, einfach seltsam."

Die kleine Frau: „Ein anderer spricht über Raumschiffe, Kobolde …"

Azubine: „Ja, der wohnt hier … Aber soll ganz nett sein."

Die Azubine ist so unverschämt tolerant, dass man sie mit Bundesverdienstkreuzen verprügeln will.

„WENN DU JETZT NICH HÖRST …", schreit die Assimutti plötzlich Tarek an.

Eine fette Frau läuft vorbei, ein Gesicht wie drei Leben Kohle schippen. Auf ihrem T-Shirt steht: *You are amazing.*

PRAKTISCHES

> Jetzt, wo die Azubine weg ist, gibt es in Berlin leider keine annehmbare Bäckerei mehr.

Leben und sterben

„Wer schreibt, der bleibt" – Berlin Kidz.

„Du hast meine erste Seilung gebufft. Hurensohn. Du wirst mich nicht los".

Berlin ist so totgentrifiziert, dass jedes aufkeimende Subkultürchen sofort medial verwurstet wird. Jetzt wissen wir: Manche Jugendlichen wollen leben, manche sterben.

Die *Berlin Kidz* wollen sterben. Im gleichnamigen Video zeigen die selbsternannten „Aerosol-Junkies" exzellent geschnittene

Dummheiten.[313] Sie klettern auf Dächer und "bomben": sprayen. Nicht irgendwelche Dächer, sie klettern auf die Spitze des Turms des Hochhauses an der Möckernbrücke und seilen sich über die komplette Länge ab. Der Stil sind die Langzeichen, die die ganze Hauswand runtergehen und dich fühlen lassen, wie in einem Hongkongfilm aus den 80ern. Das Überstreichen ("buffen") kostet ein Vermögen, das Neusprühen ein paar Euro und die Bereitschaft zum Suizid. Zitat von einer Hauswand auf der Hermannstraße – den "Hit" findet man auch im *Berlin Kidz*-Fim: *"Du hast meine erste Seilung gebufft. Hurensohn. Du wirst mich nicht los."*

Wäre er wirklich gut gewesen, hätte er ein "Geisterbild" "geetcht", das durch den Überstrich scheinen würde.

Sie surfen auch U-Bahn, viel, laut, und viel zu oft nackt. Sie setzen sich vorne auf die Kuppel, schlagen bei voller Fahrt Saltos auf dem Dach, und springen unfassbarerweise zwischen Halleschem Tor und Möckernbrücke von der U1 in den Kanal. Und überleben. Natürlich machen sie auch "Trains", sie besprühen ganze Züge. Die BVG und S-Bahn säubern zwar, was das Zeug hält, bieten Freizeitstasimitarbeitern "BIS ZU 600 EURO" wenn sie petzen, aber es nützt nichts. Immer öfter stehen angekotzte Anzugträger morgens vor einem bunten Zug. Igitt, Farbe im Leben, da geht das ganze schöne Grau weg!

Wer richtig Glück hat, sieht sie, bevor sie weg "botten", beim "Back-Jump", dem Sprayen auf den noch fahrenden Zug. Museen denken noch immer, Reispapier sei ein anspruchsvolles Medium …

"Taggen" ist auch ein Ding, mit dem Edding rumschmieren. Gerne auf die "Assi-Kante", das Stück der Überdachung beim Zug oder der S-Bahn, das die Biegung zum Dach bildet, das selten oder gar nicht gereinigt wird. Dabei müssen sie sich vor den "BaBus" in Acht nehmen, den Bahnhofsbullen. Die Königsdisziplin ist, eine "Hateline" im Wegrennen auf den Zug zu taggen. Neulich kursierte ein Foto, wo ein "BaBu" einem Sprayer der berüchtigten Crew *1-UP* einen Handschlag gab. Wurde im Krieg der Konzerne gegen Kreativität gelinde gesagt nicht wohlwollend aufgenommen.[314]

Wenn Sprayen eine verquere Art von Punk ist, ist "etching" Wandterrorismus. Farbe und Lack lassen sich immer noch entfernen, Fluorwasserstoffsäure nicht. Die füllt man in den selbstgebauten Marker und verschönert die Welt. Das einzige Problem ist, dass die Haut und

---

313 https://www.youtube.com/watch?v=RWPPWhJn8rI (20.8.18)
314 https://t1p.de/q6ac (20.8.18)

selbst die Knochen nicht so beständig sind wie eine Wand. Wer kleckert, verätzt sich. In einer Subkultur, die Steinzeitmenschenrituale auslebt, ein Kainsmal. Dann bleibt nur zu hoffen, dass japanische Kiddies endlich einen neuen Verstümmelungstrend mit Säure erfinden.

Das Ziel der ganzen Nummer? Mit seiner „Crew" der „King" werden und alle „Pieces" der anderen „killen". Auf keinen Fall darf man „wack" oder ein „toy" sein. Krieg, mit anderen Mitteln, oder Hip-Hop als Malerei. Man muss nicht drüber reden: Sprayen ist ziemlich idiotisch. Das streiten auch meisten Sprayer nicht ab. Taggen ist noch viel stumpfer, wie ein pinkelnder Hund soll der eigene Name überall stehen. Für den Sieg im „Battle", wer die Stadt am meisten zukleben kann, riskiert man sein Leben. Sicher, wer auf der aristotelischen Sinnsuche ist, für den ist Sprayen nichts. Wer aber das beste Live-Actionrollenspiel der Welt sucht, für den um so mehr.

Jetzt ist das nicht wirklich was Neues, U-Bahn-Sprayer gibt es schon seit den 80ern, seit Graffiti und Rap aufkamen. Wahrscheinlich ist dass das zwangsläufige Verhalten, wenn man von Lackdampf verwirrt ist und im testosteronbesoffenen Kosmos der Hip-Hop-Welt versinkt.

Erstaunlich an den *Berlin Kidz* ist, dass sie Wert darauf legen, nüchtern zu sein. Zumindest nicht zu saufen. Sie reden mit Pennern in der U-Bahn, aber machen sie nicht fertig, wie es sich normalerweise für Jugendliche gehört. Sie zünden sie nicht an, treten sie nicht, sind das überhaupt Berliner? Sogar die Junkies fragen sie im Film, ob sie nicht mitsurfen wollen. Wenn man schon stirbt, dann doch bitte durch eine herannahende Tunneldecke oder ein reißendes Seil. Nicht so doof, wenn man darüber nachdenkt. Da sag noch einer, die Jugend hätte keine Ziele mehr.

Andere wollen leben, erstaunlicherweise. Die Innovation findet da statt, wo man sie am wenigsten vermuten würde: bei Startups. Zwar gibt es auch politische Richtungen wie die Partei für Gesundheitsforschung, die *Transhumane Partei*, oder *Kryoniker*, die Menschen kurz nach dem Tod einfrieren, aber in der Wirtschaft liegt das große Potenzial. Lebensverlängerung wird, wenn es gut läuft, die Industrie dieses Jahrhunderts, wenn es schlecht läuft, die des nächsten. Dann werden wir wahrscheinlich alle noch verrecken müssen. Spätestens, wenn Lebenszeit verlängert werden kann, werden die Leute verstehen, dass Alter nur eine Krankheit ist. Einige wenige Startups verstehen das schon jetzt, und hauen auf die Kacke.

Die wahnsinnigen *Raelisten* planen schon lange Projekte, die bereits für einige Schlagzeilen sorgen konnten. So sei geplant, Hitler zu klonen, um ihn nachträglich für seine Taten vor Gericht zu stellen.[315] Aber da geht noch mehr. Man muss sich vorstellen, man ist ein Juror bei einem Preis für irgendeine piefige Bank. Man sieht sich die dortigen Startups an. Gemüse aus der Blockchain? Oder aus Porno, Cockchain? Taschen aus alten Taschen? Ein Onlinemerkzettel mit Fotos? Alles himmelschreiender Unsinn aber tendenziell in ein paar Jahren milliardenschwer an der Börse notiert. Auf einmal kommt ein Startup daher, das einem richtig schön die Todesangst in die Glieder jagt. Das einen aus dem ganzen Beschissgeschwurbel der Startuppperei und Wirtschaft heraus katapultiert. Ein Startup, das verspricht, aktiv darauf hinzuarbeiten, dass die Lebenszeit verlängert wird. Silicon Valley ist längst vorgeprescht, quälend langsam wacht auch Deutschland auf. Aber hier ist man traditioneller, und Tradition heißt in diesem Zusammenhang Sterben.

Erstaunlicherweise verstehen gerade junge Menschen, dass der Tod nicht alternativlos ist. Ältere scheinen sich meist damit abgefunden zu haben, obwohl es bei ihnen viel dringender ist. Vielleicht ist es schwerer, wenn die mühsam zusammengeschusterte Identität eine Illusion ist. Widerstand ist zwecklos: Die Frage ist nicht ob, sondern *wann* der Tod angegangen wird. Das Schmankerl ist: Zum ersten Mal kann Wirtschaft dann mit Sinn zusammengehen. Adblocker, *Berlin Werbefrei*, die Krise der Autoindustrie: immer mehr junge Leute haben keine Lust mehr auf hirnleeres Konsumieren. Besonders nicht, während die Welt brennt: Die Umwelt kocht sich selbst, der mächtigste Mann der Welt ist ein Kasperle, das Mittelmeer wird mit Leichen zugeschüttet. Wo die Eltern in Griechenland noch Urlaub machten, essen die Einheimischen jetzt keine Dorade mehr, da die sich gerne von Ersoffenen ernährt. Die Jugend hat nicht ewig Bock neue Sneaker zu kaufen. Lieber ewig leben, mit den alten Sneakern.

PRAKTISCHES

> Das Street Art-Museum an der Bülowstraße ist der Hammer. Da geht Kunst in die Straße über. Wer hätte gedacht, dass alte Nutten die beste Rahmung für ein Tag sind?

---

315 https://t1p.de/qcxd 5.9.18

Ein guter Job

„Karoshi: Japanisch für ‚Tod durch Überarbeitung'"
– Urban Dictionary

Stell dir vor, du bist das netteste junge Mädchen der Welt. Du siehst so schick aus, dass ein „Haarmodelfriseur" dir umsonst die Haare schneidet. Mit der Schule hattest du es nicht so, jetzt wohnst du am Arsch der Welt in der Plattenwüste Hellersdorf. Aber du hast es mit Tieren, und weil die Wiese für deinen Köter vor der Tür ist, ist dir das egal.

Du wurdest ausgebeutet, erst von einem Textildiscounter, wo du buchstäblich vergiftet wurdest, dann von verschiedenen „Trägern", dann ausgerechnet von einem Streichelzoo. Nichtgezahltes Gehalt, vorenthaltener Urlaub, mehr Überstunden als Merkel. Die üblichen neoliberalen Segnungen in der Hauptstadt der Unterbeschäftigung.

Du kündigst, und hast jetzt endlich einen Job, der zwar nicht gut, aber immerhin überhaupt bezahlt wird. Du arbeitest in einer Platte, die du in deinem speziellen Ästhetikverständnis als schön einstufst. Sieben Stockwerke gestapelte Menschen, in jedem Zimmer einer. In jedem Stockwerk 28 Menschen, Nr.6 ist deines. Du bist Altenpflegerin.

Im ersten Monat bist du komplett allein. Niemand weist dich ein, auf dem dunklen Gang öffnen sich Türen und zitternde Stimmen rufen: „Hallo? Ist da wer?"
Ja, du bist da. Und verantwortlich. Du gehst rein, und du hast Glück. Die alte Dame hat einen chronischen Fall von Selbstauflösung, Alzheimer. Die Krankheit, die Krebs aussehen lässt wie Heuschnupfen. Das, was man nach einem Leben von Fleischfraß und urbaner Selbstvergasung bekommt, aber man wusste es ja nicht besser. Sie sagt: „Junge Frau, die Schönhauser Allee! Die ist total zerbombt, kein Haus steht mehr!" Du sagst, nein, das stimmt nicht, und holst eins dieser neumodischen Dinge heraus, auf die die Jungen immer starren. Es zeigt Fotos von einer lebhaften Straße, bunten stuckverzierten Gründerzeitbauten. Die alte Frau ist wieder glücklich. Du hängst ihr morgen ein Bild der Schönhauser Allee ins Zimmer. Du bist so ziemlich das Beste, was alten Menschen in einem System passieren kann, das sich den feuchten Dreck um sie schert.

Im feuchten Dreck sitzt die Woche darauf eine andere Insassin. Sie spielt damit, wie ein Kind. Mitten auf dem Boden des Zimmers. Niemand hat dich darauf vorbereitet, jetzt ist wohl das gefordert, was Manager „Resilienz" und „Improvisationsfähigkeit" nennen. „Disruptiv die Opfernarrative aufbrechen", aber bitte Handschuhe anziehen.

Ein paar Tage darauf öffnest du ein Zimmer, aus dem, dankbarerweise, noch nie ein Ton kam. Undankbarerweise kann sich der Mann um die 50, der dort liegt, nicht bewegen. Auf einem Zettel stand, er ist vollständig gelähmt. Kommuniziert nur mit den Wimpern. Ein Zwinkern, ja, er kann dich hören. Du gehörst nicht zu der Spezies Mensch, die anderen ständig Monologe hält, daher ist es jetzt, wenn du es wirklich musst, schwer. Du bist optisch versiert, du siehst die Fotos an der Wand, du erzählst, was du dir dazu denkst. Niemand wird es je erfahren, aber wahrscheinlich hatte der lebende Tote den besten Tag des Jahres. Ungefähr so lange könnte es dauern, bis du wieder genug Zeit hast, ihm eine Viertelstunde zu widmen.

Die Dame von der Schönhauser Allee hat Besuch. Die Familie geht in den Garten, Eichhörnchenkinder springen herum. Ein kleines Idyll inmitten des Betons. Das Lächeln der Verwandtschaft scheint für kurz echt, nicht nur eine Grimasse, die Langeweile, Trauer und Ekel verbirgt. Den Wunsch, sofort wegzurennen und erst im nächsten Monat wiederzukommen, wie immer. Den Wunsch, zu verdrängen, dass man nicht nur elendig verrecken wird, sondern vorher genauso vergessen weggesperrt. Nein, kurz sind alle glücklich. Kurz ist es wie früher. Plötzlich kann die alte Dame nicht mehr. Du siehst es schnell, du holst den Rollstuhl und bringst sie nach oben. Das Haus hat keine Persönlichkeit, aber einen Fahrstuhl. Am nächsten Tag sind drei Leute da, alle wichtiger als du. Du darfst nicht zu der alten Frau, und als du das nächste Mal ins Zimmer kommst, ist sie weg. Zwei Wörter wirst du aufschnappen, „Schnappatmung" und „Tod".

Du erzählst das alles in der Pizzeria am Körnerpark inmitten von blasierten und widerlich perfekten Hipsterschnallen, die sich mit Rosé zulöten und noch nicht wissen, in welchem Club sie heute Abend koksen sollen. Zwischen neoaristokratischen Eltern, deren Kind neben dir auf der Bank eine halbe Stunde durchschreien darf. Neben verarmten Möchtegernstrohwitwen, die ihre zerzüchteten, schnappatmenden Hunde spazieren führen.

Du sagst, du freust dich über deinen Job.

subkultur

Inhalt

Nächste Station: Hermannstraße 5
Zurückgeblieben, bitte! 7
U-Bürgerkrieg 7
Romantik in Zeiten von Dosenpfand ...12
Sextrain 19
Kulinarik über Alles 23
Berlin Lobster 23
Das Frühstück kommt hoch 29
Der Syrienkrieg-Kudamm:
Die Sonnenallee 33
Hähnchenrad 40
Barista Anarchista 46
Ziegenschlachter 49
Massaker in der Markthalle 52
Inkognitocoffeshop:
Auf einen Joint mit einem Mörder 60
Stampen 66
Die falsche Kurfürstenstraße 66
Kemal und Koks 70
Die Minibar stirbt 73
Zu Fett fürs Kellerloch 75
Wir sind Syndikat 83
Letztes Refugium vor der Hölle 87
Das Wetter 91
Frühlingspsychotiker 91
Inferno 94
Seenwüste 98
Spaß mit Gewalt 101
Spaß am 1. Mai: Grunewald 101
Trauer am 1. Mai: Kreuzberg 109
Abschaum an der Rigaer 114
ARSCHLOCH: Der neue Antisemitismus .120
Schla(e)gersternchen 124

Straße ist Krieg............................**130**
Wurstcedes 130
Verlierermafia 134
Menschenopfer 139
Critical Mass...............................142
Politik verlernen........................**147**
EkelhAfD 147
Undeutsche Merkel 157
Kommunistenjesus 162
Deutschland kaputtheiraten 166
Unglück für Fortgeschrittene........**171**
Erleuchtungshorror 171
Der schlechteste Club Berlins 178
Pfuscherparade 182
Chemsex 187
Die Perle im Scheißhaufen 193
Der geschändete Friedhof 194
Meth-Nachbarin 200
Borgolte 204
Unkunst......................................**209**
Wilmersdorfer Vulvakunst 209
Fashionweektims 217
RKOL.....................................220
Verschwendete Jugend **228**
Ghettoschulen 228
Flaschensammelhipster 236
You are amazing...........................240
Leben und sterben 243
Ein guter Job 247

subkultur

Ebenfalls erschienen

GARY FLANELL:
„Angst vor blauem Himmel"
Schräge Geschichten über schräge Typen, voller Musik, Humor und Melancholie

Gary Flanell sieht die Welt mit anderen Augen. Kann aber auch sein, dass alle anderen blind sind. Die Protagonisten in seinen Erzählungen sind frustrierte Medienschaffende und kleine Spinnen, ambitionierte DJs und melancholische Lappen, pubertierende Punks und nervös witzelnde Wale auf dem Fließband ins Jenseits. Dabei kann es absurd, komisch und traurig werden, manchmal auch gleichzeitig.

ca. 208 S., Edition Subkultur
print ISBN: 978-3-943412-38-3
epub ISBN: 978-3-943412-39-0
Als Taschenbuch, E-Book oder Kindle

MIKIS WESENSBITTER: „Guten Morgen, du schöner Mehrzweckkomplex"
Geschichten aus Ost-Berlin. Eine DDR-Kindheit, verkorkste Blinddates, Aliens – alles in einem Buch.

Mikis schweift in seinen Geschichten durch die Zeit. Von den wilden Siebzigern, als im Kindergarten noch NVA-Soldaten gemalt werden mussten, über die kaputten Achtziger mit Ost-Rock, Revolte und dem großen Knall, bis in die Gegenwart. Eine Hommage an die schönste Stadt der Welt, eine tiefe Verneigung vor Ost-Berlin. So wie es (vielleicht) einmal war. Eine Stadt mit rauen Sitten, voll von betrunkenen Unikaten und natürlich mit außerirdischen Gästen.

ca. 122 Seiten, Edition Subkultur
print ISBN: 978-3-943412-41-3
epub ISBN: 978-3-943412-42-0
Als Taschenbuch, E-Book oder Kindle

www.edition.subkultur.de